Linguistische Arbeiten 3

Herausgegeben von Herbert E. Brekle, Hans Jürgen Heringer,
Christian Rohrer, Heinz Vater und Otmar Werner

Heinz Vater

Dänische Subjekt- und Objektsätze

Ein Beitrag zur generativen
Dependenzgrammatik

Max Niemeyer Verlag
Tübingen 1973

ISBN 3-484-10168-7

© Max Niemeyer Verlag Tübingen 1973
Alle Rechte vorbehalten. Ohne ausdrückliche Genehmigung des Verlages ist es
auch nicht gestattet, dieses Buch oder Teile daraus auf photomechanischem
Wege (Photokopie, Mikrokopie) zu vervielfältigen.
Printed in Germany

INHALTSVERZEICHNIS

	VORWORT	vii
0.	EINLEITUNG	1
0.1	Gegenstand und Untersuchungsmethode	1
0.2	Materialgrundlage	3
0.3	Technische Hinweise	4
1.	OBERFLÄCHENSTRUKTUR	6
1.0	Vorbemerkungen	6
1.1	At-, om- und hv-Sätze	12
1.1.0	Allgemeines	12
1.1.1	At-Sätze	15
1.1.2	Om-Sätze	26
1.1.3	Hv-Sätze	29
1.1.4	Die Distribution von at-, om- und hv-Sätzen	50
1.2	Infinitivkonstruktionen	61
1.2.1	Infinitivkonstruktionen mit explizitem Subjekt	61
1.2.2	Infinitivkonstruktionen ohne explizites Subjekt	71
1.3	Objekt-Prädikativ-Konstruktionen	80
1.4	Nominalisierungen	83
2.	TIEFENSTRUKTUR	89
2.0	Vorbemerkungen	89
2.1	Valenz und Dependenz	95
2.2	Merkmale	119
2.2.1	Semantische Merkmale	119
2.2.2	Morphologische Merkmale	137
2.3	Das Tempuselement	140
2.4	Negation	143
2.5	Das Lexikon	145
2.6	Strukturdiagramme	157

3.	TRANSFORMATIONEN	159
3.0	Vorbemerkungen	159
3.1	Subjektbildung und Passivierung	162
3.1.1	Subjektbildung durch Anhebung eines N	162
3.1.2	Subjektkopierung	166
3.1.3	Passivierung	170
3.2	Subjekttilgung und Infinitivierung	178
3.2.1	Subjekttilgung	178
3.2.2	Infinitivierung	183
3.2.3	Die Ableitung von Objekt-Prädikativ-Konstruktionen	190
3.3	Nominalisierung	191
3.4	Hv-Pronominalisierung und Einführung von Satzeinleitern	195
3.4.1	Hv-Pronominalisierung	195
3.4.2	Om-Adjungierung	198
3.4.3	At-Adjungierung	199
3.5	Direkte Rede, Frage- und Aussagesatz, Imperativ	203
3.6	Sonstige Transformationen	208
4.	SUMMARY	211
5.	BIBLIOGRAPHIE UND BELEGQUELLEN	216
5.1	Bibliographie	216
5.2	Verzeichnis der Belegquellen	229
6.	ANHANG	
6.1	Verzeichnis der Transformationsregeln	231
6.2	Transformations-Flußdiagramme	232
6.2.1	Flußdiagramm 1: Subjektbildung	232
6.2.2	Flußdiagramm 2: Fragesätze	233
6.2.3	Flußdiagramm 3: Wunsch- und Befehlssätze	234
6.2.4	Flußdiagramm 4: Aussagesätze	235
6.3	Verzeichnis der Abkürzungen und Symbole	236

VORWORT

In dieser Untersuchung werden Theorie und Methoden der generativen Grammatik auf einen Teilbereich des modernen Dänisch angewandt. Es soll versucht werden, die tiefenstrukturellen Zusammenhänge zwischen verschiedenen syntaktischen Konstruktionen aufzudecken und die transformationelle Herleitung dieser Konstruktionen darzustellen.

Das Buch ist eine (besonders im zweiten und dritten Kapitel) revidierte Fassung meiner Habilschrift, die ich im Sommer 1969 an der Philosophischen Fakultät der Universität Hamburg einreichte.

Für die Anregung und Unterstützung der Arbeit spreche ich Herrn Professor Dr. Hans Hartmann, Hamburg, meinen Dank aus. Frau Professor Dr. Els Oksaar, Hamburg, Herrn Professor Dr. Winfried Boeder, Oldenburg, und Herrn Professor Ove K. Clausen, Kopenhagen, danke ich herzlich für viele weiterhelfende Hinweise und Verbesserungsvorschläge, Herrn Dr. Paul Samuelsdorff, Köln, für die Durchsicht und Korrektur der logischen Formeln. Ganz besonderen Dank schulde ich dem leider indessen verstorbenen Herrn Professor Dr. Holger Johansen, Kopenhagen, für sein Interesse an meiner Arbeit, seine vielen anregenden Vorschläge und seine für mich sehr wertvolle Kritik.

Die Bewältigung des Materials und die Beurteilung der behandelten Konstruktionen war nur möglich durch zahlreiche Auskünfte, Hinweise und Erläuterungen meiner dänischen Informanten. Mein Dank gilt Fräulein Annette Hjardemol, Viborg, Herrn Arne Jørgensen, Viborg, Herrn Jack Jørgensen, Roskilde, Frau Irma Lundgren, Frau Gertrud Lundgren, Herrn Frei Lundgren und Herrn Kjeld Lundgren, Glostrup, Herrn Erik Kjær Madsen, Aarhus, Herrn und Frau Ørnebjerg, Glostrup, Herrn Ørum, Glostrup, Herrn Dr. Sven Hakon Rossêll, Kopenhagen, Herrn Hans Thomsen, Fjellerup, Herrn und Frau Vagner Petersen, Albertslund, Frau Irmela Wigger, Hamburg (früher Kopenhagen) und - für die große Ausdauer bei der Begutachtung des Gesamtmaterials - ganz besonders meiner Frau Jytte und Herrn Lars Daugaard Larsen, Glostrup. Für ihren unermüdlichen Einsatz bei der Herstellung des druckfertigen Manuskripts danke ich Frl. Susan Olsen.

Köln, Januar 1973   H.V.

0. EINLEITUNG

0.1   Gegenstand und Untersuchungsmethode

Die Untersuchung beschäftigt sich mit einem Teilgebiet der dänischen Syntax: der Syntax eingebetteter Sätze, die in der Oberflächenstruktur als Subjekt oder Objekt fungieren. Dem Strukturtyp nach erscheinen diese Einbettungen in der Oberflächenstruktur als

a) durch <u>at</u>, <u>om</u> oder <u>hv</u>-Wörter eingeleitete Nebensätze,
b) Infinitivkonstruktionen,
c) Objekt-Prädikativ-Konstruktionen,[1]
d) Nominalisierungen.

Semantische Fragen werden berücksichtigt, soweit sie Auswirkungen auf die syntaktischen Gegebenheiten haben.

Die Untersuchungsmethode wird bestimmt von der Theorie der generativen Grammatik, wobei im wesentlichen Fillmore 1968a und einige neuere generative Arbeiten zugrundegelegt wurden. In vielen wesentlichen Punkten - vor allem, was die inhärenten und kontextuellen Merkmale betrifft[2] - wurde auf Chomsky 1965 zurückgegriffen. Es stellte sich heraus, daß Fillmores Ansatz wegen einiger noch zu besprechender Mängel nur in modifizierter Form

---

[1] Mit diesem Terminus werden Konstruktionen wie <u>ham en løgner</u> in <u>Jeg kaldte ham en løgner</u> (Ich nannte ihn einen Lügner) und <u>fuglen fløjet</u> in <u>Jeg fandt fuglen fløjet</u> (Ich fand den Vogel weggeflogen) bezeichnet. Es handelt sich um eine Konstruktion aus zwei Objekten, von denen das zweite zum ersten in prädikativem Verhältnis steht und daher auch "prädikatives Objekt" genannt wird. Jespersen (1921, 8) nennt diesen Konstruktionstyp "toleddet objekt" (zweigliedriges Objekt).

[2] die aber hier "semantische Merkmale", nicht, wie bei Chomsky, "syntaktische Merkmale" genannt werden.

übernommen werden konnte. Dabei erwies sich Tesnières Valenzbegriff, von dem Fillmore beeinflußt ist und der heute eine wachsende Rolle in der Weiterentwicklung der Theorie der generativen Grammatik spielt, als richtungweisend.[3]

Entsprechend der Auffassung Chomskys (vgl. Chomsky 1965, 3-9) und anderer moderner Linguisten wird die Sprache als geistige, nicht physische Gegebenheit gesehen. Demzufolge besteht die Aufgabe des Linguisten darin, die "Kompetenz" des Sprechers einer bestimmten Sprache zu beschreiben und nicht ein abgeschlossenes Corpus von Äußerungen dieser Sprache. Die Kompetenz schließt die Fähigkeit ein, eine unbegrenzte Menge von Sätzen einer Sprache zu bilden und zu verstehen, zu entscheiden, ob eine Äußerung ein grammatischer Satz der betreffenden Sprache ist oder nicht (d.h. ob er nach den Regeln der Sprache gebaut ist) sowie jedem Satz eine grammatische Struktur zuzuordnen (oder, wenn der Satz mehrdeutig ist, mehrere Strukturen). Der Linguist muß die dem Sprecher innewohnende und ihm im allgemeinen nicht bewußte Kompetenz explizit machen, d.h. er muß die Regeln angeben, nach denen die Sätze einer Sprache gebaut sind und auf Grund dieser Regeln die Struktur von Sätzen der Sprache bestimmen - auch von Sätzen, die noch gar nicht geäußert worden sind. Der Linguist kann sich daher nicht damit begnügen, ein abgeschlossenes Corpus zu beschreiben, sondern muß über das Vorliegende hinausgehen und zu Verallgemeinerungen und Voraussagen kommen.

Die für diese Untersuchung herangezogenen Textbelege sind daher nicht die einzige Grundlage für die gemachten Aussagen. Wichtiger war die Beurteilung der (vorgefundenen oder selbst konstruierten) Textstücke (im allgemeinen Sätze) durch die Informanten.

Im einzelnen werden die theoretischen Grundlagen der Untersuchung im zweiten Kapitel erläutert.

---

[3] Der Begriff der Valenz und die damit zusammenhängende Beziehung der Dependenz werden in 2.1 erklärt.

0.2   Materialgrundlage

Als Quellen für die von den Informanten beurteilten Beispielsätze dienten
a) literarische Texte (Romane, Erzählungen, wissenschaftliche Abhandlungen, Zeitungen und Zeitschriften),
b) Tonbandaufnahmen von Gesprächen,
c) Belege aus Grammatiken und Wörterbüchern,
d) selbstkonstruierte Sätze.

Den Informanten, die sich in Alter, Beruf und regionaler Herkunft unterschieden, wurden insgesamt 3000 Sätze vorgelegt. Sie hatten zu entscheiden, ob sie die Sätze für grammatisch, weniger grammatisch oder ungrammatisch hielten, ob die Sätze zwar grammatisch, aber nicht gebräuchlich waren und ob sie einer von der Normalsprache abweichenden Sprachschicht angehörten.

Nach Möglichkeit wurden nur Beispiele aus der Normalsprache berücksichtigt. Als "Normalsprache" wird angesehen: Die Sprache in Presse- und Rundfunkberichten (nicht Kurzmeldungen, Annoncen und Schlagzeilen), nicht-gehobene, nicht-umgangssprachliche und nicht-dialektale Prosa (z.B. keine Wiedergabe feierlich-gehobener Reden oder derb-umgangssprachlicher Dialoge) sowie Sätze, die von den Informanten als in diesem Sinne "normal" bezeichnet wurden. Natürlich ist eine genaue Abgrenzung nicht in jedem einzelnen Fall möglich, man muß mit Überschneidungen rechnen und die Informanten sind sich auch keineswegs immer in der stilistischen Bewertung einer Äußerung einig. Bei Unstimmigkeiten wurde eine endgültige Bewertung erstrebt, die sich aus dem Durchschnitt der Einzelbewertungen ergab. Die Beispiele, die mit aufgenommen wurden, obwohl sie als von der Normalsprache abweichend bewertet wurden, sind besonders gekennzeichnet[4], ebenso ungrammatische Beispiele oder solche, die auf der Grenze der Grammatizität sind bzw. deren Grammatizität fragwürdig oder nicht eindeutig entschieden ist.[5]

---

4 Die dafür verwendeten Symbole sind im Abkürzungsverzeichnis zusammengestellt.

5 Hierfür wurden die in der neueren Linguistik üblichen Symbole * und ? verwendet (vgl. Abkürzungsverzeichnis).

Gewöhnlich wurde eine Gruppe von Sätzen zwei Sprechern vorgelegt. Stimmten die Beurteilungen nicht überein, wurden weitere Informanten hinzugezogen.

Die literarischen Beispiele stammen im wesentlichen aus der Zeit nach 1920.

0.3   Technische Hinweise

Die Orthographie der numerierten Beispiele wurde nicht verändert. Bei Wiedererwähnung solcher Beispiele im Text (z.B. zur Konfrontation mit anderen Sätzen, Austauschproben usw.) und in Tabellen wurde die Orthographie jedoch vereinheitlicht.[6]

Die Beispielsätze wurden - abgesehen von Fällen, die auch dem Nicht-Dänischkundigen leicht verständlich sein dürften - wörtlich ins Deutsche übersetzt. Der Endartikel wird bei der Wiedergabe durch Bindestrich abgetrennt, z.B. _Haus-das_ für _huset_.[7] Muß im Deutschen ein Wort gesetzt werden, wo im Dänischen keins steht, dann wird es eingeklammert, z.B. _(der) alte Halfdan_ als Übersetzung von _gamle Halfdan_. Dänische Wörter oder Wortteile, die bei der Übersetzung wegfallen, werden in der wörtlichen Wiedergabe in eckige Klammern gesetzt, z.B. _At græde hjælper ikke_ - _[Zu] Weinen hilft nicht_. Wo es notwendig schien, wurde der wörtlichen Übersetzung in Klammern eine sinngemäße Übersetzung hinzugefügt. Wenn auf Anmerkungen oder Beispiele ohne Angabe des Kapitels verwiesen wird, bezieht sich der Verweis auf das gleiche Kapitel.

---

6 Es kommen im wesentlichen vier verschiedene Orthographien vor: a) die vor der Reform 1948 übliche, b) die seit 1948 geltende Orthographie, c) Abweichungen einiger moderner Schriftsteller (meist Anpassungen an die heutige umgangssprachliche Aussprache wie _sa_ für _sagde_, _ha_ für _have_ oder _hade_ für _havde_, d) Jespersens Orthographie. Als Grundlage für die Vereinheitlichung diente das Retskrivningsordbog 1963.

7 Die Beibehaltung der Morphemfolge in der deutschen Übersetzung war notwendig, um den Unterschied zwischen _huset_ und _det hus_ (mit sogenanntem vorangestelltem Artikel) zu kennzeichen. _Det hus_ kann demonstrativ gemeint sein (und wird dann mit _dies Haus_ übersetzt), _det_ kann aber auch ein vorangestellter Artikel sein, der bei Substantiven mit Adjektivattribut oder Relativsatzattribut vorkommt.

Beispiele und Fußnoten wurden kapitelweise numeriert. Da es oft notwendig war, ein Beispiel in einem neuen Zusammenhang zu wiederholen, kann es vorkommen, daß ein und derselbe Beispielsatz an verschiedenen Stellen mit verschiedener Numerierung vorkommt (gewöhnlich wurde dabei auf die erste Nummer verwiesen).

Bei Literaturhinweisen wurde die in der neueren Linguistik übliche Zitierweise übernommen. Auf einen Aufsatz von Jespersen aus dem Jahr 1921 wird durch die Angabe "Jespersen 1921" verwiesen. Im Literaturverzeichnis finden sich dann die genaueren Angaben. Die Quellenangaben für Beispielsätze - auch wenn sie aus linguistischen Arbeiten stammen - wurden jedoch verschlüsselt (gewöhnlich als Abkürzungen für den Namen des Autors, oft auch für den Titel der Arbeit), so daß ein Beispiel aus Jespersens Artikel von 1921 die Quellenangabe "Jes" hat. Im Verzeichnis der Belegquellen werden diese Abkürzungen erklärt.

Die Abkürzungen grammatischer Termini finden sich im Abkürzungsverzeichnis im Anhang.

1.　　OBERFLÄCHENSTRUKTUR

1.0　　Vorbemerkungen

In diesem Kapitel wird die Oberflächenstruktur dänischer Sätze beschrieben, die in einem übergeordneten Satz als Subjekt oder Objekt fungieren. Erfaßt werden auch Konstruktionen, die in der OS nicht mehr vollständige Sätze sind, sich aber auf Sätze zurückführen lassen.

Zunächst sollen die syntaktischen Beziehungen innerhalb eines Satzes, durch die sich die Satzgliedfunktionen definieren lassen, kurz erörtert werden. In der Oberflächenstruktur einer Sprache lassen sich drei Hauptarten von syntaktischen Beziehungen unterscheiden, die in der dänischen Grammatik "Sideordning", "Underordning" und "Neksus" genannt werden.[1]

Für "Sideordning" wird in der deutschen Grammatik der entsprechende Terminus "Nebenordnung" oder - häufiger - das international gebräuchliche "Koordination" verwendet. Daneben benutzt man auch den Terminus "Parataxe". Koordiniert werden können Sätze (Hans schreibt einen Brief und Eva liest ein Buch) und Satzteile, z.B. VP: Hans lachte und schnitt eine Grimasse, oder NP: Hans und Eva gehen ins Kino.

Für "Underordning" gebraucht man in der deutschen Grammatik die deutsche Entsprechung "Unterordnung" oder den Terminus "Hypotaxe". Innerhalb einer NP herrscht - von zwei noch zu erwähnenden Sonderfällen abgesehen - die Beziehung der Unterordnung (ebenso innerhalb einer VP). Seiler charakterisiert die Unter-

---

[1] So bei Diderichsen 1946 und Jørgensen 1953. Diderichsen gebraucht neben "Sideordning" auch "Parataxe", statt "Underordning" auch "Hypotakse" (vgl. 1946, 141).

ordnung folgendermaßen: "Der Repräsentant des Syntagmas kann, ceteris paribus, für sich alleine vorkommen, d.h. ohne den "Rest"; aber der "Rest" kann, ceteris paribus, nicht für sich alleine vorkommen; er setzt den Repräsentanten voraus. Wir wollen ein solches Verhältnis 'Unterordnung' nennen."[2]

Die Unterordnung ist - um mit Hjelmslev zu sprechen - ein Verhältnis zwischen Konstante und Variable, eine Determination.[3] Seiler nennt die Konstante, also das Element, das von den anderen Elementen des Syntagmas vorausgesetzt wird, den "Nukleus", die anderen Elemente nennt er "Satelliten":

> "Dasjenige Element eines Syntagmas, welches zur selben Substitutionsklasse gehört wie das ganze Syntagma (also den Repräsentanten), nennen wir den 'Nukleus' - symbolisiert n; das andere Element aber, welches diese Bedingung nicht erfüllt (den "Rest"), nennen wir den 'Satelliten' - symbolisiert s. Der Terminus 'Nukleus' wurde bisher hauptsächlich auf die Verhältnisse der Silben-

---

[2] Seiler (1960, 8). Den Terminus "Syntagma" definiert De Saussure (1916, 170f.) folgendermaßen: "...dans le discours, les mots contractent entre eux, en vertu de leur enchaînement, des rapports fondés sur le caractère linéaire de la langue, qui exclut la possibilité de prononcer deux éléments à la fois ... Ceux-ci se rangent les uns à la suite des autres sur la chaîne de la parole. Ces combinaisons qui ont pour support l'étendue peuvent être appelées _syntagmes_. Le syntagme se compose donc toujours de deux ou plusieurs unités consecutives (par exemple: _re-lire_; _la vie humaine_; _Dieu est bon_; ... etc.). Placé dans un syntagme, un terme n'acquiert sa valeur que parce qu'il est opposé à ce qui précède ou ce qui suit, ou à tous les deux." In der dänischen Grammatik wird für "Syntagma" auch der Terminus "helhed" (Ganzheit) benutzt, so bei Diderichsen; vgl. seine Definition "Syntaks ... er Læren om Bygningen af de Helheder ("Syntagmer"), hvori Ordene optræder som Led." (1946, 139).

[3] Hjelmslev 1943 nimmt drei grundlegende Arten von Beziehungen zwischen Spracherscheinungen an: Interdependenz, Determination und Konstellation. Als Oberbegriff (eine Beziehung allgemein) wählt er den Terminus "Funktion"; Elemente, die eine Funktion eingehen, sind "Funktive". Ein Funktiv, dessen Anwesenheit eine notwendige Bedingung für die Anwesenheit des Funktivs ist, zu dem es in Funktion steht, nennt er "Konstante". Ein nicht notwendiges Funktiv ist eine Variable. "Interdependenz" ist eine Funktion zwischen zwei Konstanten, "Konstellation" zwischen zwei Variablen,; "Determination" ist eine Funktion zwischen Konstante und Variable (die Variable determiniert die Konstante).

struktur angewendet. Unsere Übertragung auf syntaktische Verhältnisse ist nicht zufällig: Wie in der Silbenstruktur der Konsonant nicht ohne den Vokal stehen kann, ihn also voraussetzt, während der Vokal seinerseits nicht den Konsonanten voraussetzt, so sind auch die Relationen zwischen den beiden Elementen des Syntagmas böse Hunde." (Seiler 1960, 9).

Diderichsen nennt die Konstante in einem Hypotagma "Overled" oder "Kerne", die Variable "Underled" oder "Adled".[4] In dem Hypotagma en gammel Mand ist Mand Kerne, gammel Adled. In dieser Untersuchung sollen, der Terminologie Diderichsens entsprechend, die Beziehungen "Kern" und "Unterglied" verwendet werden.[5]

In zwei Fällen kommen in einer NP andere als Unterordnungsbeziehungen vor: bei Koordination mehrerer Kerne (Hans og Lise, min broder og hans kone, den her og den der) und bei Satzeinbettungen als NP (z.B. at han er rejst), die auf Nexus aufgebaut sind.

Der von Jespersen geschaffene Terminus "Nexus" bezeichnet die

---

4 Diderichsen (1946, 141). "Hypotagma" ist ein Syntagma, zwischen dessen Gliedern Unterordnung besteht. Jespersen (1913 und 1921) unterscheidet mehrere Stufen in einem Unterordnungsverhältnis. Er nennt die ersten drei Stufen "overled", "adled" und "underled". Elemente, die in der ersten Stufe verwendet werden, sind "primær", Elemente der zweiten Stufe "sekundær", der dritten "tertiær", der vierten "kvaternær" usw. Quaternäre, quinäre usw. Elemente spielen sprachlich keine Rolle, "da de behandles ganske som de tertiære elementer" (1921, 1). Diese Einteilung ist insofern inkonsequent, als ein Element immer nur Oberglied zu einem Unterglied oder Unterglied in Bezug auf ein Oberglied sein kann. Das gilt auch für das "adled", das genausowenig herausgehoben zu werden braucht wie die quaternären, quinären usw. Elemente, die ja auch als "Unterglied" aufgefaßt werden (bzw. als Oberglied in Bezug auf ein von ihnen abhängendes Glied).

5 Die Termini "Kern" und "Unterglied" werden auch in Vater 1963 verwendet. In der englischsprachigen Terminologie werden die Termini "head" für "Kern" und "attribute" für "Unterglied" verwendet, so in Bloomfield 1933. Für "attribute" wird auch "modifier" gebraucht, z.B. bei Fries 1952 und Katz/Fodor 1963, oder "adjunct", vgl. Jespersen 1924 und Strang (1962, 82).

Beziehung zwischen Subjekt und Prädikat,[6] ein Verhältnis, das sich - nach Diderichsen - weder als Hypotaxe noch als Parataxe charakterisieren läßt. Nexus ist eine Beziehung zwischen zwei Konstanten, also eine Interdependenz.

Diderichsen nimmt als vierte syntaktische Beziehungsart die "Indordning" (Einordnung) an: "...i Sætningen Da han kom, var hun væk siges ... Da han kom at være underordnet Sætningen var hun væk. Dette er imidlertid misvisende, idet var hun væk ikke er nogen hel Sætning, men kun en Sætning ÷ et foranstillet Adverbial, og det vil derfor være hensigtsmæssigt at sige, at Bisætningen Da han kom er "indordnet" (som Adverbial) i Hovedsætningen Da han kom, var hun væk" (1946, 143). Diderichsen hat erkannt, daß der Nebensatz als Satz, der Glied innerhalb eines größeren Satzes ist, definiert werden muß. Seine Feststellung, daß der Nebensatz Da han kom in den Hauptsatz (als Adverbialphrase) eingeordnet ist, entspricht in der generativen Grammatik der Charakterisierung von Nebensätzen durch Einbettung. Allerdings ist Diderichsen inkonsequent: Wenn der Nebensatz als Adverbial fungiert, dann steht er im gleichen Verhältnis zum Rest des Satzes wie z.B. das Adverbial i går. Folglich müßte er auch bei I går var hun væk von Einordnung sprechen, denn auch hier ist var hun væk ein Satz ÷ vorangestelltes Adverbial. Der Nebensatz steht zum Rest des Satzes in keiner anderen Beziehung als das Satzglied, das er vertritt.[7] Die attributiven Nebensätze sind

---

6 Diderichsen (1946, 142): "Et saadant Forhold kalder vi (efter Jespersen) Neksus (egl. (Sammen)knytning), og de to Led, som indgaar heri, kaldes Subjekt og Prædikat." Jespersen selbst (und auf ihm aufbauend Hammerich 1930) sieht Nexus als eine Art der Hypotaxe (also Determination) an und ist dadurch außerstande, den Unterschied zwischen en gøende hund und hunden gøede (der Hund bellte) klar zu definieren. Während er 1913 (p.65) den Unterschied darin sieht, daß "prædikatforbindelsen har, og adledtilknytningen savner, et eget præg af en afsluttet, afrundet meddelelse", erkennt er 1921 (6ff.) - und darin besteht sein großes Verdienst - daß Anwesenheit eines Finitums und damit Zustandekommen einer selbständigen Mitteilung nicht das Charakteristische des Nexus ist, denn es gibt auch Nexus ohne Finitum. Gegen die Auffassung des Nexus als Hypotaxe wendet sich Western (1934, 76).

7 Vgl. dazu Jespersen (1913, 39): "Men hvis vi tar fx. 'Da han kom hjem, spurgte han, om Petra var rask' kan vi lige så lidt isolere ordene spurgte han, som vi vilde kunne det i den

als "adled i Hypotagmer" (Diderichsen 1946, 204 und 221ff.) dem Kern einer NP untergeordnet. Subjektsätze wie <u>At han er rejst (er godt)</u> stehen zum Rest des Satzes - dem Prädikat - im Nexus-Verhältnis. Wenn Nexus als Beziehung zwischen Subjekt und Prädikat definiert wird, ist der innere Aufbau der beiden Glieder gleichgültig, entscheidend ist die Beziehung zwischen beiden. Und diese Beziehung ist die gleiche in <u>Huset - er nyt</u> und <u>At han er rejst - er godt</u>. Adverbiale Nebensätze sind schließlich der VP oder dem ganzen Satz genau so untergeordnet wie einfache Adverbiale. Man kann also "Einordnung" nicht als besondere syntaktische Beziehung anerkennen.

Die traditionellen Satzglieder lassen sich folgendermaßen definieren:

(1) Subjekt und Prädikat sind unmittelbare Konstituenten des Satzes, die sich gegenseitig bedingen; sie stehen zueinander in einer Interdependenz- oder Nexus-Beziehung.[8]

(2) Objekt und Adverbial sind unmittelbare Konstituenten des Prädikats und als solche dem Prädikat untergeordnet.

(3) Das Attribut ist unmittelbare Konstituente eines Subjekts, Objekts, Adverbials oder eines anderen Attributs; es kommt also als untergeordnetes Element aller andern Satzglieder außer dem Prädikat vor sowie als einem andern Attribut untergeordnetes Element.

Die merkwürdigen Beschränkungen in (2) und (3) ergeben sich daraus, daß Objekt und Adverbial eigentlich völlig überflüssig sind: ohne sie wäre eine Definition der Satzglieder viel einfacher, denn jedes untergeordnete Element ließe sich dann als

---

    enstydige sætning: 'Ved sin hjemkomst spurgte han til Petras befindende' ... Og hvad enten underleddene er i form af sætning eller ej, hører de med til sætningen ...".

8 Man kann zwar sagen, daß zwischen Subjekt und Prädikat Nexus besteht, nicht jedoch umgekehrt - wie Diderichsen das tut (vgl. Anm. 7) - Nexus als Subjekt-Prädikat-Beziehung charakterisieren. Jespersen 1921 hat klar nachgewiesen, daß Nexus auch zwischen andern Satzgliedern auftritt, z.B. zwischen <u>hende</u> und <u>synge</u> bzw. <u>huset</u> und <u>tomt</u> in (4) und (5), die in der OS nicht jeweils als Subjekt und Prädikat fungieren.

Attribut erklären. Faktisch sind Objekt und Adverbial nichts anderes als Attribute des Prädikats.

Die Beibehaltung des Objekts als Satzgliedfunktion läßt sich dadurch rechtfertigen, daß es in einer engen Beziehung zum Subjekt steht: Bei transitiven Verben hat der Sprecher die Wahl, das Element, das von der Verbalhandlung betroffen wird, zum Subjekt oder Objekt zu machen. Im ersten Fall bildet er einen Passivsatz, im zweiten einen Aktivsatz. Das gilt auch, wenn dieses Element nicht eine "normale" NP mit substantivischem Kern ist, sondern ein eingebetteter Satz. Da die Beschreibung der beiden OS-Alternativen Aktiv und Passiv ohne den Objekt-Begriff umständlicher wäre, wird das Objekt hier beibehalten. Inwieweit Adverbiale als besondere Satzglieder gerechtfertigt sind, braucht im Rahmen dieser Arbeit nicht untersucht zu werden.[9]

Es gibt einige Satzfunktionen, die sich nicht so recht in die traditionellen Satzglieder einordnen lassen. Das gilt vor allem für Infinitive wie _synge_ in (4) und prädikative Objekte wie _tomt_ in (5)

(4) Jeg hørte hende synge.
    Ich hörte sie singen.

(5) Jeg fandt huset tomt.
    Ich fand Haus-das leer.

Die Beispiele (4) und (5) zeigen, daß viele Erscheinungen der Oberflächenstruktur nicht erschöpfend und zufriedenstellend behandelt werden können, wenn man sie nicht auf eine zugrundeliegende Struktur, eine Tiefenstruktur zurückführt. In der OS sind Strukturen wie _huset tomt_ und _hende synge_ einfach nicht richtig analysierbar. Jespersen hat das klar gesehen, indem er den von ihm geschaffenen Begriff Nexus auf die erwähnten Gebilde ausdehnte und ihre Parallelität zu Subjekt-Prädikat-Strukturen hervorhob. Wenn Jespersen auch den Begriff der Tiefenstruktur und der Satz-

---

9 Chomsky 1957 definiert Subjekt und Objekt als Funktionen der TS: "Subject of" charakterisiert die Beziehung einer NP zu dem sie unmittelbar dominierenden S, "object of" ist die Beziehung zwischen einer NP und der sie dominierenden VP. Gegen die Interpretation von Subjekt und Objekt als TS-Funktionen wendet sich - mit überzeugenden Argumenten - Fillmore 1968a.

einbettung nicht kannte, hat er doch - wie sich später deutlich zeigen wird - gewisse Konstruktionen als das Ergebnis von Tilgungen und Umordnungen beschrieben, arbeitete also gewissermaßen schon mit Transformationen.[10]

Da sich Strukturen wie die durch (4) und (5) exemplifizierten Infinitivkonstruktionen und prädikativen Objekte auf Satzeinbettungen zurückführen lassen, die als Objekt fungieren, wurden sie in dieser Untersuchung mit berücksichtigt (vgl. 1.2 und 1.3). Aus dem gleichen Grund werden auch Nominalisierungen behandelt (vgl. 1.4).

1.1 At-, om- und hv- Sätze

1.1.0 Allgemeines

Sätze, die statt einer NP innerhalb eines Satzgefüges vorkommen und das Subjekt, Objekt, Präpositionalobjekt oder Prädikatsnomen dieses Satzgefüges bilden, werden, entsprechend ihrer Satzgliedfunktion, "Subjekt"-, "Objekt"- und "Prädikativsätze" genannt.[11]

Diese Sätze bilden zusammen mit Attributsätzen - die als At-

---

10 Weiter ausgebaut hat Jespersen seine Nexus-Theorie 1924, wo er auch viele englische Beispiele bringt. Erfunden hat er übrigens das transformationelle Vorgehen nicht, denn Beispiele dafür reichen bis in die antike Grammatik zurück, wo z.B. die Doppeldeutigkeit von amor dei durch Rückführung auf Aliquis amat deum und Deus amat aliquem erklärt wurde (vgl. 1.4 und Lyons 1968, 249).

11 Mikkelsen (1911, 493f.) und Byskov (1910, 116) teilen Nebensätze in "navneagtige", "tillægsagtige" und "biordsagtige". Die gleiche Einteilung trifft H. Hansen (1932, 17). Er hat "Navneledsbisætninger", "Tillægsbisætninger" und "Biordsbisætninger". Jespersen (1940, 66) kritisiert diese Termini: "Om hovedinddelingen av ledsætninger hersker der enighed, men de tre almindeligst brugte navne substantiviske, adjektiviske og adverbielle er ikke rammende, da det ikke egentlig er ordklasserne der er det avgørende, men kun en hovedanvendelse av disse." Jespersen gebraucht statt dessen die Termini "overledsætninger", "adledsætninger" und "underledsætninger". (Zu "overled" usw. vgl. 1.0).

tribut innerhalb einer NP auftreten[12] - und Adverbialsätzen eine Kategorie, die in der traditionellen Grammatik "Nebensatz" oder "Gliedsatz" (dän. "bisætning" oder "ledsætning") genannt wird. Attributsätze, die ja kein Satzglied, sondern Teil eines Satzglieds sind, werden von einigen Grammatikern auch "Gliedteilsätze" (dän. "leddelssætninger") genannt.[13]

Die meisten Arten von Nebensätzen können durch Einbettung in einen übergeordneten Satz erklärt werden und heißen dann in der generativen Grammatik "eingebettete Sätze". Da erst im Zusammenhang mit der Untersuchung der Tiefenstruktur entschieden werden kann, ob ein Nebensatz durch Einbettung oder anders erklärt werden muß, soll hier der Terminus "Nebensatz" (abgekürzt "NS") verwendet werden. Schon 1902 hat Mikkelsen in seiner Auseinandersetzung mit Wiwel um die Grundprinzipien der grammatischen Analyse hervorgehoben, daß der Nebensatz nicht durch "positive grammatiske kendsgerninger"[14] wie z.B.

---

12 Als "Attribut" werden alle Unterglieder in einer NP außer den Determinantien aufgefaßt. Determinantien unterscheiden sich von anderen Untergliedern in einer NP nicht nur durch ihre Position, sondern vor allem durch ihre Tiefenstruktur: Attribute gehen auf Satzeinbettungen zurück, Determinantien auf syntaktische Merkmale.

13 Den Ausdruck "leddelssætning" verwendet Aa. Hansen (1967 III, 425ff.). Schulz-Griesbach (1966, 371) hat "Gliedteil-Satz", während Erben (1958, 189) Attributsätze unter die Gliedsätze einreiht und die Duden-Grammatik (1966, 553) von Relativsätzen zwar sagt, daß sie "in der Rolle eines Attributs (Gliedteils)" stehen, sie aber trotzdem als "Gliedsätze" bezeichnet.

14 Wiwel (1901, 12f.): "Det er da de positive grammatiske kendsgerninger, det gælder at få fat på". Als "kendsgerninger" (Tatsachen) gelten ihm: "1. ordenes former (böjningsformer), 2. ordenes indbyrdes orden (ordstillingen), 3. ordenes indbyrdes tryk -og toneforhold, 4. talens naturlige ophold (pauser)." Daß man mit den "positiven Tatsachen" in der grammatischen Analyse nicht auskommt, weist auch Bertelsen (1902, 90) nach: Grammatische Beziehungen werden oft nicht von bestimmten sprachlichen Kennzeichen begleitet. Wiwel selbst kann z.B. seine Gruppe "småord" nur dadurch in Adverbien, Konjunktionen usw. unterteilen, indem er ihre Beziehungen zu anderen Wörtern untersucht. Dazu Bertelsen: "Forholdet til andre ord' hører ikke til de for øre og øje fremtrædende positive grammatiske kendsgerninger" (1902, 89).

die Wortstellung, sondern nur durch sein Verhalten zum übergeordneten Satz charakterisiert werden kann, wie denn überhaupt die Beziehung zwischen sprachlichen Elementen das Entscheidende seien und nicht die "positiven Tatsachen" wie Wortstellung und Art der Flexion.

Auf Grund seiner Beziehung zum übergeordneten Satz wird der Nebensatz von Mikkelsen folgendermaßen definiert: "Bisætningen kan nemlig altid opfattes som et Sætningsled i den overordnede Sætning".[15]

Diderichsens Versuch, beide Kriterien mit einander zu verbinden und Nebensätze sowohl durch ihre Beziehung zum übergeordneten Satz - durch Unterordnung und "Einordnung" (vgl. 1.0) - als auch durch die Wortstellung zu charakterisieren, führt zu Widersprüchen, da es keine Wortstellung gibt, die alle Nebensätze von allen selbständigen Sätzen unterscheidet: Viele Nebensätze - z.B. die nicht-negierten *at*-Sätze - unterscheiden sich in ihrer Satzgliedstellung nicht von selbständigen Sätzen, eine Tatsache, auf die schon Mikkelsen in seiner Auseinandersetzung mit Wiwel hingewiesen hat.[16] Andererseits haben viele der von Diderichsen angeführten Hauptsätze kein "Fundamentfeld", obwohl Anwesenheit des Fundamentfeldes für ihn eines der Hauptcharakteristika eines "Hauptsatzes" (besser: selbständigen Satzes) ist.[17]

Mit Recht weist Jespersen darauf hin, daß es keinen Sinn hat, von einem "Hauptsatz" zu sprechen. Der Hauptsatz enthält nämlich nicht unbedingt den wichtigsten Gedanken, wie manche Grammatiken behaupten (vgl. z.B. <u>Det var fordi han var syg</u>, wo die Hauptaussage im NS gegeben wird). Und formal läßt sich der Hauptsatz nur

---

15 Mikkelsen (1902, 10). Auch nach Byskov (1910, 115) ist der NS "et udtryk i sætningsform ..., der står som led i en anden sætning."

16 "...det Kendemærke, hvorved en Bisætning skal skilles fra en Hovedsætning, maa findes i alle Bisætninger, men Forfatterens Kendemærke, den forandrede Ordstilling, mangler i de Bisætninger hvori der ikke findes et Sætningsled af ovennævnte Art, f. eks. 'Jeg ved, at han er syg'..."(Mikkelsen 1902, 7f.)

17 Vgl. das Schema in Diderichsen (1946, 162) und Diderichsens Feststellung (1946, 185): "...vi maa opstille to Hovedtyper af Sætninger: Bisætninger..., der mangler Fundamentfelt og har Ledstillingen s-a-v (a-s-v) i Neksusfelt, og Hovedsætninger..., der har Fundamentfelt (selv om det ikke altid er udfyldt) og Ledstillingen v-s-a (v-a-s) baade i Neksusfelt og Indholdsfelt."

als das bestimmen, was nach Aussonderung der Nebensätze zurückbleibt. Dieser Rest ist oft sehr spärlich, vgl.:

(6)   Hvad jeg ikke kan forstå, er, at Peter blev vred.
      Was ich nicht kann verstehen, ist, daß P. wurde böse.

JesSL 38

Als "Hauptsatz" bleibt hier nur die Kopula er übrig! Sinnvoll ist allein die Gegenüberstellung von unabhängigen und abhängigen Sätzen, wobei letztere stets Bestandteil der ersteren sind:[18]

In Anlehnung an Jespersen nennen wir einen Nicht-Nebensatz "selbständiger Satz" und einen selbständigen Satz, der mindestens einen NS enthält, "Gesamtsatz" (GS). Dabei ist zu berücksichtigen, daß ein selbständiger Satz zwar in sich abgeschlossen ist und als grammatisch richtiger und vollständiger Satz von Sprechern der betreffenden Sprache anerkannt wird, daß er aber in seinem kommunikativen Gehalt nicht unabhängig von vorher geäußerten Sätzen ist, vgl. Han har sagt det, wo nur durch Bezug auf Vorangegangenes verständlich wird, wer was gesagt hat.

Ein Nebensatz kann weitere, ihm untergeordnete Nebensätze enthalten.[19]

1.1.1 At-Sätze

At-Sätze können als Subjekt und Objekt im Gesamtsatz fungieren.

---

18 "Og hvad enten underleddene er i form af sætning eller ej, hører de med til sætningen, og denne består da rettelig af alle de led, den talende eller skrivende har föjet sammen til et enkelt isolerligt hele. Vi får ... brug for en modsætning mellem uafhængige sætninger, der efter omstændighederne kan indslutte andre, og afhængige sætninger, der er indesluttede i eller optagne som dele af en uafhængig sætning;og som kortere ... navne kunde man vel foreslå helsætninger og ledsætninger." (Jespersen 1913, 39).

19 "Et led i en bisætning kan ligeledes erstattes med en bisætning, for hvilken den første bisætning altså kommer til at optræde som hovedsætning;dette kan gentage sig. En bisætning, der er led i en selvstændig sætning, kaldes en bisætning af 1ste orden;en der er led i en bisætning af 1ste orden, er af 2den orden o.s.v. Der kan i skriftsproget godt træffes bisætninger af 7de orden og måske højere endnu;i talesproget benyttes i regelen ikke lange sætningsforbindelser ..." (Byskov 1910, 115f.).

At ist - nach Aa. Hansen - eine Konjunktion ohne lexikalische Bedeutung, deren Funktion darin besteht, einen (eingebetteten) Satz oder einen Infinitiv als substantivisch zu charakterisieren. Aa. Hansen sagt (1967 III, 461):

> "At er en leddanner, hvis hovedfunktion er at indlede en sætning der derved substantiveres, dvs. sættes i stand til at gå ind i substantivets sætningsfunktion i en storsætning, og at indlede en infinitiv der derved karakteriseres som substantivisk, ... m.h.t. funktion og indhold viser de så mange ligheder at der er god grund til her at tale om samme ord. At er i begge anvendelser helt blottet for (leksikalsk) indhold ...De andre indledere har ved siden af deres syntaktiske funktion noget der kan kaldes betydning idet de giver et fingerpeg m.h.t. leddets indhold."[20]

Es folgen Beispiele für at-Sätze als Subjekt:

(7) At hun blev forelsket i ham var næsten en Selvfølge.
    Daß sie wurde verliebt in ihn, war fast eine Selbstverständlichkeit.
                                                    JPJac. II. 8

(8) At Karin er kommet, er godt.

(9) At jeg rejser, er sikkert.   HanS 163

(10) At det kan ske, er utroligt.   HanS 187

(11) At de danske farvande fryser til, sker somme tider.
     Daß die dänischen Fahrwasser frieren zu, geschieht manchmal.

(12) At Ellen ikke er kommet, undrer mig.

(13) At professor Møller er meget streng, fortælles af og til.

Wie aus den Beispielen ersichtlich ist, stehen at-Sätze als Subjekt vor allem in Sätzen mit Kopula + Prädikatsnomen (vgl.

---

20 Unter "leddanner" (Gliedbildner) faßt Hansen Konjunktionen und Präpositionen zusammen (1967 III, 291). Der Terminus "indleder" (Einleiter) wird von Hansen nicht einheitlich verwendet. Er bezeichnet sowohl eine Untergruppe der "leddannere" - und steht dann im Gegensatz zum "kombinator" (1967 I, 174f.) - als auch das gleiche wie "leddanner", was aus den Bezeichnungen "selektionsdannende indledere" (I, 175) und "kombinerende indledere" (I, 177) hervorgeht.

(7) - (10)), mit unpersönlichen Verben[21] ((11) und (12)) und Verben im Passiv (vgl. (13)).

Üblicher und natürlicher als die Anfangsstellung ist bei Subjektsätzen die Nachstellung mit gleichzeitiger Füllung der Anfangsposition durch das Pronomen det:

(14) Det er godt, at Karin er kommet.

(15) Det blev betragtet som en stor Ære for Farmen, at de
 Es wurde betrachtet als eine große Ehre für Farm-die,

 gamle Mænds Dans skulde holdes der.   KBF 291
 daß der alten Männer Tanz sollte gehalten-werden da.

(16) Det fortælles af og til, at professor M. er meget streng.

(17) Det er forståeligt, at de studerende føler sig urimeligt
 Es ist verständlich, daß die Studierenden fühlen sich

 behandlet.
 ungerecht behandelt.   Pol 7

(18) ..det kan knap nok siges om dem, at de kan skrive..
 ..es kann kaum wohl gesagt-werden von ihnen, daß sie
 können schreiben..   KBF 66

(19) Det gør mig ondt, at jeg ikke har kunnet tage Afsked
 Es tut mir leid, daß ich nicht habe gekonnt nehmen

 med hende..
 Abschied von ihr..   P 410

(20) Det er synd, at Peter ikke er kommet.
 Es ist schade, daß P. nicht ist gekommen.

(21) Det ærgrede mig, at min kone havde hjerte til at le
 Es ärgerte mich, daß meine Frau hatte Herz (da)zu zu

 ad mig.
 lachen über mich.   TYS 41

In all diesen Fällen repräsentiert det den folgenden at-Satz. Es kommt auch vor, daß ein vorangestellter at-Satz durch

---

21 Zur Charakterisierung der unpersönlichen Verben sagt Isačenko (1962, 278): "Es gibt Verben, die kraft ihrer lexikalischen Bedeutung weder in der ersten noch in der zweiten Person verwendet werden können, z.B. regnen, schneien... Dies sind "unpersönliche Verben". Andererseits können viele Verben unpersönlich gebraucht werden, z.B. hier sitzt es sich bequem". In den Beispielen ist ske ein unpersönliches und undre (undrer mig) ein unpersönlich gebrauchtes Verb (vgl. (11) und (12)). Unpersönliche Verben, unpersönlich gebrauchte Verben und Konstruktionen aus Kopula und Adjektiv oder Substantiv, die abstraktes Subjekt oder Satzsubjekt zulassen (vgl. (7) - (10)) werden hier unter dem Terminus "unpersönliche Konstruktion" zusammengefaßt.

ein folgendes det wieder aufgenommen wird, besonders in der Umgangssprache (vgl. (22ii)). Bei nachgestelltem Subjektsatz kann in der Umgangssprache at auch wegfallen (vgl. (22iv)).[22] So ergeben sich vier Möglichkeiten:

(22) (i) At Ellen kommer til tiden, sker aldrig.

(ii) +At Ellen kommer til tiden, det sker aldrig.

(iii) Det sker aldrig, at Ellen kommer til tilden.

(iv) +Det sker aldrig, Ellen kommer til tiden.

Zuweilen fehlt det vor nachgestelltem Subjekt-at-Satz oder der steht an Stelle von det:

(23) Ejendommeligt for de kinesiske Forbrydelser er, at der
 Eigentümlich für die chinesischen Verbrechen ist, daß

 gerne er mange om et Drab.
 es gewöhnlich sind viele um einen Totschlag.   Jens. SN. 30

(24) Rigtignok fortælles der, at han har begyndt at holde til
 Allerdings wird-erzählt es, daß er hat begonnen zu (sich)

 hos Svend Øl og Per Brændevin og det øvrige uhyggelige
 halten auf bei Svend Bier und Per Branntwein und der

 Selskab...
 übrigen unangenehmen Gesellschaft...   P 414

In diesen Sätzen steht ein prädikatives Adjektiv bzw. ein Adverb am Satzanfang.

Nach Aa. Hansen kommen at-Sätze auch als Prädikativ (Prädikatsnomen) vor. Sämtliche Beispiele, die er anführt, sind aber nachgestellte Subjektsätze,[23] so z.B. (25) und (26):

(25) Hans eneste Trøst var, at Bartholine var frugtsommelig.
 Sein einziger Trost war, daß B. war schwanger.
                                                JPJac. II. 11

(26) Det sørgelige er, at han ikke kan holde sig fra flasken.
 Das Traurige ist, daß er nicht kann halten sich von
 Flasche-der.
                                                Han III, 463

Als Objekt erscheinen at-Sätze nach Verben des Sagens (ytringsverber, vgl. (27) - (30)), des Meines (meningsverber, (31) - (33)),

---

22 Aa. Hansen (1967 III, 462f.): "Indlederen kan udelades i talesprong især i sætninger med det er - o.l."

23 Aa. Hansen (1967 III, 463). Der von Hansen gebrauchte Ausdruck "subjektprædikativ" bedeutet, daß es sich um ein Prädikativ zum Subjekt, nicht zum Objekt handelt. An andern Stellen gebraucht er statt "subjektprædikativ" auch "prædikativ" (vgl. 1967 II, und III, 470: "... hvor ledsætningen er ... prædikativ").

Verben der Wahrnehmung (verba sentiendi, sanseverber (34) -
(38)), Verben des Wollens (verba voluntatis, (39)) und des Bewirkens (vgl. (40) und (41)). <u>Forhindre</u> bedeutet "bewirken, daß
etwas nicht geschieht"). Verben des Sagens werden im folgenden
als "Verba dicendi" bezeichnet.

(27) Han siger, at ingenting kan være værre.
 Er sagt, daß nichts kann sein schlimmer.   K 45

(28) Forskrækket stammer han, at hun ikke må være ked af det.
 Erschreckt stammelt er, daß sie nicht soll sein traurig
 von dem (d.h.: darüber).   K 45

(29) Kamante skriver, at han er arbejdsløs.   KBF 66

(30) I et nyt opsigtsvækkende Skrift ... har han aabent
 In einer neuen aufsehenerregenden Schrift hat er offen

 tilstaaet, at hans forrige Opfattelse beroede paa en
 zugegeben, daß seine frühere Auffassung beruhte auf

 Misforstaaelse.
 einem Mißverständnis.   P 413

(31) Peter tror, at Hans kommer.

(32) Vi tror ikke om dig, at du nogensinde kan glemme os.
 Wir glauben nicht von dir, daß du jemals kannst vergessen uns.   KBF 67

(33) .. så mener man, at hun godt kan komme til at føle sig
 .. so meint man, daß sie gut kann kommen (da)zu zu

 noget indelukket.
 fühlen sich etwas eingeschlossen.   Tb 1

(34) Der er et Perspektiv i de Breve, jeg faar. Jeg føler,
 Es ist eine Perspektive in den Briefen, ich bekomme. Ich

 at der er en Meddelelse i dem, som har ligget Afsenderen
 fühle, daß es gibt eine Mitteilung in ihnen, die hat ge-

 tungt paa Hjerte..
 legen Absender-dem schwer auf(dem) Herz(en).   KBF 66

(35) ..jeg kan lugte at der er Sølvtøj i Villaen dêr.
 ..ich kann riechen, daß es gibt Silberzeug in Villa-
 der dort.   MAP 722

(36) Han ser godt, at hendes smil ikke er sandt.
 Er sieht gut, daß ihr Lächeln nicht ist wahr.   K 45

(37) For Fanden Mennesker, har I ikke lært saa meget, at
 Zu Teufel-dem, Menschen, habt ihr nicht gelernt so viel,

 man svarer høfligt paa et høfligt Spørgsmaal?
 daß man antwortet höflich auf eine höfliche Frage?
   MAP 11

(38) Jeg veed, at Vognen venter..
      Ich weiß, daß Wagen-der wartet..   P 409

(39) ..hans Efterladte havde ønsket, at Begravelsen skulde
      ..seine Hinterbliebenen hatten gewünscht, daß Begräbnis-

      foregaa i al Stilhed..
      das sollte vor-sich-gehen in aller Stille.. P 410

(40) Artikelen bevirkede, at han blev afskediget.
      Artikel-der bewirkte, daß er wurde entlassen. Did 205

(41) Men det forhindrer ikke, at der er en Mængde Sætninger
      Aber das verhindert nicht, daß es gibt eine Menge Sätze

      af Formen Substantiv + er + Substantiv ...
      von Form-der Substantiv + er + Substantiv ... BysG 133

Die gleiche Gruppe von Verben, die im Aktiv einen at-Satz als Objekt haben, kommen im Passiv mit Subjekt-at-Sätzen vor (vgl. z.B. (15), (16) und (18)).

At-Sätze kommen auch im Anschluß an Verb + Präposition, also als Präpositionalobjekt, vor:

(42) Du må sørge for, at det bliver klos op ad Martin.
      Du mußt sorgen (da)für, daß es wird nahe [auf] bei M.
      (det=das Grab)
                                                    HW 107

(43) Pelle tvivlede fremdeles ikke om, at han var udset til
      P. zweifelte von-nun-an nicht an, daß er war ausersehen

      at udrette noget for de mange...
      für zu leisten etwas für die vielen...   MAP 724

Wie aus den Beispielen ersichtlich, steht im Dänischen auch dann eine einfache Präposition, wenn das Objekt ein Satz ist (for at/om at), während im Deutschen in solchen Fällen ein Pronominaladverb eintreten muß (z.B. dafür daß). Pronominaladverbien sind im Dänischen durchaus vorhanden (derfor, derom usw.), werden aber zur Anknüpfung von Sätzen nicht gebraucht. Es wird kein Unterschied gemacht, ob das Präpositionalobjekt eine gewöhnliche NP (mit N oder Pronomen als Kern) oder ein NS ist. In Objektsätzen - auch bei Sätzen, die als Präpositionalobjekt stehen[24] - wird at häufig ausgelassen, allerdings nicht, wenn der Objektsatz in Spitzenstellung steht:

---

24 Hier vor allem in der Umgangssprache, vgl. Aa. Hansen (1967 III, 466).

(44) (i)   Jeg tror ikke, han har gjort det.   Did 190
     (ii) At han har gjort det, tror jeg ikke.
     (iii) *Han har gjort det, tror jeg ikke.

(45)   De ville tro han var blevet gal.   HT 13
           Sie würden glauben, er war geworden verrückt.

(46)   Så siger løven: "Tror du, jeg kan leve af den
           Da sagt Löwe-der: "Glaubst du, ich kann leben von

           hundeæde man byder os her?"   Tb 1 (aus einem Witz)
           dem Hundefraß, man bietet uns hier?"

(47)   Jeg synes, det er koldt.
           Ich finde, es ist kalt.

(48)   +Jeg kan godt forstå, du vil have orden i det.
           Ich kann gut verstehen, du willst haben Ordnung in dem.
                                                    HW 107

(49)   +Du kan regne med, jeg skal gøre mit bedste.
                                                    HW 110

   Zusammenfassend kann man feststellen, daß at dort weggelassen werden kann, wo die Beziehung des NS zum übergeordneten Satz auch ohne Konjunktion deutlich erkennbar ist.[25]

   Eine im Dänischen sehr verbreitete syntaktische Erscheinung ist die sogenannte "Sætningskløvning" (Satzspaltung[26]), die von Diderichsen so definiert wird: "Naar en Størrelse særlig efter-

---

[25] "Tomt Forbinderfelt findes i Bisætninger, der staar i et særlig klart eller nødvendigt Forhold til Oversætningen, nemlig dels i at-Sætninger, der staar som Objekt ... dels i bestemmende Relativsætninger" (Diderichsen 1946, 190). Aa. Hansen sagt zur Auslassung von at (1967 III, 470): "Denne finder normalt ikke sted hvor ledsætningen er subjekt, prædikativ og apposition og aldrig når at-sætningen står først i storsætningen eller (elliptisk) er brugt alene. I de øvrige tilfælde, altsa især hvor sætningerne er objekt og styrelse for præposition, kan at udelades. En statistik viser at udeladelsen i alm. Skriftsprog ikke er hyppig, men bliver mere almindelig jo mere vi nærmer os det talte sprog, men selv der synes den sjælden at komme over 50% af tilfældene."

[26] Entsprechend nennt man einen so konstruierten Satz "kløvet eller spaltet sætning" (Aa. Hansen 1933, 41). In der englischen Grammatik werden solche Sätze "cleft sentences" genannt (vgl. Jespersen 1927, 88ff., Jespersen 1937, 73 und Lees 1963). Im Deutschen gebraucht Motsch 1970 den Ausdruck "Emphasesätze."

trykkeligt skal fremhæves eller udpeges, kan det ske paa den Maade, at den gøres til Prædikativ i en Sætning med det som Subjekt og er (bliver) som Finit ... Den Sætning, hvori Leddet "skulde have haft Plads", efterskikkes da som en løst tilknyttet Bisætning i Ekstraposition."[27]

Ist das hervorgehobene - als Prädikativ von det er erscheinende - Glied in dem vorauszusetzenden nicht-hervorgehobenen Satz (d.h. in dem Satz, wo das hervorgehobene Glied nach Diderichsen "seinen Platz haben sollte") ein Adverbial, dann wird der Restsatz ein durch at eingeleiteter Nebensatz:[28]

(50) Det er ikke hver dag, at man får et sådant tilbud.
      Es ist nicht jeden Tag, daß man bekommt ein solches Angebot.
                                                                HanS 45

Auch wenn das herausgehobene Glied ein Prädikatsnomen oder - was gewiß selten vorkommt - ein finites Verb ist, wird der zum NS gewordene Restsatz durch at eingeleitet,[29] in allen anderen Fällen wird der Restsatz zum Relativsatz.

(51) +Det er vist Generalkonsul, (at) han er.   Did 196
(52) Hvad er det, (at) han hedder?   Did 196
(53) ?Det er ikke ligefrem lyve, (at) han gør.   Did 196
      Es ist nicht einfach lügen, (daß) er tut.

Die entsprechenden einfachen Sätze heißen: Han er vist generalkonsul, Hvad hedder han? und Han lyver ikke ligefrem. Die Hervorhebung des finiten Verbs (vgl. (53)) macht gleichzeitig die Einsetzung des Proverbs gøre 'tun' erforderlich.

---

27 Diderichsen (1946, 196). Vgl. auch Aa. Hansen (1967 III, 455): "en 'kløvet' sætning med det er - tjener til fremdragning af et led som i en sætning uden denne indledning står længere tilbage i sætningen: jeg mener N.N.: det er N.N. jeg mener."

28 "Er det et adverbial der fremdrages, bruges at som forbinder (Aa. Hansen 1967 III, 457). "Med Hensyn til det-Kløvning gælder den Regel, at Rest-Sætningen efter det til Oversætningen overflyttende Leds Art bliver enten en Relativsætning (ved overflyttet substantivisk Led) eller en at-Sætning (ved overflyttet adverbielt Led)" (Brøndum-Nielsen 1930, 374). Aa. Hansen führt außerdem at-Sätze bei hervorgehobenem Präpositionalobjekt an.

29 "... som Konjunktional bruges som, hvis Leddet skulde have været Substantial, at, hvis det skulde have været Adverbial, Prædikativ eller Verbal" (Diderichsen 1946, 196).

Wie Diderichsens Beispiele zeigen, kann <u>at</u> bei Hervorhebung des Prädikativs oder finiten Verbs in einem Spaltsatz weggelassen werden. Das gilt auch bei Hervorhebung eines Adverbials:

(54) (i) Er det først paa Onsdag, at hun kommer?   Did 196

    (ii) Er det først paa Onsdag, hun kommer?   Did 196

(55) (i) Det er i dette kvarter, at de smukkeste bygninger
        Es ist in diesem Viertel, daß die hübschesten
        findes.
        Gebäude finden-sich.   HanS 46

    (ii) Det er i dette kvarter, de smukkeste bygninger
        findes.   HanS 46

(56) (i) Det er blot sålænge vi er børn, at vi tænker således.
        HanS 47

    (ii) Det er blot sålænge vi er børn, vi tænker således.
        HanS 47

(57)   Det var N.N., jeg talte om.   HanS 43

Nach Aa. Hansen (1967 III, 457) fehlt die Konjunktion normalerweise, wenn das ausgezeichnete Glied Prädikatsnomen ist, so daß man nicht entscheiden kann, ob <u>at</u> oder das Relativpronomen <u>som</u> zu ergänzen ist:

(58)   Er det egentlig 22 eller 23 (år), du er?
      Ist es eigentlich 22 oder 23 (Jahre), du bist?
      Han III, 457

In der Umgangssprache wird in der Regel sowohl <u>at</u> als auch das Relativum - außer, wenn es für das Subjekt steht - weggelassen. Das kann dazu führen, daß <u>at</u> und <u>som</u> füreinander eintreten. Für die Unsicherheit im Gebrauch von <u>at</u> und <u>som</u> in einigen Fällen ist es bezeichnend, daß sich in der Umgangssprache die Verbindung <u>at som</u> eingebürgert hat.[30] Austausch von <u>at</u> und <u>som</u> in der Hochsprache findet dort statt, wo sich die Funktionen von beiden besonders stark berühren, nämlich wenn bei Hervorhebung eines Adverbials durch Satzspaltung die Präposition im NS bleibt und

---

30 "Saavel <u>at</u> som Relativet udelades ofte, hvilket kan føre til, at <u>det</u> ene af dem kan indsættes i Stedet for det andet: <u>at</u> trænger som bekendt i daglidags, især vulgært Sprog ind paa Relativets Omraade" (Brøndum-Nielsen 1930, 374, Anm. 3). "Er relativet subjekt i ledsætningen bruges <u>som</u> eller nu oftest <u>der</u> og i lavt talesprog <u>at der</u>, <u>at som</u>" (Aa. Hansen 1967 III, 460).

nur die NP, die Bestandteil des Adverbials ist, den Platz wechselt (vgl. (59i - iii)); wird die Präposition dagegen mit nach vorn gerückt wie in (55), dann ist som nicht möglich (vgl. (59iv)).

(59) (i) Det er dette kvarter, de smukkeste bygninger findes i.

    (ii) Det er dette kvarter, at de smukkeste bygninger findes i.

    (iii)?Det er dette kvarter, som de smukkeste bygninger findes i.

    (iv)*Det er i dette kvarter, som de smukkeste bygninger findes.

Die Satzgliedstellung innerhalb eines at-Satzes weicht nur insofern von der Stellung in einem selbständigen Satz ab, als die Negation und einige Adverbien wie ofte, altid und alligevel vor das finite Verb rücken und nicht jedes beliebige Satzglied in Anfangsstellung vorkommen kann (vgl. Diderichsen 1946, 186 und 189):

(60) (i) Peter kommer snart.
     Peter kommt bald.

    (ii) Han siger, at Peter snart kommer.

(61) (i) Peter kommer ikke.

    (ii) Han siger, at Peter ikke kommer.

(62) (i) Peter kender hun.
     Peter (=Objekt) kennt sie. (=Subjekt)

    (ii)*Hun påstår, at Peter kender hun.

In at-Sätzen, die als Objekt zu Verben wie se, sige, mene, tro und vide stehen, kann bei Ausfall von at Hauptsatzstellung eintreten:[31]

(63) (i) Du skal se, at det ikke går.

    (ii) Du skal se, det ikke går.   HanS 181

    (iii) Du skal se, det går ikke.   HanS 182

    (iv)?Du skal se, at det går ikke.

---

31 Vgl. Aa. Hansen (1933, 180f.). Biørn/Hesseldahl 1969 lassen ikke nach dem finiten Verb in einem Nebensatz auch dann zu, wenn at nicht ausgelassen ist: "I bisætninger, der indledes med 'at', kan 'ikke' undertiden placeres som i hovedsætninger" (1969, 54). Sie geben das Beispiel Han sagde, at toget var ikke forsinket. Die Auflockerung der Regel scheint eine neuere Tendenz im gesprochenen Dänisch widerzuspiegeln, wie Informantenbefragungen bestätigten.

(64) (i)   Jeg forsikrer dig for, at han ikke har gjort det.
                                                          HanS 181
    (ii)   Jeg forsikrer dig for, han ikke har gjort det.
                                                          HanS 181
    (iii) Jeg forsikrer dig for, han har ikke gjort det.
                                                          HanS 181
    (iv) *Jeg forsikrer dig for, at han har ikke gjort det.
                                                          HanS 181

Eine Negation wird oft aus dem Objektsatz herausgezogen:

(65) (i)   Nu vil jeg haabe, at du ikke svigter os denne Gang.
           Nun will ich hoffen, daß du nicht im-Stich-läßt uns
           dies Mal.   Did 215

    (ii)   Nu vil jeg ikke haabe, du svigter os denne Gang.
                                                          Did 215

(66) (i)   Jeg tror, at han ingen Penge har.   Did 215
    (ii)   =Jeg tror ingen Penge (at) han har.   Did 215

Auch andre Glieder des NS können in den übergeordneten Satz rücken. Es entsteht dann der sogenannte "sætningsknude" (Satzknoten):[32]

(67)   N.N. tror jeg er bortrejst.   HanS 182
           N.N. glaube ich ist abgereist.

(68)   Lærer tror jeg næppe han egner sig til at være.
           Lehrer glaube ich kaum er eignet sich zu sein.
                                                          HanS 182/3

(69)   Ham ved jeg du kan lide.
           Ihn weiß ich du kannst leiden.   Did 215

Während in diesen Fällen das herausgehobene Glied ebenso im NS stehen könnte, ist das in Fragesätzen wie (70) und (71) nicht möglich:

(70)   Hvem tror du (at der) kommer?   Did 215
(71)   Hvad siger du (at) han hedder?   Did 215

Diderichsen sagt dazu: "Her er Spørgeordet Subjekt, henh.

---

[32] "De såkaldte sætningsknuder (Wiwel 393) eller sammenslyngede sætninger er ikke andet end storsætninger, hvori et led, der egentlig hører til storsætningens B-led, er draget frem i spidsen af storsætningen ... Det er kun substantiviske led indenfor en substantivisk sætning eller en relativsætning, der lader sig fremdrage. I at-sætninger svinder at, når det er sætningens subjekt, der ophøjes til storsætningens A-led." (Aa. Hansen 1933, 182f.).

Prædikativ for Verbet i den underordnede Sætning, men kan ikke 'overflyttes' til denne, da det samtidig er Spørgeled i et direkte Spørgsmaal og derfor maa staa forrest i dette" (1946, 215).

1.1.2 Om-Sätze

Om-Sätze sind indirekte Fragesätze. Sie haben eine beschränkte Distribution:

Als Objektsätze hängen sie vom Verb spørge 'fragen' und einigen anderen Verben ab, als Subjektsätze stehen sie beim Passiv dieser Verben oder in unpersönlichen Konstruktionen (vgl. auch 1.1.4).

Die satzeinleitende Konjunktion om wird - nach Meinung von Aa. Hansen - genau so verwendet wie die Präposition om nach Verben des Fragens, Zweifelns und Bittens: "Set fra et moderne standpunkt er præpositionen om og konjunktionen om samme ord: han spurgte om vej og han spurgte om det var vejen til Ringgive kan ikke adskilles. Der er kun den syntaktiske forskel der ligger i at 'styrelsen' i første tilfælde er et enkelt ord, i sidste tilfælde en sætning" (Aa. Hansen 1967 III, 411).[33]

Om-Sätze als Objekt:

(72) DBU har spurgt yderligere 11 spillere, om de kan rejse. Pol 19
     DBU hat gefragt weitere 11 Spieler, ob sie können reisen.

(73) ..vil jeg spørge, om der i handelen findes passende
     ..will ich fragen, ob [es] in Handel-dem gefunden

    reduktionsventiler..
    werden passende Reduktionsventile..   M 1564

(74) ..og nu spørger jeg, om De har en anden og bedre løsning
     ..und nun frage ich, ob Sie haben eine andere und bessere

    på problemet?
    Lösung für Problem-das?   M 1564

(75) (i) Først må jeg prøve, om det er sandt.
         Erst muß ich untersuchen, ob es ist wahr.

    (ii) Først må jeg undersøge, om det er sandt.

---

33 Die gleiche Ansicht vertritt Diderichsen (1946, 184).

(76) =Jeg vil gerne bede dig om du vil komme igen en anden
      dag.   Han III, 471

Das Verb bede 'bitten' wird normalerweise mit at-Satz oder
Infinitiv gebraucht, wobei der at-Satz und der Infinitiv (der in
diesem Fall durch at eingeleitet ist, vgl. 1.2) sich auch an die
Präposition om anschließen können. Aa. Hansen erklärt den Unterschied zwischen at- und om-Satz an Hand der Verbindungen von
bede (om) + at-Satz und bede + om-Satz: "Om-sætningen er nu et
sidestykke til at-sætningen, men medens ... indlederen at er
indifferent med hensyn til sætningsindholdet er om angiver af
at sætningsindholdet er en mulighed, eventualitet eller præget
af en vis usikkerhed (forhold der undertiden fremhæves ved brug
af ikke). Sml. jeg vil gerne bede dig om at du vil komme igen en
anden dag, hvor om er en præposition foran en at-sætning, der
indholdsmæssigt svarer til en infinitivforbindelse (jeg vil gerne
bede dig komme igen en anden dag) og jeg vil gerne bede (dig)
om du vil komme igen en anden dag der er en anmodning om eventuelt at komme" (1967 III, 471).

Noch klarer wird der Unterschied aus der Gegenüberstellung
von Sätzen wie Peter ved, at Hans kommer und Peter ved, om Hans
kommer, wo der Sprecher im ersten Fall Peters Wissen ohne Kommentar übermittelt, während er im zweiten Fall seine Ungewißheit über den Wahrheitsgehalt der NS-Aussage ausdrückt (vgl. 1.1.4).

Aus der Tatsache, daß om-Sätze eine Möglichkeit, etwas in
Frage Gestelltes ausdrücken, erklärt es sich, daß Verben wie
vide 'wissen' und sige 'sagen' oft einen om-Satz regieren, wenn
sie fragend oder negiert gebraucht werden:

(77)   Kan De sige mig, om det tog der går til København?

(78)   Nu ved jeg snart ikke, om jeg tør køre uden for landets
       Nun weiß ich bald nicht, ob ich wage (zu) fahren außen

       grænser med vognen.
       vor Landes-des Grenzen mit Wagen-dem.   M 1563

Om-Sätze als präpositionales Objekt:

(79)   Men meget afhænger af, om jeres folk kan leve op til os.
       Aber viel abhängt von, ob eure Leute können leben auf zu uns
       (d.h.: ..es mit uns aufnehmen können).   Pol 18

(80)   Jeg tvivler på, om det tog der gik til København.

Tvivle 'zweifeln' verhält sich wie ikke vide in (78): Beide ziehen einen om-Satz nach sich. Es überrascht dann nicht, wenn man feststellt, daß ikke tvivle sich wie vide verhält: Beide regieren einen at-Satz. Nun kann man jedoch auch sagen: Jeg tvivler på, at .. ("ich zweifle daran, daß.." oder "ich bezweifle daß.."), in der Bedeutung: "Ich glaube nicht, daß..". Ganz folgerichtig verhält sich tvivle in dieser Bedeutung wie ikke tro (tro 'glauben', regiert immer - bejaht und negiert, fragend und nichtfragend - einen at-Satz, während vide, wie später noch gezeigt wird, at- und om-Sätze regieren kann). Die Beispiele (81) und Schema (82) sollen das verdeutlichen.

(81) (i) Hans tvivler ikke om, at du har ret.   NDO 1040
 (ii) Hans ved, at du har ret.
 (iii) Hans tvivler på, om du har ret.
 (iv) Hans ved ikke, om du har ret.
 (v) Hans tvivler på, at du har ret.
 (vi) Hans tror ikke, at du har ret.

(82) At- und om-Sätze bei tvivle, vide und tro

I. _Subjekt_des_GS_hält_Aussage_im_NS_für_wahr_ _ _ _

tvivle + Negation + Präp
                                    at-Satz
vide

_____

II. _Subjekt_des_GS_hält_Aussage_im_NS_für_falsch_ _ _

tvivle + Präp
                                    at-Satz
tro + Negation

_____

III._Subjekt_des_GS_kann_nicht_entscheiden_ _ _ _ _ _

tvivle + Präp
                                    om-Satz
vide + Negation

Om-Sätze als Subjekt:

(83) Spørgsmålet er, om det er rigtigt, om den boligform
      Frage-die ist, ob das ist richtig, ob diese Wohnungs-

      er god.
      form ist gut.   Tb 1

(84) Om de gror så tæt, at de kvæler hinanden, er dig fuld-
      Ob sie wachsen so dicht, daß sie ersticken einander, ist

      kommen ligegyldigt.
      dir vollkommen gleichgültig.   CEw.Æ. XI, 58

(85)(i) Det er ikke afgjort endnu, om han kommer.
         Es ist nicht entschieden noch, ob er kommt.

   (ii) +Om han kommer, det er ikke afgjort endnu.

(86) Der blev spurgt, om De kommer i aften.
      Es wurde gefragt, ob Sie kommen heute abend.

An einem om-Satz kann sich ein durch eller om eingeleiteter Satz anschließen:

(87) Jeg ved ikke, om jeg skal gå selv, eller om jeg skal
      Ich weiß nicht, ob ich soll gehen selbst oder ob ich

      sende min suppleant.
      soll schicken meinen Stellvertreter.

Der zweite Satz kann auch verkürzt und mit dem ersten verschmolzen werden:

(88)(i)   Jeg ved ikke, om jeg skal gå eller ikke.
   (ii)   Jeg ved ikke, om Hans har sagt det eller Peter.

In (88i) heißt der vorauszusetzende vollständige durch eller eingeleitete Satz: eller jeg ikke skal gå, in (88ii): eller om Peter har sagt det. Die Konjunktion om kann nicht wegfallen. Nur, wenn Präposition om und Konjunktion om direkt aufeinanderfolgen, kann ein om wegfallen:

(89) Jeg er i tvivl om (om) han virkelig mener det.   Han III, 351

Die Satzgliedstellung innerhalb von om-Sätzen ist die gleiche wie bei at-Sätzen, jedoch ohne die Möglichkeit, von der üblichen Nebensatzstellung der Negation und der Adverbiale abzuweichen wie in (63iii) und (64iii), wo die at-Sätze die gleiche Satzgliedfolge haben wie selbständige Sätze.

1.1.3 Hv-Sätze

Unter hv-Sätzen werden durch ein hv-Wort eingeleitete NS verstanden. Hier werden nur hv-Sätze behandelt, die als Subjekt- und

Objektsätze fungieren. Ausgeschlossen sind also hv-Attribut-
sätze wie z.B. hvad jeg kan gøre in alt, hvad jeg kan gøre,
wo der durch hv-Wort eingeleitete Relativsatz ein Attribut zu
alt 'alles' bildet. Hv-Wörter sind die Fragepronomina hvad, hvem,
hvis 'wessen' und hvilken, das Proadverb hvor sowie die Verbindungen von hvor mit Präpositionen oder Adverbien wie z.B.
hvoraf, hvordan, hvorefter, hvorfra, hvormed, hvornår usw. Die
hvor-Verbindungen sind interrogative oder relative Proformen für
Adverbiale und Präpositionalobjekte. In interrogativer Verwendung
wird statt der hvor-Verbindung auch hvad + Präposition gebraucht:
Hvad tænker du på? (Woran denkst du?). In der gesprochenen Sprache
wird diese Konstruktion den hvor-Verbindungen vorgezogen.[34]

Alle hv-Wörter kommen als Fragepronomina in selbständigen
Sätzen vor und als Einleiter von Nebensätzen, wobei sie - im
Unterschied zu den Konjunktionen at und om - Bestandteil des NS
sind. In Sätzen wie Jeg tror, at han kommer und Jeg ved ikke, om
han kommer dienen die Konjunktionen zur Verknüpfung des in sich
vollständigen NS Han kommer mit dem GS. Trennt man jedoch in Jeg
ved ikke, hvem der kommer das Pronomen hvem heraus, dann bleibt
kein vollständiger Satz mehr übrig, sondern nur der kommer.

Durch hv-Wörter eingeleitete NS sind entweder abhängige Fragesätze (genauer: abhängige Ergänzungsfragen im Unterschied zu den
om-Sätzen, die abhängige Entscheidungsfragen sind) oder Relativsätze, die kein Bezugswort im GS haben.

Diese Satztypen sind nicht immer klar voneinander zu scheiden.
Man kann abhängige Fragesätze nicht durch die Substituierung eines
direkten Fragesatzes erkennen, denn oft ist eine solche Substi-
tution nicht möglich, obwohl es sich - wie man auf Grund anderer
Kriterien erkennen kann - um einen abhängigen Fragesatz, nicht
einen Relativsatz handelt:

---

34 "I den spørgende anvendelse kan hvor-sammensætningen
   erstattes af hvad med følgende eller foranstillet præposition: hvortil bruger man dette redskab? til hvad
   bruger man dette redskab? eller hvad bruger man dette
   redskab til? Sidste udtryksmåde er den eneste naturlige
   i talesprog" (Aa. Hansen 1967, III, 302).

(90) (i)   Jeg ved, hvem du har mødt.
           Ich weiß, wen du hast getroffen.

   (ii) *Jeg ved: Hvem har du mødt?

(91) (i)   Han så straks, hvor fejlen var.   Bys 117

   (ii) *Han så straks: Hvor var fejlen?

Ein brauchbares Kriterium zum Erkennen von abhängigen Fragesätzen ist die Möglichkeit der Satzspaltung (vgl. 1.1.1): "...afhængige Spørgesætninger ... kendes fra de relative paa, at de kan 'kløves' ..." (Diderichsen 1946, 189).[35] Andererseits kann man Relativsätze, die durch ein hv-Wort eingeleitet sind (und keine Bezugs-NP im GS haben), dadurch von Fragesätzen unterscheiden, daß man für das hv-Wort ein Demonstrativum + Relativum einsetzen kann (vgl. (92iii)), wobei das Relativum wegfallen kann, wenn es das Objekt des NS bildet. In Fällen, wo beide Tests - Spaltbarkeitsprobe und Ersetzbarkeit durch ein Relativum - ein positives Ergebnis bringen, ist der Satz doppeldeutig, so z.B. der von Byskov[36] angeführte Satz (92i):

(92) (i)   Man skulle vide, hvad man ikke ved.

   (ii)   Man skulle vide, hvad det er, man ikke ved.
          Man sollte wissen, was das ist, man nicht weiß.

   (iii) Man skulle vide det, som man ikke ved.
          Man sollte wissen das, was man nicht weiß.

Es folgen Beispiele für hv-Sätze in den verschiedenen Satzgliedfunktionen; danach wird entschieden, welche der Beispielsätze als Relativ- und welche als Fragesätze aufzufassen sind, und welchen beide Interpretationen zukommen.

---

35 Das gleiche Kriterium führt auch Byskov (1910, 116) an. Ein durch ein hv-Wort eingeleiteter Relativsatz kann nicht gespalten werden, vgl. Diderichsen (1946, 205). Vgl. hierzu auch Abraham (1968, 44f.).

36 "Siger jeg man skulle vide, hvad man ikke ved, kan dette betyde to ting. Meningen kan være, at man helst skal kunne svare sig selv på det spørgsmal: Hvad ved jeg, og hvad ved jeg ikke! I så fald er sætningen en spørgebisætning. Et rent ydre kendetegn er, at man i dette tilfælde kan indskyde det er (var) efter stedordet: Man skulle vide, hvad det er, man ikke ved. Men meningen kunne også være, at ens viden helst skulle være fuldstændig, så man også vidste det, som man (endnu) ikke ved. I så fald er sætningen ubestemt henførende. Et ydre kendetegn er, at man kan erstatte hvad med 'det, som', hvem med 'den, som' og hvor med 'der, hvor.'" (Byskov 1910, 116f.).

1.1.3.1 Subjektsätze

(93)   Hvem der ikke vil høre, må føle.
(94) (i) Hvem der havde Lyst, kunde komme.   Did 190
     (ii) Hvem som havde Lyst, kunde komme.   Did 190
(95)   Hvem der har gjort det, er mig uklart.
          Wer (SZ) hat gemacht es, ist mir unklar.
(96)   Der blev spurgt, hvem der havde gjort det.
          Es wurde gefragt, wer (SZ) hatte gemacht es.
(97)   Det er klart, hvem han mener.
(98)   Forstå det hvem der kan!   Han III, 44
(99)   Hvad der er sket, er frygteligt.
(100)   Hvad der er sket, er mig en gåde.
          Was (SZ) ist geschehen, ist mir ein Rätsel.
(101)   +Hvad der skal til, det skal der til.   HW 109
          Was (SZ) soll zu, das soll da zu. (d.h.: Was sein
          muß, muß sein).
(102)   +Hvad der skal ske, det vil ske.
          Was (SZ) soll geschehen, das wird geschehen.
(103)   Komme hvad der vil!
(104)   Hvad der ellers er at fortælle .. staar jo optegnet
          Was (SZ) sonst ist zu erzählen .. steht ja aufgezeichnet
          i Profeten Esaja's .. Aabenbaring.
          in Prophet-der Jesaja's Offenbarung.   2 Krøn. 32,32
(105)   Det er ikke til at skelne, hvilken af bilerne der
          Es ist nicht zu unterscheiden, welches von Autos-den
          er nyest.
          (SZ) ist am-neusten.
(106)   Hvornår hr. Pedersen kommer, er uvist.
          Wann Herr P. kommt, ist ungewiß.
(107)(i) =Hvorom Helga snakker, er mig lige meget.
          Worüber H. redet, ist mir gleichgültig.
     (ii) Om hvad Helga snakker, er mig lige meget.
     (iii) Hvad Helga snakker om, er mig lige meget.

Wie aus den Beispielen ersichtlich, folgt den Pronomina hvem, hvad, und hvilken, wenn sie das Subjekt des NS bilden, immer der: Hvem der ikke vil høre .., hvad der er sket .., hvilken af bilerne der er nyest. Bildet das Fragepronomen jedoch das Objekt (bzw.

Präpositionalobjekt) des NS, wie in (97), (107ii) und (107iii), dann darf es nicht von der begleitet werden. Der dient hier als Subjektzeichen (SZ).[37] Statt der kommt auch som als Subjektzeichen vor (vgl. (94ii)), doch wirkt es in dieser Funktion - nach Aa. Hansen (1967 III, 446) - veraltet.

---

[37] "Dette der må nu normalt tilføjes hvem, hvad, hvilken når disse ord skal stå som subjekt i ledsætningen" (Aa. Hansen 1967 III, 256). Hansen nennt dieses der, das sich vom Adverb dér durch kürzeren Vokal und schwächere Betonung unterscheidet (vgl. Jespersen 1943, 101f.) und das auch als Relativpronomen und als formales Subjekt in selbständigen Sätzen vorkommt, "subjektviser" (1967 III, 257). In Hauptsätzen kommt dies druckschwache der als "vorläufiges Subjekt" vor, ähnlich dem deutschen es, doch fast ausschließlich bei folgendem unbestimmtem Subjekt, vgl. Der er sand på gulvet. Bei bestimmtem Subjekt steht gewöhnlich det, vgl. Det er det bedste du kan gøre, ebenso auch in Sätzen ohne logisches Subjekt, vgl. Det regner (es regnet), Det er varmt. Die Funktion von der in Sätzen wie Der er sand på gulvet wird von den Grammatikern verschieden eingeschätzt. Wiwel (1901, 41) nennt es "et slags 'nødssubjekt'" und Western (1921, 61ff.) "skinnsubjekt" (Scheinsubjekt), aber die Mehrheit der skandinavischen Grammatiker scheint in der eher ein vorläufiges Subjekt oder einen Subjektsanzeiger als ein Ersatzsubjekt zu sehen: Falk und Torp (1900, 12) gebrauchen den Ausdruck "subjektsantyder", Byskov (1910, 92 und 1927, 255ff.) und H. Hansen (1932, 5) "foreløbigt grundled". Aa. Hansen bezeichnet der als "formelt subjekt" (1927, 62), "indledende subjekt" und "foreløbigt subjekt" (1927, 64) und als "foregriber af en senere stedsbestemmelse" (1933, 52), Jespersen (1943, 103) nennt es "det lille ord der, som ... faktisk er (dvs. behandles som) det egentlige subjekt" und Diderichsen (1946, 182) gebraucht "formelt situativ". Unverkennbar sind die beiden Gebrauchsweisen von der - im Hauptsatz und im Nebensatz - miteinander verwandt. Das heißt jedoch nicht, daß sie notwendigerweise als identisch anzusehen sind. Die Tatsache, daß der im Hauptsatz dem logischen Subjekt vorausgeht und von ihm durch das Verb getrennt ist, während es im Nebensatz dem subjektischen Pronomen unmittelbar folgt, scheint dafür zu sprechen, daß es im Hauptsatz ein Platzhalter, also ein Pronomen ist, während es im Nebensatz - als Subjektzeichen - einem Kasussuffix ähnlich ist.

1.1.3.2 Prädikativsätze

Hv-Sätze kommen als Prädikativ des GS vor:

(108)   Jeg bliver, hvad jeg er.

(109)   Det er netop, hvad jeg var bange for skulle ske.
        Das ist gerade, was ich war bange vor könnte geschehen.

(110)   "Hvem" er ... hvad Jespersen kaldte utal ...
        "Hvem"ist ... was J. nannte Unzahl ...   Han II, 86

(111)   Dette er vel nærmest, hvad man kalder frivillig
        Dies ist wohl am-nächsten, was man nennt freiwillige

        likvidation.
        Liquidation.   Pol 1

(112)   Hans er, hvad man kalder et tossehoved.

In all diesen hvad-Sätzen - in denen neben være vor allem kalde, ein Verb mit direktem und prädikativem Objekt, als finites Verb vorkommt - kann hvad durch det bzw. det, som ersetzt werden (vgl. Tabelle 1). Es handelt sich also um Relativsätze, nicht um abhängige Fragesätze. Die hvad-Sätze in (108) - (112) gehen also auf Attributsätze zurück: Nur durch Wegfall eines Demonstrativpronomens werden diese Sätze zu einer NP (die als Prädikatsnomen fungiert). Der vorauszusetzende Satz vertritt jedoch nicht die Stelle einer NP, sondern ist - als Attributsatz - Teil einer NP.

1.1.3.3 Spaltsätze

Die Sätze (113) - (115) enthalten keine "Prädikativsätze", obwohl es auf den ersten Blick so scheinen mag. Es handelt sich hier wieder um den in 1.1.1 geschilderten Vorgang der Satzspaltung (sætningskløvning).

(113)   +Hvem der blev glad, (det) var mig!
        Wer (SZ) wurde froh, (das) war ich!   Did 196

(114)   Hvem jeg ikke traf, (det) var Gerda.   Did 196

(115)   Hvad jeg fandt, var de utroligste ting.
        Was ich fand, waren die unglaublichsten Dinge.

Hier wäre es sinnlos, eine Einbettung irgendwelcher Art anzunehmen: Weder der hv-Sätz, noch der übergeordnete Satz kann selbständig vorkommen. Man kann nur einen einzigen Satz voraussetzen, aus dem ein Glied zur besonderen Hervorhebung herausgezogen ist.

So wird aus Jeg traf ikke Gerda der Satz (114), in dem das hervorgehobene Glied zusammen mit (det) var dem Restsatz (der dadurch zum NS wird) übergeordnet wird. So wie der Restsatz der in 1.1.1 beschriebenen Art von Satzspaltung zum at-Satz wird, wird hier der Restsatz zum hv-Satz. Personalpronomina nehmen bei Hervorhebung die Nichtsubjekt-Form an: det var mig, dig, ham usw.

1.1.3.4 Objektsätze

(116) Indbyd hvem du vil!
      Lad-ein, wen du villst!

(117) Du kan spørge hvem du vil.

(118) Jeg ved, hvem der har gjort det.

(119) Jeg husker ikke, hvem jeg har lånt bogen.
      Ich erinnere nicht, wem ich habe geliehen Buch-das.

(120) Hvem du vil have med, kan du selv bedst afgøre.
      Wen du willst haben mit, kannst du selbst am-besten entscheiden.
                                                        Did 205

(121) Ved du hvem du ligger ved siden af?
      Weißt du, wem du liegst bei Seite-der von?
                                        Tb 1 (aus einem Witz)

(122) Saa galdt det bare om, ikke at glemme hvad Krydsene
      So ging es nur (dar)um, nicht zu vergessen, was Kreuze-
      betød.
      die bedeuteten.   MAP 264

(123) Gør hvad du vil!
      Mach, was du willst!

(124) Jeg kan ikke forstå, hvad drengen siger.   Bys 117

(125) Vælg hvad der er bedst i den givne situation.
                                                  M 1577

(126) Men nu har jeg lært, hvad jeg kan gøre for at forhindre,
      Aber nun habe ich gelernt, was ich kann tun um zu ver-
      at min vogn begynder at lege raket..
      hindern, daß mein Wagen beginnt zu spielen Rakete.
                                                  M 1576

(127) Han mistede, hvad han ejede.
      Er verlor, was er besaß.   Bys 115

(128) =Han mistede, hvad der var ham kært.
      Er verlor, was (SZ) war ihm teuer.

(129) Men ude på gaden vidste han ikke hvad han ville.
                                                    HT 18
(130) Du holder jo ikke hvad du lover.   HT 22
(131) Han hørte ikke, hvad man spurgte ham om.
       Er hörte nicht, was man fragte ihn um.
(132) .. de lærerstuderende vidste, hvad de gik ind til.
                                                    Fol 2239
(133) Hvad han blev så glad over, kan jeg ikke forstå.
(134) Jeg ved ikke, hvis skylden er.
       Ich weiß nicht, wessen Schuld-die ist.   NDO 408
(135) Jeg ved ikke, hvis bog jeg har fået.
       Ich weiß nicht, wessen Buch ich habe bekommen.
(136) =Hvilken blyant kan jeg tage? Tag hvilken du vil!
       Welchen Bleistift kann ich nehmen? - Nimm, welchen du
       willst!
(137) Jeg spørger hvilken bog du ønsker dig.   Han II, 374
(138) Hent hvad for bøger du har lyst til.
       Hol was für Bücher du hast Lust zu.   TYS 176
(139) Ved I hvor I kan købe endnu billigere kaffe? Tb 2
(140) Ved du, hvor mange gæster der kommer?
(141) +...og da mekanikeren .. skulle vise mig, hvor let og
       ...und als Mechaniker-der .. sollte zeigen mir, wie
       lydløst den startede, lød der gråd og tænders gnidsel og
       leicht und lautlos der (d.h.: der Starter) startete,
       starteren satte sig fast igen.
       ertönte [es] Heulen und Zähneklappern und Starter-der
       setzte sich fest wieder.   M 1560
(142) Det er som om Danmark helt har glemt, hvordan denne
       Es ist, als ob Dänemark ganz hat vergessen, wie dieser
       krig begyndte.
       Krieg begann.   Pol 23
(143) =Hvormed Max beskæftiger sig, ved ingen.

Hvilken und hvis werden, wie die Beispiele (134) - (137)
zeigen, in zweierlei Weise verwendet: als Frage - bzw. Relativ-
proform (wie die Frage - und Relativpronomina hvad und hvem, vgl.
(134) und (135)) und als Fragedeterminans ((135) und (137)).
Das entspricht ihrer Verwendung im selbständigen Satz, vgl.:
Hvilken mener du? - Hvilken bog mener du? und Hvis er det? -
Hvis bog er det? Beide setzen in substantivischer Verwendung ein
(später getilgtes) N als Kern voraus.

Auch hvad kann in hv-Sätzen als Fragedeterminans verwendet
werden, oft in der Verbindung hvad for + N. Das Proadverb hvor
kommt in Verbindung mit Adjektiven vor, sowohl in selbständigen
Sätzen wie Hvor mange gæster kommer der? als auch als NS-Ein-
leiter (vgl. (140) und (141)).

1.1.3.5 Hv-Sätze als präpositionales Objekt

(144)   Det kommer nu nok an på, hvem man er.
        Das kommt nun gewiß an auf, wer man ist.   Pol 34

(145)   Jeg har fundet ud af, hvem der har lånt bogen af mig.
        Ich habe gefunden aus von, wer (SZ) hat geliehen Buch-das
        von mir.

(146)   Jeg har fundet ud af, hvem jeg lånte bogen.

(147)   ..således at turisterne fra starten er orienteret om,
        ..so daß Touristen-die von Start-dem (an) sind orientiert

        hvad der er værd at se.
        über, was (SZ) ist wert zu sehen.   BerlT 32

(148)   Hvad hjertet er fuldt af, løber munden over med.

(149)   Men vi har intet hørt om, hvad man har vist de herrer
        Aber wir haben nichts gehört von, was man hat gezeigt

        observatører.
        den Herren Beobachtern.   Pol 23

(150)   Hvad ved jeg om, hvad for nogen vindøjede røgtere det kan
        Was weiß ich über, was für [welche] windäugige Viehknechte

        blive.
        das können sein.   HW 109

(151)   Et medlem har .. undret sig over, hvorfor så mange
        Ein Mitglied hat .. gewundert sich über, warum so viele

        bilister læner sig mod venstre under kørslen.
        Autofahrer lehnen sich nach links bei Fahren-dem.
                                                     M 1567

1.1.3.6 Hv-Sätze als prädikatives Objekt

Ein hv-Satz kann auch als prädikatives Objekt fungieren:
(152)   Man kan kalde en interesseorganisation, hvad man vil.
                                                     M 1572

1.1.3.7   Hv-Sätze ohne Satzgliedfunktion

Ein besonderer Typ von hv-Sätzen, über den noch zu sprechen sein wird, läßt sich nicht als Satzglied im GS erklären. Die Sätze dieses Typs sind durch hvad, hvilket und hvor-Verbindungen eingeleitet. In (153) und (154) kann hvilket für hvad eintreten (in der normalen gesprochenen Sprache wird das steife hvilket jedoch gemieden).

(153)   Jeg købte bogen for 25 kroner, hvad der må siges at
        Ich kaufte Buch-das für 25 Kronen, was (SZ) muß gesagt-

        være billigt.
        werden zu sein billig.   HanVS 133

(154)   Han skulde lære at tale Russisk, hvad der faldt ham
        Er sollte lernen zu sprechen Russisch, was (SZ) fiel

        svært.
        ihm schwer.   Did 212

(155)   ..de 150 okkupanter gik ind på at forlade Sorbonne
        ..die 150 Okkupanten gingen ein auf zu verlassen S.

        frivilligt, hvorefter politiet ved 18-tiden rykkede ind
        freiwillig, worauf Polizei-die gegen 18-Uhr rückte ein

        og erklærede Sorbonne for lukket.
        und erklärte S. für geschlossen.   BerlT 1

(156)   =For den fungerende direktør er aftalt et tillæg ..
        Für den fungierenden Direktor ist verabredet eine Zu-

        på 20.000 kr.,hvorved den samlede lønudgift .. udgør
        lage .. von 20.000 Kr., womit die gesamte Lohnausgabe

        137.800.
        ausmacht 137.800.   Pol 1

1.1.3.8   Aussonderung in Relativsätze und abhängige Fragesätze

Wir wollen nun prüfen, welche der Beispielsätze (die in der Tabelle 1 teilweise gekürzt wiedergegeben werden) auf Grund der oben angegebenen Kriterien als Fragesätze und welche als Relativsätze aufzufassen sind.

Tabelle 1.   Hv-Sätze

	ersetzbar durch Dem + Rel[38]	spaltbar

hvem-Sätze

(90)	Jeg ved, hvem du har mødt.	−	+
(93)	Hvem der ikke vil høre, må føle.	+	−
(94)(i)	Hvem der havde lyst, kunne komme.	+	−
(ii)	Hvem som havde lyst, kunne komme.	+	−
(95)	Hvem der har gjort det, er mig uklart,	−	+
(96)	Der blev spurgt, hvem der havde gjort det.	−	+
(97)	Det er klart, hvem han mener.	−	+
(98)	Forstå det hvem der kan!	+	−
(113)	Hvem der blev glad, (det) var mig!	+	−
(114)	Hvem jeg ikke traf, (det) var Gerda	+	−
(116)	Indbyd hvem du vil!	+	−
(117)	Du kan spørge hvem du vil!	+	−
(118)	Jeg ved, hvem der har gjort det.	−	+
(119)	Jeg husker ikke, hvem jeg har lånt bogen.	−	+
(120)	Hvem du vil have med, kan du...afgøre.	−	+
(121)	Ved du hvem du ligger ved siden af?	−	+
(144)	Det kommer...an på, hvem man er.	−	−
(145)	Jeg har fundet ud af, hvem der har lånt bogen...	+	+
(146)	Jeg har fundet ud af, hvem jeg lånte bogen.	+	+

hvad-Sätze

(99)	Hvad der er sket, er frygteligt.	+	−
(100)	Hvad der er sket, er mig en gåde.	−	+
(101)	Hvad der skal til, det skal der til.	+	−
(102)	Hvad der skal ske, det vil ske.	+	−

---

38 "Dem" umfaßt die Demonstrativa den, det und der (vgl. Anm. 101) "Rel"(ativum) steht für som/Ø-Form, wenn das Relativum Objekt und som/der, wenn es Subjekt ist, sowie für relatives hvor nach dem Adverb dér.

Tabelle 1

		ersetz-bar durch Dem + Rel	spaltbar
(103)	Komme hvad der vil!	+	−
(104)	Hvad der ellers er at fortælle, står i...Esaja's Aabenbaring.	+	−
(107)(ii)	Om hvad Helga snakker, er mig lige meget.	−	+
(107)(iii)	Hvad Helga snakker om, er mig lige meget.	+	+
(108)	Jeg bliver, hvad jeg er.	+	−
(109)	Det er netop, hvad jeg var bange for skulle ske.	+	−
(110)	"Hvem" er..hvad Jespersen kaldte utal..	+	−
(111)	Dette er..., hvad man kalder... likvidation.	+	−
(112)	Hans er, hvad man kalder et tossehoved	+	−
(115)	Hvad jeg fandt, var de utroligste ting.	+	−
(122)	Saa galdt det bare om, ikke at glemme hvad krydsene betød.	−	+
(123)	Gør hvad du vil!	+	−
(124)	Jeg kan ikke forstå, hvad drengen siger.	+	+
(125)	Vælg hvad der er bedst.	+	−
(126)	Men nu har jeg lært, hvad jeg kan gøre.	+	+
(127)	Han mistede, hvad han ejede.	+	−
(128)	Han mistede, hvad der var ham kært.	+	−
(129)	Men ude på gaden vidste han ikke hvad han ville.	−	+
(130)	Du holder jo ikke hvad du lover.	+	−
(131)	Han hørte ikke, hvad man spurgte ham om.	+	+

	Tabelle 1	ersetz-bar durch Dem + Rel	spaltbar
(132)	De lærerstuderende vidste, hvad de gik ind til.	−	+
(133)	Hvad han blev så glad over, kan jeg ikke forstå.	−	+
(147)	Turisterne er orienteret om, hvad der er værd at se.	+	−
(148)	Hvad hjertet er fuldt af, løber munden over med.	+	−
(149)	..vi har intet hørt om, hvad man har vist...	+	+
(152)	Man kan kalde en interesseorganisation, hvad man vil.	+	−
(153)	Jeg købte bogen for 25 kr., hvad der må siges at være billigt.	−	−
(154)	Han skulde lære at tale Russisk, hvad der faldt ham svært.	−	−

Sonstige hv-Sätze

(91)	Han så straks, hvor fejlen var.	−	+
(139)	Ved I hvor I kan købe...billigere kaffe?	−	+
(105)	Det er ikke til at skelne, hvilken af bilerne der er nyest.	−	+
(136)	Tag hvilken du vil!	+	−
(137)	Jeg spørger hvilken bog du ønsker dig	−	+
(134)	Jeg ved ikke, hvis skylden er.	−	−
(135)	Jeg ved ikke, hvis bog jeg har fået.	−	+
(138)	Hent hvad for bøger du har lyst til.	+[39]	−
(150)	Hvad ved jeg om, hvad for nogen... røgtere det kan blive.	−	−
(140)	Ved du, hvor mange gæster der kommer?	−	+
(141)	...mekanikeren skulle vise mig, hvor let den startede.	−	+

---

[39] Hvad for ist hier gleichzeitig Relativum und Determinans, es wird durch Det+N+Rel ersetzt: de bøger, (som)...

	Tabelle 1	ersetzbar durch Dem + Rel	spaltbar
(106)	Hvornår hr. Pedersen kommer, er uvist.	-	+
(107)	Hvorom Helga snakker, er mig lige meget.	-	+
(142)	Det er som om Danmark...har glemt, hvordan denne krig begyndte.	-	+
(143)	Hvormed Max beskæftiger sig, ved ingen.	-	+
(151)	Et medlem har undret sig over, hvorfor så mange bilister læner sig mod venstre..	-	+
(155)	..de 150 okkupanter gik ind på at forlade Sorbonne..., hvorefter politiet... rykkede ind...	-	-
(156)	For den fungerende direktør er aftalt et tillæg, hvorved den samlede lønudgift...udgør 137.800.	-	-

Vier Gruppen lassen sich unterscheiden:

(a) + +
(b) + -
(c) - +
(d) - -

Gruppe (b) umfaßt die eindeutigen Relativsätze, (c) die eindeutigen Fragesätze.

Die Sätze der Gruppe (b) werden "allgemeine" oder "unbestimmte" Relativsätze genannt, weil sie sich nicht auf ein vorangegangenes Substantiv oder Pronomen beziehen. Wie man jedoch aus Tabelle 1 ersehen kann, lassen sie sich immer auf echte (d.h. nicht-"unbestimmte" bzw. nicht-"allgemeine") Relativsätze zurückführen:

Das hv-Wort steht für die Verbindung aus einem Demonstrativpronomen und einem Relativpronomen: hvem der ikke vil høre = den, der ikke vil høre; hvad der er sket = det, der er sket usw. In einigen dieser Fälle ist hvem auch durch enhver, der und hvad durch alt, hvad (mit hvad als Relativum) ersetzbar: hvem der havde lyst,.. = enhver, der havde lyst,..; Gør hvad du vil = Gør

alt hvad du vil.[40] In anderen Fällen können hvem und hvad durch
nogen und noget ersetzt werden: hvem der ikke vil høre - nogen,
der ikke vil høre; Han mistede, hvad der var ham kært - ..noget,
der var ham kært (auch: alt, hvad der var ham kært). Ein großer
Teil der hier behandelten Relativsätze läßt sich weder als allgemein noch als unbestimmt auffassen (vgl. die Beispiele (104),
(109), (113), (114), (136) u.a.). Nicht "allgemeine" oder "unbestimmte" Bedeutung ist also das Charakteristische dieses Satztyps, sondern die Kontraktion mit einem Pronomen des übergeordneten Satzes. Diese Kontraktion führt zu einem einfacheren, leichter überschaubaren Satzbau: Aus einem attributiven NS wird ein
Subjekt-, Objekt- oder Prädikativsatz; der NS steigt um eine
Stufe in der Satzhierarchie, er ist nicht mehr Unterglied innerhalb einer NP, sondern bildet selbst eine NP. Das kann besonders
dann vereinfachend wirken, wenn in den Nebensatz ein anderer
Nebensatz eingebettet ist. Die Transformation eines ("echten")
Relativsatzes zu einem hv-Satz ist im Dänischen aus folgenden
Gründen besonders leicht möglich:

(a) In Relativsätzen steht oft kein Relativpronomen (nämlich
dann, wenn das Relativum das Objekt des Relativsatzes
bildet).

(b) Das Morphem der, das an Stelle eines Subjektrelativums
steht (vgl. den, der har gjort det; den mand, der har gjort
det), ist kein eigentliches Relativpronomen, sondern ein
Subjektzeichen und ist identisch mit der nach hvad und
hvem in indirekten Fragesätzen.

(c) Hvem und hvad treten selbst als Relativpronomina auf (vgl.
alt, hvad du vil).

In den abhängigen Fragesätzen (Gruppe (c)) ist das hv-Wort nie
durch ein Demonstrativum ersetzbar, dafür kann immer Satzspaltung
eintreten: Jeg ved, hvem der har gjort det - Jeg ved, hvem det er,

---

40 "Repræsentation alene i Undersætningen finder kun Sted, hvor
Fællesleddet har almen (generel) Betydning. Det vil her altid
være muligt at lade Fællesleddet repræsentere i Oversætningen
ved enhver eller alle/alt eller den" (Diderichsen 1946, 210).
"Fællesleddet" (das gemeinsame Glied) bedeutet: ein Glied,
das "staar i Forhold til et Bisætningsverbal og til Verbalet
i Oversætningen" (1946, 208).

der har gjort det; hvornår hr. P. kommer.. - hvornår det er, hr. P. kommer.

Während die durch hv-Wörter eingeleiteten Relativsätze überall dort als Objekt auftreten können, wo ein substantivisches Objekt möglich ist (Tag bogen - Tag hvad du vil. Indbyd Peter - Indbyd hvem du vil. Han mistede sit hus - Han mistede, hvad han ejede), kommen die abhängigen Fragesätze nur als Objekt von Verba dicendi et sentiendi vor. Verba dicendi haben in erster Linie Satzobjekte und nur beschränkt substantivische Objekte (vgl. Han sagde ikke et ord - *Han sagde et hus. Han fortalte en historie - *Han fortalte en hund). Verba sentiendi haben neben Satzobjekten öfter substantivische Objekte, doch handelt es sich dabei meistens entweder um Nominalisierungen von Sätzen oder Ellipsen (das Verb ist ausgelassen).[41]

Nach Verba sentiendi sind oft beide Typen von hv-Sätzen möglich. So kann z.B. (131) Han hørte ikke, hvad man spurgte ham om interpretiert werden als "Han hørte ikke det, man spurgte ham om" oder als "...hvad det var, man spurgte ham om." (131) gehört also zur Gruppe (a): zu den Sätzen, die Ersetzung durch ein Demonstrativum und Satzspaltung zulassen und die deswegen als Relativ- oder als Fragesatz aufgefaßt werden können. In den Beispielen sind es die Verba sentiendi forstå, lære, høre (om) und finde ud af, nach denen der hv-Satz als Frage- oder Relativsatz aufgefaßt werden kann.

Bei Satzgefügen, die Sätze des Typs (a) enthalten, ergeben sich zwei Möglichkeiten für die semantische Interpretation: 1. verschiedene Interpretation, je nachdem, ob man den hv-Satz als Relativsatz oder Fragesatz auffaßt, und 2. gleiche semantische Interpretation bei Relativ- und Fragesatz. Auf diese beiden Möglichkeiten weist Byskov (1910, 116f.) hin; als Beispiel für unterschiedliche semantische Interpretation führt er unter anderen den hier als (92) zitierten Satz an (vgl. die beiden Paraphrasen

---

41 Vgl. Han hørte et råb - Han hørte, at nogen råbte. Sätze wie Han hørte en hund und Han hørte en bil sind als elliptische AcI-Konstruktionen aufzufassen: Han hørte en hund gø (Er hörte einen Hund bellen), Han hørte en bil komme.

(92ii) und (92iii) mit eindeutigem Frage- bzw. eindeutigem Relativsatz und die beiden verschiedenen semantischen Interpretationen in Anm. 36). Als Beispiel für gleiche semantische Interpretation von Relativ- und Fragesatz bringt Byskov den Satz (124).

Von den oben angeführten Sätzen der Gruppe (a) muß man noch (126) zum 2. Fall (gleiche semantische Interpretation) rechnen, während alle anderen zum 1. Fall (verschiedene semantische Interpretation) gehören, nämlich (131), (145), (146) und (149).

Relativ verwendete hvem-Sätze kommen als Subjekt bei Verben, die ein menschliches Subjekt zulassen, vor (vgl. føle, komme, forstå usw. in den Beispielen). Nicht möglich sind daher Verbindungen mit Verben, die nur abstraktes Subjekt zulassen wie ske in (157i) oder nicht-menschliches konkretes Subjekt wie størkne in (157ii):

(157)(i) *Hvem der har lyst, vil ske.

    (ii) *Hvem der ikke kommer, størkner snart.
        Wer (SZ) nicht kommt, gerinnt bald.

Relativsätze mit hvad, hvor und hvor-Verbindungen kommen als Subjekt bei Verben vor, die ein (konkretes oder abstraktes) nicht-menschliches Subjekt zulassen, nie dagegen bei Verben, die ein menschliches Subjekt fordern:

(158)(i) *Hvad der sker, glemmer alting.
      Was (SZ) geschieht, vergißt alles.

    (ii) *Hvornår hr. Pedersen kommer, kører hurtigt.
        Wann Herr P. kommt, fährt schnell.

Steht das hv-Wort für ein abstraktes Subjekt oder Objekt des NS, dann darf der hv-Satz nicht Subjekt zu einem Verb des übergeordneten Satzes sein, das ein konkretes Subjekt erfordert; ebenso kann ein hv-Satz mit konkret gebrauchtem hv-Wort nicht Subjekt zu einem Verb sein, das ein abstraktes Subjekt erfordert. Es herrscht demnach semantische Kongruenz zwischen NS-Verb und Verb des übergeordneten Satzes:

(159)(i) Hvad der sker, vil snart høre op.
        Was (SZ) geschieht, wird bald hören auf.

    (ii) *Hvad der sker, vil snart gå i stykker.
        Was (SZ) geschieht, wird bald gehen in Stücke (entzwei).

(160)(i) Hvad du har stillet derhen, er gået i stykker.

    (ii) *Hvad du har stillet derhen, har allerede hørt op.

Zur Gruppe (d) - Sätze, bei denen beide Tests negativ ausfallen - gehören zwei verschiedene Typen von hv-Sätzen: Sätze, in denen das hv-Wort Prädikatsnomen ist, und Sätze, die kein Satzglied im übergeordneten Satz bilden.

Die Sätze der Gruppe (d1) - nämlich (134), (144) und (150) - müssen als Fragesätze aufgefaßt werden. Zwar versagt in Fällen, wo das hv-Wort Prädikatsnomen ist, das Spaltbarkeitskriterium, aber man kann hier ein zusätzliches Kriterium anwenden: Läßt sich vor den hv-Satz spørgsmålet oder svaret på spørgsmålet (die Antwort auf die Frage) einschalten, dann kann es sich nur um einen abhängigen Fragesatz handeln:[42]

(144a) Det kommer an på spørgsmålet, hvem man er.
(134a) Jeg ved intet svar på spørgsmålet, hvis skylden er.

Das gilt natürlich auch für alle die Fälle, die auf Grund des Spaltbarkeitskriteriums als Fragesätze identifiziert werden konnten, z.B. für (90), (97), (120) und (126), die folgendermaßen paraphrasiert werden können:

(90a) Jeg ved svaret på spørgsmålet, hvem du har mødt.
(97a) Svaret på spørgsmålet, hvem han mener, er klart.
(120a) Spørgsmålet, hvem du vil have med, kan du selv bedst afgøre.
(126a) Men nu har jeg lært svaret på spørgsmålet, hvad jeg kan gøre..

Bei Relativsätzen wie (108a) und (288) fällt der Test negativ aus:

(108a) *Jeg bliver svaret på spørgsmålet, hvad jeg er.
(116a) *Indbyd svaret på spørgsmålet, hvem du vil.

Gruppe (d2) umfaßt die Sätze, die kein Satzglied im GS bilden, (153) - (156). Diese Sätze kann man nur als Ergebnis eines Vorgangs auffassen, bei dem eine ursprüngliche Koordination in ein Satzgefüge umgewandelt wird: "Die zuvor koordinativ angeschlossenen Sätze erhalten die interne Struktur von Nebensätzen. Dadurch bilden sie mit dem vorausgehenden Satze eine festere Einheit, ohne allerdings in ein subordinatives Verhältnis im eigent-

---

[42] Auf dieses Kriterium hat mich Prof. Winfried Boeder, Universität Oldenburg, hingewiesen.

lichen Sinne einzugehen. Die Grammatiken sprechen hier gewöhnlich von "weiterführenden" Sätzen".[43]

Die Sätze (154) und (155) müssen daher auf die Satzverbindungen (154a) und (155a) zurückgeführt werden:
(154a)   Han skulle lære at tale russisk. Det faldt ham svært.
(155a)   ..de 150 okkupanter gik ind på at forlade Sorbonne frivilligt. Derefter rykkede politiet..ind.

Daß die hv-Sätze in den Beispielen (153) - (156) nicht, um mit Hartung zu sprechen, "ein subordinatives Verhältnis im eigentlichen Sinne" eingehen, ist also der Grund dafür, warum sie im GS keine Satzgliedfunktion ausüben.

Die Sätze (113) - (115) wurden als Fälle von Satzspaltung eingeordnet. Die Tatsache, daß sie Aufspaltungen von einfachen Sätzen (die hier als (161i - iii) aufgeführt werden) sind, liefert die Erklärung dafür, warum man sie nicht weiter aufspaltet (in Sätze wie (165i - iii)). Die weitere Aufspaltung muß in diesen Fällen nicht als ungrammatisch angesehen werden, es ist aber so gut wie ausgeschlossen, daß solche "Doppelaufspaltungen" jemals geäußert werden: Sie sind erstens umständlich, zweitens unnötig, weil schon die einfache Aufspaltung zur Hervorhebung eines Satzglieds ausreicht.

Daß der bei der Aufspaltung übrigbleibende Restsatz ein Relativsatz und kein indirekter Fragesatz ist, geht aus den Paraphrasen (163i - iii) hervor, in denen die hv-Pronomia der Sätze (113) - (115) - die hier als (162i - iii) wiedergegeben sind - durch Demonstrativa ersetzt sind. In den Paraphrasen (164i - iii) ist der Relativsatz an das hervorgehobene Glied angeknüpft, wobei das Demonstrativum als Stützelement für den Relativsatz überflüssig wird und elidiert wird. Diese Elision ist nicht obligatorisch, denn auch die Version, den, der blev glad, det var mig, ist möglich.

---

[43] Hartung (1964, 76). Vgl. auch Kerkhoff (1957, 25), die diesen Satztyp "Satzrelativsatz (Satzattributsatz)" nennt: "Der Satzrelativsatz bezieht sich auf den ganzen Obersatz; er hat also keine Funktion, sondern ist die Bestimmung zu diesem Ganzen (daher "Satzattributsatz") ... Er erscheint als Ns., ist aber eigentlich ein Hs., mithin unecht".

(161)(i)   Jeg blev glad.
    (ii)   Jeg traf ikke Gerda.
    (iii) Jeg fandt de utroligste ting.
(162)(i)   Hvem der blev glad, (det) var mig.
    (ii)   Hvem jeg ikke traf, (det) var Gerda.
    (iii) Hvad jeg fandt, var de utroligste ting.
(163)(i)   Den, der blev glad, (det) var mig.
    (ii)   Den, jeg ikke traf, det var Gerda.
    (iii) Det, jeg fandt, var de utroligste ting.
(164)(i)   Det var mig, der blev glad.
    (ii)   Det var Gerda, jeg ikke traf.
    (iii) Det var de utroligste ting, jeg fandt.
(165)(i)   ?Hvem det var, der blev glad, det var mig.
    (ii)   ?Hvem det var, jeg ikke traf, det var Gerda.
    (iii) ?Hvad det var, jeg fandt, var de utroligste ting.

Auch ein ganzer NS kann auf dem Weg der Satzspaltung hervorgehoben werden. In (166i) ist es ein Objekt-hv-Satz, und zwar ein indirekter Fragesatz (man kann hvor lidt man ved ersetzen durch hvor lidt det er, man ved), der herausgezogen ist. Der vorauszusetzende einfache Satz ist (166ii). Kontrahiert man in (166i) det, man lærer zu hvad man lærer, dann ergibt sich (166iii), ein Satz des Typs (162i - iii).

(166)(i)   Det, man .. lærer på FDMs kursus, er hvor lidt
           Das, (was) man .. lernt auf FDM's Kursus, ist, wie
           man egentlig ved om sig selv og sin vogns
           wenig man eigentlich weiß über sich selbst und
           reaktioner i en krise-situation.
           seines Wagens Reaktionen in einer Krisensituation.
                                                    M 1575

    (ii)   Man lærer på FDMs kursus, hvor lidt man egentlig
           ved om sig selv og sin vogns reaktioner i en krise-
           situation.

    (iii) Hvad man lærer på FDMs kursus, er, hvor lidt man
           egentlig ved om sig selv og sin vogns reaktioner..

(166iii) ist ein Fall, wo zwei Sätze als Satzglieder in den GS eingebettet sind, wobei der Satz hvor lidt man..ved om sig selv.. als Subjekt und der Satz hvad man lærer.. (oberflächenmäßig) als Prädikatsnomen fungiert.

1.1.3.9   Erweiterung durch som helst oder end

Hat das hv-Wort in Relativsätzen generalisierende Bedeutung, dann kann es durch som helst oder end erweitert werden:

(167)(i)   Det tør jeg forsvare, mod hvem som helst det
           Das wage ich verantworten, gegen wen auch immer
           skal være.
           es soll sein.   Did 210

   (ii)   Det tør jeg forsvare, mod hvem det end skal være.

(168)   Gør, hvad som helst du vil.
           Tu, was auch immer du willst.   Did 210

(169)   Hvem han end render på, får historien fortalt.
           Wen er auch rennt auf, bekommt Geschichte-die erzählt.
                   (d.h.: Wen er auch (zufällig) trifft,..)
                                                        Han III, 300

(170)   Hvor du end færdes, skal du tænke paa hans Ord.
           Wo du auch weilst, sollst du denken an seine Worte.
                                                        Did 212

In diesen Fällen ist hvem immer durch (en)hver, (som) und hvad durch alt, hvad ersetzbar (wobei dann die Zusätze som helst und end überflüssig werden).

1.1.3.10   Satzgliedfolge

Das hv-Wort steht grundsätzlich am Anfang. Ist das hv-Wort Subjekt, dann muß - im Unterschied zum selbständigen durch hv-Wort eingeleiteten Fragesatz - der als Subjektzeichen stehen. In allen anderen Fällen unterscheiden sich hv-Sätze von selbständigen Fragesätzen dadurch, daß sie normale Folge von Subjekt und finitem Verb haben, während in selbständigen Fragesätzen Inversion eintritt (vgl. (172i) und (173i)). Abhängige Fragesätze und hv-Relativsätze unterscheiden sich nicht in der Satzgliedfolge. Die Stellung der Adverbien ist die gleiche wie in at- und om-Sätzen.
(171)(i)   Hvem vil bringe bogen?
   (ii)   Jeg ved ikke, hvem der vil bringe bogen.

(172) (i)   Hvad vil Peter bringe?
  (ii) Jeg ved ikke, hvad Peter vil bringe.
(173) (i)   Hvornår vil Peter bringe bogen?
  (ii) Jeg ved ikke, hvornår Peter vil bringe bogen.

1.1.3.11   Hv-Sätze im "Satzknoten"

In 1.1.1 wurde bereits der sogenannte "Satzknoten" (sætnings-knude) erwähnt. In Fällen wie (70) und (71), wo hvem bzw. hvad gleichzeitig Glied des übergeordneten und des eingebetteten Satzes sind, kann der Knoten nicht aufgelöst werden, d.h. das Fragewort kann nicht in den NS überwechseln. Ein Fragesatz, der einen Satzknoten enthält, kann in einen anderen Satz eingebettet und dadurch zu einem abhängigen Fragesatz werden. Dadurch tritt der Knoten also auch in hv-Sätzen auf:

(174) (i)   Hvem tror du har gjort det?
  (ii) Jeg ved ikke, hvem du tror der har gjort det.[44]

                                                    Did 215

Im Deutschen muß man diese Konstruktion wiedergeben durch: "Ich weiß nicht, von wem du glaubst, daß er das gemacht hat".

1.1.4   Die Distribution von at-, om- und hv-Sätzen

At-, om- und hv-Sätze können in den Funktionen auftreten, die eine "normale" NP (mit Substantiv oder Pronomen als Kern) ausüben kann: als Subjekt, Objekt und präpositionales Objekt. Als Prädikativ kommen nur relative hv-Sätze vor. Da diese jedoch, wie gezeigt, auf Attributsätze zurückgehen, die einem Pronomen untergeordnet sind, bleiben sie hier außerhalb der Betrachtung: Sie sind nicht Satzglieder, sondern Teile von Satzgliedern (was in der Oberflächen-

---

[44] Nach Jespersen (1921, 21) dürfte nach tror in (174ii) kein der stehen: "..dette der kan umuligt indskydes i jeg veed ikke hvem man tror har skylden".

struktur nicht unmittelbar zum Ausdruck kommt), folglich werden sie nicht direkt von Verben regiert, sondern immer nur über das vorauszusetzende Pronomen: Jeg ser, hvad der er sket = Jeg ser det, der er sket.

Alle anderen hier behandelten Satztypen, also at-, om- und hv-Fragesätze, sind jedoch unmittelbar mit einem Verb verbunden, als Subjekt, Objekt oder Präpositionalobjekt. Die Vorkommensmöglichkeit dieser drei Satztypen gilt es nun zu ermitteln. Es wurde bereits festgestellt, daß alle drei Satztypen bei $V_{d/s}$ vorkommen, at-Sätze darüber hinaus auch bei Verben des Wollens und Bewirkens. Wir wollen daher versuchen, die Gesetzmäßigkeiten zu ermitteln, nach denen das Miteinandervorkommen von $V_{d/s}$ und den drei NS-Typen geregelt ist.

Es gibt Verben, die nur at-Sätze regieren können, wie påstå 'behaupten' und andere, die nur om- und hv-Sätze regieren, wie z.B. spørge. Folglich müssen diese Verben semantische Merkmale haben, die einen bestimmten Satztyp als Objekt (bzw. Subjekt, wenn das Verb im Passiv steht) erfordern und einen anderen Satztyp ausschließen.

Das bedeutet aber andererseits, daß auch die verschiedenen Satztypen semantische Merkmale haben müssen, die die Verbindung mit einer bestimmten Verbgruppe fordern oder ausschließen. Über die deutschen ob-Sätze, die den dänischen om-Sätzen entsprechen, schreibt Abraham (1968, 50): "Die ob-Konstituente führt stets das Merkmal [+Unentschiedenheit]; eignet der aus VP + fakultativer Adverbialbestimmung bestehenden Matrixkonstituente[45] nicht ebenfalls das Merkmal [+Unentschiedenheit], so sind die Adjungierungsvoraussetzungen nicht erfüllt." Abraham weist darauf hin, daß die von ihm beobachteten Gesetzmäßigkeiten beim Auftreten von abhängigen Fragesätzen nicht an Gegebenheiten einer Einzel-

---

45 Unter "Matrixkonstituente" versteht Abraham eine Konstituente des "Matrixsatzes". "Matrixsatz" wird in der generativen Grammatik ein Satz genannt, in den ein anderer Satz eingebettet ist. Der Matrixsatz selbst kann wiederum in einen anderen Satz eingebettet sein. Vgl. Ich vermute, daß er sich nicht erinnert, ob er mich kennt, wo der Satz daß er sich erinnert Matrixsatz für den eingebetteten Satz ob er mich kennt ist, gleichzeitig aber selbst als Objekt zu dem Matrix-Ich vermute + Objekt auftritt.

sprache geknüpft sind, sondern an den "übereinzelsprachlichen Begriff" (1968, 52). So ist das Verhalten von dt. wissen, engl. know und ital. sapere gegenüber ihren Satzobjekten von den gleichen Gesetzmäßigkeiten gesteuert. Man kann hinzufügen, daß dän. vide sich genau so verhält wie die entsprechenden Verben der drei angeführten Sprachen.

Zunächst ergibt sich jedoch die Frage: Was ist unter "Unentschiedenheit" zu verstehen? Um wessen Unentschiedenheit handelt es sich? Eine Antwort hierauf geben P. und C. Kiparsky in ihrer Untersuchung englischer that-Sätze. Sie unterscheiden drei Arten von Objektsätzen: "factive complements", "propositional complements" und "contentive complements". Im ersten Fall hält der Sprecher, aber nicht unbedingt das Subjekt, den Objektsatz für wahr. Im zweiten Fall hält das Subjekt des Satzes, aber nicht notwendig der Sprecher, den Objektsatz für wahr und im dritten Fall halten weder Sprecher noch Subjekt des Satzes den Objektsatz notwendig für wahr.[46]

Die Einstellung des Sprechers und des Subjekts[47] im GS sind also entscheidend für die Wahl des Satztyps, der als Objekt oder Subjekt zu einem $V_{d/s}$ in Frage kommt. Allerdings lassen sich mehr als die von P. und C. Kiparsky angegebenen drei Fälle unterscheiden, nämlich insgesamt zehn. In Schema (175) sind diese Fälle zusammengestellt. (i) - (v) enthalten keine Stellungnahme des Sprechers, allein die Stellungnahme des Subjekts ist entscheidend. In (vi) - (x) ist die Stellungnahme des Sprechers entscheidend.

---

[46] P. und C. Kiparsky (1967, 183f.) Als Beispiele werden unter anderen angeführt: John ignored (the fact) that Mary had come (factive complement); John concluded that Mary had come (propositional complement) und John pretended that Mary had come (contentive complement). Vgl. auch P. und C. Kiparsky 1970.

[47] In einem passivischen Satz wird das Subjekt zur präpositionalen Agens-NP. Ein unbestimmtes Agens wird im Passiv getilgt (deletion of unspecified agent, vgl. Chomsky 1965, 128). So wird aus der blev spurgt af nogen (es wurde von jemandem gefragt) die - allein gebräuchliche - Form der blev spurgt.

(175)(i) Der Sprecher beurteilt nicht den Wahrheitsgehalt der NS-Aussage, das Subjekt hält sie für wahr oder wahrscheinlich:
Peter tror, at Hans kommer (P. glaubt, daß H. kommt),
Peter formoder, at Hans kommer (P. vermutet, daß Hans kommt).

(ii) Der Sprecher beurteilt nicht den Wahrheitsgehalt, das Subjekt hält die NS-Aussage für falsch:
Peter tvivler på, at Hans kommer (P. bezweifelt, daß..).

(iii) Der Sprecher beurteilt nicht den Wahrheitsgehalt, das Subjekt hat darüber Gewißheit; es kommt jedoch nicht zum Ausdruck, ob das Subjekt die Aussage für wahr oder falsch hält:
Peter ved, hvem der kommer (P. weiß, wer kommt).

(iv) Der Sprecher beurteilt nicht den Wahrheitsgehalt des NS, das Subjekt hat keine Gewißheit darüber:
Peter har spurgt, om Hans kommer (P. hat gefragt, ob..).
Peter har glemt, om Hans kommer (P. hat vergessen, ob..).

(v) Sprecher und Subjekt beurteilen nicht den Wahrheitsgehalt der Aussage im NS:
Peter har sagt, at Hans kommer.

(vi) Sprecher und Subjekt halten die Aussage für wahr:
Peter ved, at Hans kommer.
Hierzu kann man den Fall rechnen, daß das Subjekt den Inhalt des NS für wahrscheinlich hält (der Sprecher hält ihn für wahr);
Peter aner, at Hans kommer (P. ahnt, daß H. kommt).

(vii) Der Sprecher hält den NS für wahr, das Subjekt ist ungewiß:
Peter har glemt, at Hans kommer (P. hat vergessen, daß..).

(viii) Der Sprecher hält den NS für wahr, das Subjekt beurteilt ihn nicht:
Læreren har overset, at Peter har lavet en fejl.
(Der Lehrer hat übersehen, daß P. einen Fehler gemacht hat).

(ix) Der Sprecher kennt nicht den Wahrheitsgehalt der NS-Aussage, die Beurteilung durch das Subjekt erfährt man nicht:
<u>Peter ved, om Hans kommer</u> (P. weiß, ob H. Kommt).

(x) Der Sprecher kennt nicht den Wahrheitsgehalt des NS, das Subjekt beurteilt ihn nicht:
<u>Peter har sagt, om Hans kommer</u> (P. hat gesagt, ob H. kommt).

Der Sprecher könnte fortfahren: .. <u>men jeg har glemt det</u> (om H. kommer).

Von diesen 10 Fällen entspricht (viii) Kiparskys "factive complement", (i) dem "propositional complement" und (v) dem "contentive complement". (ix) ist besonders zu beachten: Die Nichtinformiertheit des Sprechers führt dazu, daß auch der Hörer nicht über den Wahrheitsgehalt der Aussage im NS informiert wird; allein das Subjekt des GS kennt den Wahrheitsgehalt: Peter weiß entweder, daß Hans kommt, oder, daß Hans nicht kommt.

<u>Om</u>-Sätze kommen nur bei Nichtinformiertheit des Subjekts oder Nichtinformiertheit des Sprechers vor, <u>at</u>-Sätze in allen anderen Fällen. Die semantischen Merkmale des NS müssen stets mit den semantischen Merkmalen der Verben des übergeordneten Satzes im Einklang sein. Daher können <u>om</u>-Sätze nie bei Verben stehen, die ein Fürwahrhalten implizieren. Es folgen einige Beispiele für die Verbgruppen, die nicht - oder nicht in allen ihren Verwendungen - in der Aufstellung (175) vertreten sind. Das Verb <u>påstå</u> 'behaupten' ist immer neutral:

(176)(i) Peter har påstået, at Hans kommer.
  (ii) Peter har ikke påstået, at Hans kommer.
  (iii) Har Peter påstået, at Hans kommer?

<u>Sige</u> 'sagen' ist neutral, kann aber Ungewißheit des Sprechers ausdrücken (177iv - vi).

(177)(i) Peter har sagt, at han har set Hans.
  (ii) Peter har ikke sagt, at han har set Hans.
  (iii) Har Peter sagt, at han har set Hans?
  (iv) Peter har sagt, om han har set Hans.
  (v) Peter har ikke sagt, om han har set Hans.
  (vi) Har Peter sagt, om han har set Hans?

Zur Gruppe der Verben, die implizieren, daß der Sprecher, aber nicht notwendig das Subjekt, etwas für wahr hält, gehören tilstå 'eingestehen' - was man eingesteht, muß man nicht notwendig für wahr halten - und nægte 'leugnen' - was man leugnet, muß man nicht notwendig für falsch halten. Der Sprecher hält die NS-Aussage in diesen Fällen für wahr:

(178)(i)   Ole har tilstået, at han har stjålet bogen.
   (ii)   Ole har ikke tilstået, at han har stjålet bogen.
   (iii) Ole har nægtet, at han har stjålet bogen.
   (iv)   Ole har ikke nægtet, at han har stjålet bogen.

Unter den unpersönlichen Konstruktionen gibt es welche, die ausdrücken, daß der Sprecher etwas notwendig für wahr hält (vgl. (179i - iv));[48] andere, die notwendig Ungewißheit ausdrücken (vgl. (179v - vi)), wieder andere, die sowohl Fürwahrhalten als auch Zweifel implizieren können (vgl. (179vii und viii)).

(179)(i)   Det gør mig ondt, at jeg ikke kan hjælpe Dem.
   (ii)   Det er godt, at Karin er kommet.
   (iii)   Det er synd, at Peter ikke er kommet.
   (iv)   Det er en kendsgerning, at Peter har stjålet bogen.
   (v)   Det er tvivlsomt, om Karin kommer.
   (vi)   Spørgsmålet er, om den boligform er god.
   (vii)   Det er mig lige meget, at han er millionær.
   (viii) Det er mig lige meget, om Karin kommer i dag
           eller i morgen.

Hv-Sätze verhalten sich im großen und ganzen wie om-Sätze: Alle Verben, die om-Sätze haben, können auch hv-Sätze haben.[49] Darüber hinaus kommen hv-Sätze auch bei formode vor (das nie om-Sätze hat): In (180iv) ist wohl vorauszusetzen: Peter formodede, at han vidste, hvem der havde gjort det. (Peter nahm an, daß er wußte, wer es getan hatte.)

(180)(i)   Peter har spurgt, hvem der kommer i aften.

---

48 In einigen Fällen, z.B. in (179iv) drückt die Verneinung aus, daß der Sprecher den Inhalt des NS für falsch hält, in anderen (vgl. (179i - iii)) nicht.

49 Nur tvivle verbindet sich nicht mit hv-Sätzen; hier tritt være i tvivl om ein: Peter er i tvivl om, hvem der kommer.

(ii) Peter ved, hvem der kommer i aften.
(iii) Peter har glemt, hvem der kommer i aften.
(iv) Peter formodede, hvem der havde gjort det.

Hv-Sätze haben mit den om-Sätzen gemein, daß in ihnen der Wahrheitsgehalt nicht entschieden wird. Das Subjekt ist entweder nicht informiert über den Wahrheitsgehalt (z.B. in (180i und iii)) oder es kennt bzw. vermutet den Wahrheitsgehalt des NS, man erfährt ihn aber nicht (vgl. (180ii) und (180iv) sowie (175iii)). Satz (180ii) schließt aber nicht - im Gegensatz zu (175ix) - Informiertheit des Sprechers aus: Nach Satz (180ii) kann der Sprecher sowohl fortfahren men jeg ved det ikke (aber ich weiß es nicht) als auch og jeg ved det også (und ich weiß es auch). Eine Übersicht über Faktoren und Verben, die beim Gebrauch von at-, om- und hv-Einleitern eine Rolle spielen, bringt Tabelle 2.

Aus der Tabelle geht hervor, daß Verba dicendi (vgl. sige, vise,[50] påstå, mene 'meinen', tilstå, nægte) nie ein Fürwahrhalten des Subjekts, unter Umständen jedoch Ungewißheit des Subjekts zum Ausdruck bringen (vgl. spørge und overveje).[51] In jedem Fall implizieren sie ein Sich-Äußern. Werden sie negiert, dann bedeutet das, daß der Inhalt des NS nicht geäußert wurde. Bei Verben, die ein Sich-Äußern und Ungewißheit implizieren, wie spørge, kann nur das Äußern, nicht die Ungewißheit negiert werden; Han har ikke spurgt, om Hans kommer heißt: Er hat die Äußerung "Kommt Hans?" nicht getan. Die Ungewißheit in der NS-Äußerung bleibt also erhalten. Anders bei den Verba sentiendi: Wenn sie ein Fürwahrhalten oder Ungewißheit implizieren, dann bedeutet die Negation Nicht-Fürwahrhalten oder Nicht-Ungewißheit, vgl. Han tror ikke, at Hans kommer und Han har ikke glemt, om Hans kommer.

---

50 Man kann Verba dicendi nicht auf die Bezeichnung von akustischer Kommunikation beschränken. Das Verb vise 'zeigen' kann - neben der Bedeutung "(mündlich) erklären" - auch ein Kommunizieren durch Gesten bezeichnen.

51 Overveje 'überlegen' kann ein Sich-Äußern implizieren. Es hat mit den Verba dicendi auch gemein, daß es ein Handeln ausdrückt ("sein Gehirn in Bewegung versetzen" - im Gegensatz zu den Verba sentiendi, die im allgemeinen einen Zustand oder ein passives Beteiligtsein an einem Vorgang bezeichnen (vgl. høre und se).

"Gewißheit des Subjekts" bedeutet, daß das Subjekt die Aussage des NS entweder für wahr oder für falsch hält, ohne daß man erfährt, welcher der beiden Fälle zutrifft. Dieser Fall wird nur bei Ungewißheit des Sprechers oder Nichtbeurteilung durch den Sprecher angezeigt; Feld 8 bleibt also leer. Der Fall, daß das Subjekt etwas für wahr, wahrscheinlich, nicht wahr oder ungewiß hält, wobei gleichzeitig Ungewißheit des Sprechers ausgedrückt wird, kann nicht durch einen at- oder om-Satz allein ausgedrückt werden (hier sind Zusätze nötig, Adverbiale oder weitere NS), dadurch bleiben 11a, 11b, 12 und 14 leer. Das gleiche gilt für Feld 7: Es gibt kein Verb, das gleichzeitig ausdrücken kann, daß der Sprecher etwas für wahr hält, was das Subjekt für falsch hält.

Die Tabelle erfaßt natürlich nur einen kleinen Ausschnitt der $V_{d/s}$, doch können die aufgeführten Verben als repräsentativ gelten. Nach der Verteilung auf die einzelnen Felder lassen sich folgende Verbgruppen aufstellen:

1. Verben, die nur in Feld 1 (a und b) vorkommen: Sie haben immer einen at-Satz. Dazu gehören außer den in der Tabelle aufgeführten Verben z.B. noch håbe 'hoffen', synes 'finden,daß' und forudse 'voraussehen'.
2. Verben, die nur in Feld 4 vorkommen; das sind neben spørge und overveje noch prøve 'prüfen' und undersøge 'untersuchen'. Sie haben immer om-Sätze.
3. Verben, die nur in Feld 5 vorkommen und immer einen at-Satz haben; neben påstå und mene z.B. noch råbe 'rufen' stamme 'stammeln', hviske 'flüstern', overtale 'überreden', overbevise 'überzeugen'.
4. Verben, die nur vorkommen, wenn Fürwahrhalten des Sprechers ausgedrückt wird, so indse in Feld 6a und die in Feld 10 aufgeführten Verben, zu denen man noch indrømme 'einräumen', anerkende und overhøre rechnen kann. Sie haben immer at-Sätze.
5. Eine Gruppe neutraler Verben (bei denen das Subjekt die NS-Aussage nicht notwendig für wahr hält) bringt die Einstellung des Sprechers zum Ausdruck, wenn der Sprecher keine Gewißheit über den Wahrheitsgehalt des NS hat (Feld 15); hier steht ein om-Satz, sonst (Feld 5) ein at-Satz. Hierzu gehören neben sige und vise Verben wie meddele, fortælle, forklare (er-

Tabelle 2. At-, om- und hv-Sätze

			Einstellung des Sprechers irrelevant			
				at	om	hv
	wahr	tro	1 a	+	−	−
		tænke		+	−	−
hält für	wahrscheinl.	formode	b	+	−	−
		regne med		+	−	−
	nicht wahr	tvivle	2	+	−	−
Subjekt ist	gewiß	vide	3	−	−	+
		se		−	−	+
		huske		−	−	+
		ane		−	−	+
	ungewiß	tvivle	4	−	+	−
		glemme		−	+	+
		spørge		−	+	+
		overveje		−	+	+
	neutral	se	5	+	−	−
		huske		+	−	−
		drømme		+	−	−
		sige		+	−	+
		vise		+	−	+
		påstå		+	−	−
		mene		+	−	−

kein Subjekt

Einstellung des Sprechers relevant							
Sprecher hält NS für wahr				Sprecher ungewiß			
		at	om hv			at	om hv
vide	6 a	+	- -	11	a		
indse		+	- -				
ane	b	+	- -		b		
	7				12		
	8			vide	13	-	+ -
				se		-	+ -
				huske		-	+ -
				ane		-	+ -
glemme	9	+	- -		14		
overse	10	+	- -	sige	15	-	+ -
tilstå		+	- -	vise		-	+ -
nægte		+	- -				
gør ondt	U_1	+	- -	er tvivlsomt	U_2	-	+ +
er sandt		+	- -	er spørgsmålet		-	+ +
er godt		+	- -	er lige meget		-	+ +
er en kendsgerning		+	- -				
er lige meget							

klären = engl. "explain"), <u>erklære</u> (erklären = engl. "declare"), <u>bekræfte</u> 'bestätigen' und <u>svare</u>.[52]

6. Verben, die in erster Linie die Einstellung des Sprechers zum Ausdruck bringen, daneben aber auch in Feld 3, also sprecherneutral vorkommen, dort jedoch nur mit <u>hv</u>-Sätzen. Bei Fürwahrhalten des Sprechers (Feld 6) haben sie einen <u>at</u>-Satz, bei Ungewißheit des Sprechers einen <u>om</u>-Satz. Hierzu gehören neben <u>vide</u> und <u>ane</u> z.B. <u>erfare</u>.

7. Während die Verben der Gruppe 6 ein Fürwahrhalten des Subjekts implizieren, sind die der Gruppe 7 in der Hinsicht neutral. Sie kommen ohne Stellungnahme des Sprechers vor (Feld 3 mit <u>hv</u>-Satz und 5 mit <u>at</u>-Satz) und bei Ungewißheit des Sprechers (Feld 13, mit <u>om</u>-Satz). Hierzu gehören neben den aufgeführten <u>huske</u> und <u>se</u> viele weitere Verba sentiendi, z.B. <u>høre</u>, <u>lugte</u> 'riechen', <u>føle</u>, <u>mærke</u>, <u>lære</u> ('lernen' und 'lehren'), <u>erkende</u> und <u>læse</u>.

8. Die unpersönlichen Konstruktionen, die ja kein belebtes Subjekt haben, bringen meistens die Stellungnahme des Sprechers zum Ausdruck. Hält der Sprecher die Aussage im NS für wahr, steht <u>at</u> (U 1), hat er keine Gewißheit darüber, steht <u>om</u> (U 2). Ist ein persönliches indirektes Objekt vorhanden, dann wird häufig seine Stellungnahme angezeigt, z.B.: <u>Det er Karin lige meget, at/om Hans er millionær</u> (es ist Karin gleichgültig, daß/ob Hans Millionär ist).

Sonderfälle bilden die Verben <u>glemme</u> und <u>tvivle</u>. <u>Glemme</u> 'vergessen' impliziert Ungewißheit und läßt Stellungnahme des Sprechers in dem Fall zu, daß er den Inhalt des NS für wahr hält; dann steht <u>at</u> (vgl. (175vii)). Kommt die Stellungnahme des Sprechers nicht zum Ausdruck, dann steht <u>om</u>: <u>Peter har glemt, om Hans kommer</u> (vgl. (175iv)). <u>Tvivle</u> ist bereits behandelt worden (vgl. (81) und (82)). Hier kommt die Stellungnahme des Sprechers nicht zum Ausdruck. Das Subjekt von <u>tvivle</u> hält entweder die NS-Aussage für falsch, (vgl. (175ii)) oder für ungewiß (vgl. (175iv)). Im ersten Fall steht <u>at</u>, im zweiten <u>om</u>. In der zweiten Bedeutung kann <u>tvivle</u> nicht negiert werden.

---

52 Die Verben <u>sige</u> und <u>svare</u> können außerdem noch einen Befehl ausdrücken, <u>sige</u> kann auch im Sinne von <u>spørge</u> verwendet werden.

1.2   Infinitivkonstruktionen

Eine Infinitivkonstruktion besteht aus dem Infinitiv eines Verbs, fakultativen Adverbialen und - je nach der Rektion des Verbs - direkten, indirekten und präpositionalen Objekten bzw. obligatorischen Adverbialen. Eingeleitet wird die Infinitivkonstruktion in den meisten Fällen durch die Konjunktion at (die auch Sätze einleitet, vgl. 1.1). Nach einigen Verben wird die Infinitivkonstruktion ohne Konjunktion angeschlossen.[53] Zwei Haupttypen lassen sich unterscheiden: Infinitivkonstruktionen mit explizitem (d.h. in der Oberflächenstruktur ausgedrücktem) Subjekt und solche ohne explizites Subjekt.

1.2.1   Infinitivkonstruktionen mit explizitem Subjekt

1.2.1.1   AcI

Mit AcI (accusativus cum infinitivo) wird im Lateinischen, Deutschen und einigen anderen Sprachen eine Infinitivkonstruktion bezeichnet, deren Subjekt im Akkusativ steht. Das Dänische hat - ebenso wie das Englische und die andern germanischen Sprachen außer dem Deutschen - keinen Akkusativ, sondern nur einen Objektskasus (=Dativ/Akkusativ) für Pronomina und einen Einheitskasus (=Nominativ/Dativ/Akkusativ) für Substantive. In allen Fällen wird ein Genitiv gebildet. Wenn hier trotzdem der Terminus "AcI" (im Anschluß an Jespersen[54]) verwendet wird, dann deswegen, weil die

---

[53] At-loser Infinitiv steht vor allem nach Modalverben und Verba sentiendi, außerdem nach bede (ohne om) und byde, häufig auch nach få. Nach den Modalverben gide, burde und turde kommt in der Umgangssprache Infinitiv mit at vor. Eine ausführliche Beschreibung des Gebrauchs von at beim Infinitiv findet sich bei Aa. Hansen (1967 III, 66ff.).

[54] Jespersen (1921, 7ff.) spricht von "akkusativ med infinitiv".

Konstruktion "Objektskasus + Infinitiv" in Sprachen wie dem Englischen und Dänischen dem AcI in Sprachen mit Akkusativ (wie Latein und Deutsch) parallel ist und weil kein besonderer Terminus für die Sprachen ohne Akkusativ zur Verfügung steht.

Der Terminus "Infinitivneksus", mit dem Diderichsen AcI und NcI zusammenfaßt, trifft - nach Jespersen 1921 - auch für alle anderen Infinitivkonstruktionen zu. Daß dieser Terminus zur Bezeichnung einer Teilmenge aller Infinitivkonstruktionen ungeeignet ist, zeigt sich daran, daß Diderichsen genötigt ist, seinen "Infinitivneksus" gegenüber den anderen Infinitivkonstruktionen (von denen er nur noch eine behandelt) als "den egentlige Infinitivneksus" und als "Infinitivneksus..i sin reneste Form" abzugrenzen.[55]

Der AcI steht nach einigen Verba sentiendi und dem Verb lade (lassen):[56]

(181) Jeg hørte hende synge.
       Ich hörte sie singen.   Jes 7

(182) Peter har set et stort skib komme i havn.
       P. hat gesehen ein großes Schiff kommen in (den) Hafen.

(183) Kan du tænke dig ham holde Tale?
       Kannst du denken dir ihn halten (eine) Rede? Did 217

(184) Farah lod sine Øjne løbe rundt i Ringen.
       F. ließ seine Augen laufen rund in Kreis-dem. KBF 93

Jespersen sagt, daß hende in (181) nicht gleichzeitig Objekt

---

[55] Diderichsen (1946, 217): "Infinitivneksus optræder i sin reneste Form kun som Objekt for Sanseverberne..Fra den egentlige Infinitivneksus maa adskilles sekundær Neksus..mellem en Infinitiv (med at) der staar som direkte Objekt eller tilknyttet ved Præposition, og et (indirekte, henh. direkte) Objekt: Jeg lærte ham at læse." Der Zusatz "sekundær" kann auch nicht zur Unterscheidung der beiden Arten von Infinitivnexus dienen, denn beide sind Fälle von sekundärem Nexus (vgl. Diderichsen 1946, 188).

[56] Mikkelsen (1911, 109): "Navnemåde efter genstandsled sættes ved udsagnsordene se, høre, føle, lade og bede, således at genstandsleddet for disse udsagnsord efter meningen tillige er grundled for navnemåden, der sættes uden at, f.eks...Vi hørte fuglene synge.." Mikkelsen führt neben den fünf genannten Verben noch Beispiele mit finde, vise (zeigen), opdage (entdecken) und mærke an, vermerkt dazu aber, daß finde + AcI nur in der Schriftsprache häufig vorkommt und daß AcI-Verbindungen mit den drei letztgenannten Verben selten sind. (1911, 109).

zu hørte und Subjekt der Infinitivkonstruktion hende synge ist, wie Mikkelsen erklärt, sondern daß die ganze Verbindung hende synge als Objekt zu hørte fungiert:

> "...rigtigere er det at kalde hele forbindelsen for objekt for hovedverbet og sige at den består av to led, som vi for at undgå forvexlinger ikke tør kalde subjekt og prædikat, men foreløbig betegner ved bogstaverne S og P. Dette P er et verbum. men ikke et finit" (1921, 7).[57]

Jespersen hat in seiner ausgezeichneten Abhandlung "De to hovedarter av grammatiske forbindelser" (1921)[58] dargelegt, daß eine Reihe von Konstruktionen ohne finites Verb, darunter der AcI, der Subjekt-Prädikat-Verbindung in selbständigen Sätzen gleichzustellen ist; das Gemeinsame aller dieser Konstruktionen (einschließlich der selbständigen Sätze) nennt er "nexus". Diese Art, Zusammenhänge zwischen selbständigen und nicht-selbständigen Sätzen zu sehen, ist in der Theorie der generativen Grammatik systematisch ausgebaut worden. In der generativen Grammatik werden Infinitivkonstruktionen wie hende synge auf Einbettungen eines Satzes in einen anderen Satz zurückgeführt.

Jespersens These, daß nicht das AcI-Subjekt (z.B. hende in (181)), sondern der ganze AcI das Objekt des Satzes bildet, gilt jedoch nur eingeschränkt, nämlich nur für die Tiefenstruktur: der AcI geht auf einen Satz zurück, der als Objekt eingebettet wird. Dann findet jedoch eine Umdeutung des AcI-Subjekts als direktes Objekt des Satzes statt, was sich vor allem bei der Passivierung zeigt, wo das AcI-Subjekt genau wie das Objekt eines einfachen Satzes in das Subjekt des GS umgewandelt wird: Man hørte hende synge wird genau so zu Hun blev hørt synge wie Man hørte sangen (Man hörte das Lied) zu Sangen blev hørt (vgl. 1.2.1.2).

Jespersens Scheu, die Termini "Subjekt" und "Prädikat" auf die entsprechenden Bestandteile von Verbindungen ohne finites Verb anzuwenden, rührt daher, daß seine grammatische Analyse zwar schon

---

57 Vgl. auch Jespersen (1913, 89).

58 Jespersen 1921 ist "en fortsættelse, videreførelse og på nogle punkter berigtigelse" von Jespersen 1913 (vgl. Jespersen 1921, 5). Im Anschluß an Jespersen beschreiben auch Diderichsen 1946 und Aa. Hansen 1967 Infinitivkonstruktionen als Nexus.

Transformationen, nicht aber eine Unterscheidung von Oberflächen- und Tiefenstruktur erlaubte. Erst diese Unterscheidung, ein zentraler Punkt der generativen Grammatik, ermöglicht es, die (finiten und infiniten) Endungen des Verbs als Erscheinungen der Oberflächenstruktur aufzufassen, die das Verhältnis der beiden als Subjekt und Prädikat fungierenden Hauptkonstituenten nicht berühren. Wie in Nebensätzen können auch im AcI gewisse Adverbiale vor dem Verb stehen:

(185)   Jeg vilde gerne høre ham uden Omsvøb sige sin Mening.
        Ich würde gern hören ihn ohne Umschweife sagen seine Meinung.
                                                              Did 217

Negationsadverbien stehen gewöhnlich zwischen Infinitiv-Subjekt und Infinitiv, wenn das Hauptverb im Präsens oder Präterium steht:

(186)(i) Jeg hørte hende aldrig synge.
         Ich hörte sie nie singen.

   (ii) Jeg hørte hende ikke synge.
        Ich hörte sie nicht singen.

Obwohl die Negation mitten in der Infinitivkonstruktion steht, gehört sie doch zum Hauptsatz. (186i und ii) gehen zurück auf jeg hørte aldrig, at hun sang bzw. Jeg hørte ikke, at hun sang. Im Satz Jeg hørte, at hun aldrig sang (hørte = erfarede) kann der NS nicht in einen AcI umgewandelt werden. Ist das Hauptverb im Perfekt oder Plusquamperfekt, dann wird die Negation - wie immer normalerweise - von den beiden Teilen des Hauptverbs eingeschlossen, steht also nicht in der Infinitivkonstruktion:

(187)(i) Jeg har aldrig hørt hende synge.

   (ii) Jeg havde ikke hørt hende synge.

Aa. Hansen weist darauf hin, daß der Infinitiv durch die Bewahrung seiner verbalsyntaktischen Eigenschaften - er kann z.B. ein Objekt haben - in einer Reihe mit den Verbalsubstantiven auf -en steht. Beide Konstruktionen stehen darin im Gegensatz zu den andern Verbalsubstantiven: at læse lektier, læsen lektier, aber læsning af lektier (nach (n)ing-Bildung muß das Objekt in ein präpositionales Attribut umgewandelt werden). Andererseits (vgl. Aa. Hansen 1967 III, 73) kann der Infinitiv kein Adjektivattribut haben wie andere Verbalsubstantive, z.B. die auf -en und -ning (vgl. (188iii und iv)). Diese Tatsache erklärt sich dadurch, daß das attributive Adjektiv beim Verbalsubstantiv einem Adverb beim Verb (einschließlich Infinitiv) entspricht, was Aa. Hansen nicht erwähnt. Man kann annehmen, daß das attributive Adjektiv bei Verbalsubstantiven auf ein Adverb zurückgeht. Die Nominalisierungen in (188iii und iv) gehen auf den gleichen Satz zurück wie der AcI in (188v) und die at-Sätze in (i und ii), nämlich auf den Satz Han læser altid knaldromaner.[59]

(188)(i)   At han altid læser knaldromaner, ærgrer mig.
          Daß er immer liest Schundromane, ärgert mich.

  (ii)   Jeg ser, at han altid læser knaldromaner.

 (iii)   Hans evindelige læsen knaldromaner ærgrer mig.

  (iv)   (?) Hans evindelige læsning af knaldromaner ærgrer mig.[60]

   (v)   Jeg ser ham altid læse knaldromaner.

Das Subjekt des AcI verhält sich oberflächenstrukturell auch darin wie ein direktes Objekt, daß es an den Satzanfang gerückt werden kann, was Inversion von Subjekt und finitem Verb des GS bewirkt:

(189)   Ham har jeg aldrig hørt spille.
        Ihn habe ich nie gehört spielen.   Did 217

Das Subjekt des AcI kann ausgelassen werden, wenn es eine unspezifizierte Proform ist wie man, en eller anden oder nogen. In solchen Fällen wird das Objekt des AcI oft vor den Infinitiv gezogen und zum AcI-Subjekt umgedeutet, wobei der Infinitiv als Passivform interpretiert wird:

(190)   Jeg har hørt Historien fortælle i et stort Selskab.
        Ich habe gehört Geschichte-die erzählen in einer großen
        Gesellschaft.   Did 217

Bei Verben, die menschliches Subjekt und menschliches Objekt

---

59 In den meisten Fällen sind Adverb und Adjektiv von der gleichen Wurzel abgeleitet; man spricht dann von Adjektiv-Adverbien, vgl. Han kører hurtigt (er fährt schnell) - hans hurtige kørsel (sein schnelles Fahren). Bei den sogenannten "ursprünglichen" Adverbien, zu denen auch altid gehört, ergibt die Adjektivierung ein nicht wurzelverwandtes Adjektiv, (vgl. Motsch 1967, 34ff.). Jespersen (1913, 34) weist darauf hin, daß das Gradadverb meget zu stor adjektiviert wird: meget omhyggelig (sehr sorgfältig) - stor omhu (große Sorgfalt).

60 Obwohl diese Konstruktion möglich ist, wurde der Satz von den Informanten nur mit Vorbehalt anerkannt, da das gehobene læsning af nicht gut zu dem umgangssprachlichen Wort knaldroman paßt.

zulassen, kann es vorkommen, daß die NP vor dem Infinitiv sowohl als Subjekt (Agens der Handlung) als auch als Objekt (Patiens) interpretiert werden kann:

(191) I går har min mester ladet mig slagte, i morgen vil
Gestern hat mein Meister gelassen mich schlachten,

han lade mig flå.
morgen wird er lassen mich häuten.   Bys 110

Natürlich meint der Fleischergeselle, der diesen Satz äussert: "Mein Meister hat mich etwas (nämlich: Vieh) schlachten lassen", d.h. das Objekt noget ist zu ergänzen. Ebenso aber - und darauf beruht die komische Wirkung des Satzes - könnte gemeint sein: "er hat jemanden mich schlachten lassen", in diesem Fall wäre das AcI-Subjekt nogen oder en eller anden vorauszusetzen.

Das Patiens der Handlung kann in solchen Fällen dadurch eindeutig gemacht werden, daß man den Infinitiv des Passivs bildet (was dann allerdings steif und umständlich klingt):

(192)(i) Han lod bogen trykke.
Er ließ Buch-das drucken.   Han III, 82

(ii) =Han lod bogen blive trykt.   Han III, 83

Der Infinitiv ist also merkmallos in der Opposition Aktiv - Passiv, er kann sowohl von einem aktiven als auch von einem passiven Satz abgeleitet sein.[61] Das wird auch dadurch deutlich, daß beim Infinitiv die Agens-NP mit Hilfe der Präposition af angefügt werden kann, wie in einem echten Passivsatz:

(193) Læreren lod Stykket læse op af den dygtigste Elev.
Lehrer-der ließ Stück-das lesen vor von dem tüchtigsten Schüler.   Joh 36

Der AcI geht zurück auf Stykket blev læst op af den dygtigste elev. Passiver Infinitiv ist auch hier möglich (..lod stykket blive læst op), aber nicht notwendig.

Vorangestellt wird - bei Fehlen des AcI-Subjekts - besonders ein kurzes AcI-Objekt, während ein längeres oft nachgestellt

---

61 Jespersen (1921, 40): "som et gammelt verbalsubstantiv har infinitiven også været neutral overfor modsætningen aktiv og passiv; hvor der er en passiv inf. adskilt fra det aktive..., er den altid senere udviklet". Vgl. auch Mikkelsen (1894, 356), Byskov (1910, 110), Johansen (1957, 36f.) und Aa. Hansen (1967 III, 82f.).

wird (Aa. Hansen 1967 III, 83):[62]

(194)(i) Han lod et hus bygge.
          Er ließ ein Haus bauen.

   (ii) =Han lod bygge et stort og mægtigt hus.
          Er ließ bauen ein großes und mächtiges Haus.   Han III, 83

Während die verba sentiendi sowohl einen AcI als auch einen at-Satz als Objekt zulassen, kann lade nur einen AcI regieren (Aa. Hansen 1967 III, 82).

(195)(i)   Jeg hørte, at hun sang.
    (ii)   Jeg hørte hende synge.
    (iii) Kan du tænke dig, at han holder tale?
    (iv)   Kan du tænke dig ham holde tale?
    (v)   *Han lod, at man trykte bogen.
    (vi)   Han lod bogen trykke.

Da, wie gezeigt wurde, der AcI immer auf einen vollständigen Satz zurückgeht, muß man annehmen, daß ein eingebetteter Satz nach den verba sentiendi fakultativ und nach lade obligatorisch in einen AcI transformiert wird.

Bei einem von lade abhängigen AcI wird das Objekt reflexiviert, wenn es mit dem Subjekt des GS identisch ist:

(196) Vinen lader sig drikke.
       Wein-der läßt sich trinken.   Han III, 83

(197) =Vi har ladet os Druen smage.
       Wir haben gelassen uns Traube-die schmecken.   Pont. AG. 59

(198) Men Bohner lod sig ikke forsone.
       Aber B. ließ sich nicht versöhnen.   HT 17

In (196) ist das Reflexivum direktes, in (197) indirektes Objekt. In (198) geht das Reflexivum auf ein direktes Objekt des AcI zurück. Zu ergänzen sind das Subjekt des AcI (der, der die Versöhnung will) und das präpositionale Objekt (der, mit dem Bohner sich versöhnen soll). Diese beiden sind identisch, nämlich - wie aus dem Kontext hervorgeht - den halvfulde ældre mand (der

---

62 Hansens Beispiel Han lod huset bygge wurde, da es in der Artikelverwendung nicht parallel zu (194ii) ist, gegen das von Informanten anerkannte (194i) ausgetauscht. Mehrere Informanten empfanden (194ii) als gehoben, wenn nicht gar gestelzt, wozu aber auch die Wortwahl (stort og mægtigt) beitragen kann. Der Satz Han lod et stort rødt hus bygge wird als völlig normal empfunden.

angetrunkene ältere Mann). Die Ableitung des Satzes (198) muß man sich folgendermaßen vorstellen (vgl. (199)):

(199) 1. B lod ikke A forsone B med A
     2. B lod ikke B forsone af A med A   (Passivierung)
     3. B lod ikke B forsone med A   (Agens-Tilgung)
     4. B lod ikke B forsone   (präp. Obj. des AcI getilgt)
     5. B lod ikke sig forsone   (Reflexivierung)
     6. B lod sig ikke forsone   (Umstellung des Reflexivums)

(B = Bohner, A = den halvfulde ældre mand)

Die Passivierung von 1. ergibt 2. Dann wird das Agens - das aus dem vorangegangenen Kontext ergänzt werden kann - getilgt. Ebenso wird das mit dem Agens identische präpositionale Objekt getilgt, es entsteht 4.

Hier wird die Reflexivierung obligatorisch, genau wie in einem einfachen Satz des Typs _Hans vasker Hans_ (vorausgesetzt, daß es sich beide Male um dieselbe Person handelt). Die Umstellung des Reflexivums vor die Negation ergibt dann Satz (198).

Die Tilgung von Agens und präpositionalem Objekt des AcI ist nicht obligatorisch: Der Satz (200) wird von dänischen Informanten anerkannt. Hier hat ebenfalls Reflexivierung stattgefunden:

(200) Bohner lod ikke den ældre mand forsone _sig_ med ham.

Satz (200) ist zweideutig: entweder bezieht sich _sig_ auf Bohner (dann bezieht sich _ham_ auf _den ældre mand_) oder auf _den ældre mand_ (dann bezieht sich _ham_ auf Bohner).

Satz (200) zeigt, daß das Reflexivum des AcI hinter dem Infinitiv stehen kann, wenn das Subjekt des AcI explizit vorhanden ist. Andernfalls steht es immer vor dem Infinitiv, vgl. (196) - (198).[63]

Auch bei den Verba sentiendi ist AcI mit Reflexivum möglich:

---

[63] Aa. Hansen (1967 III, 82): "Det refleksive _sig_ lader sig ikke efterstille."(dieser Satz ist Regel und Beispiel zugleich!). Daß Hansens Regel jedoch nicht für alle Fälle gilt, zeigt nicht nur Satz (200), sondern auch _Vintervejret har ladet vente paa sig_ (Aa. Hansen 1967 III, 82), wo das Reflexivum präpositionales Objekt ist.

(201)(i)   Peter hører gerne sig selv tale.
           Peter hört gerne sich selbst reden.

    (ii)   Peter hører sig selv gerne tale.

(202) Jeg ser mig i ånden rejse til Amerika.
       Ich sehe mich in Geist-dem reisen nach Amerika.

1.2.1.2 NcI

Werden Sätze, die einen AcI enthalten, ins Passiv gesetzt, dann entsteht ein NcI:

> "Når sætninger med akkusativ med infinitiv vendes om til passiv, stilles almindeligt nominativen forrest, dærpå det passive verbum og sidst infinitiven".[64]

So entsteht (203 ii) aus (203i):

(203)(i)   Man hørte hende synge.

    (ii)   Hun blev hørt synge.
           Sie wurde gehört singen.

Jespersens Feststellung ist hinzufügen, daß - zum mindesten in den von ihm beschriebenen Fällen - das Subjekt des GS eine unspezifizierte Proform sein muß, damit sich NcI-Konstruktionen wie (203ii) ergeben. In allen anderen Fällen kommt noch die Agens-Umwandlung hinzu:

(204)(i)   Mange mennesker hørte hende synge.

    (ii)   Hun blev hørt synge af mange mennesker.

Das Subjekt des AcI verhält sich also bei der Passivierung wie das Objekt eines einfachen Satzes:

(205)(i)   Mange mennesker hørte sangen.
           Viele Menschen hörten Lied-das.

    (ii)   Sangen blev hørt af mange menneseer.

    (iii) Man hørte sangen.

    (iv)   Sangen blev hørt.

Wie bei einfachen Sätzen wird das Agens in eine präpositionale NP umgewandelt (mit der Präposition *af*); wie bei einfachen Sätzen

---

[64] Jespersen (1921, 10). Die Analyse der Tiefenstruktur wird zeigen, daß sich der NcI nicht direkt aus dem AcI ergibt: Ein Satz, der bei Einbettung in einen GS im Aktiv zum AcI wird, wird bei Passivierung des GS zum NcI. AcI und NcI sind also Alternativen, die sich aus der gleichen Tiefenstruktur ergeben.

kann das Agens nach der Passivtransformation wegfallen, wenn es eine unspezifizierte Proform ist.

Nach Jespersens Meinung bildet der gesamte NcI das Subjekt des Satzes; Subjekt von (203ii) wäre demnach hun synge und nicht hun.[65]

Wie jedoch gezeigt wurde, gilt die Feststellung, daß der AcI einen Nexus zwischen einem Subjekt und einem Prädikat darstellt, nur für die Tiefenstruktur. Nach der Einbettung wird das ursprüngliche Subjekt zum Objekt umgedeutet und wie ein solches behandelt, so z.B. bei der Passivierung des Satzes, vgl. (203i und ii).

Jespersen hält es für unsinnig, han als Subjekt zu siges aufzufassen:

(206) =Han siges at ville komme kl.5.
 Er wird-gesagt zu wollen kommen Uhr 5.   Jes 10

Da das Subjekt - wie H. Johansen (1957, 14) feststellt, eine rein syntaktische Kategorie ist, der sich keine semantische Gesamtbedeutung zugrundelegen läßt, muß man han als Subjekt von (206) annehmen: Es ergibt sich durch die Passivierungstransformation ebenso wie sich auch die Subjekte von (205ii und iv) ergeben.

Der NcI ist im Dänischen nicht sehr verbreitet und gehört der "bogsprog" (Buchsprache) an. Oft ist jedoch ein NcI - mit der erwähnten stilistischen Beschränkung - gebräuchlicher als der ihm zugrundeliegende AcI, so bei (206) (zitiert von Jespersen 1921, 10). Ein NcI ergibt sich auch bei Passivierung von Sätzen der Typen 1.2.2.2 und 1.2.2.3, in denen die Infinitivkonstruktion das direkte bzw. präpositionale Objekt bildet und das Subjekt der Infinitivkonstruktion identisch mit dem indirekten bzw. direkten Objekt des GS ist:

(207) De bedes svare omgående.
 Sie werden-gebeten antworten umgehend.   NDO 71

---

65 Jespersen (1921, 10). "Skønt det er nominativen alene der bestemmer verbets person, må vi som en uundgåelig følge av det synspunkt der her er anlagt pa B3-forbindelserne, hævde at det virkelige subjekt ikke er denne nominativ, men kombinasjonen av den med den lidt derfra stående infinitiv." Mit "B3-forbindelse" ist der AcI gemeint.

(208) =Herudover anmodedes lærerne om at vurdere eleverne med
 Hierüberhinaus wurden-ersucht Lehrer-die um zu einschätzen
hensyn til disses grad af selvtillid.
Schüler-die im Hinblick auf deren Grad von Selbstvertrauen.
Fol 2240

Der NcI findet sich auch bei Deponentien, Verben, die nur im Passiv auftreten, dabei aber aktive (ursprünglich mediale) Bedeutung haben:

(209) Han synes at arbejde strengt.[66]
 Er scheint zu arbeiten hart. Jes 10

1.2.2 Infinitivkonstruktionen ohne explizites Subjekt

Als Infinitivkonstruktionen ohne explizites Subjekt werden alle Infinitivkonstruktionen verstanden, die kein in der Oberflächenstruktur erkennbares Subjekt haben, bei denen jedoch in einer tieferen Strukturstufe - genau wie bei den unter 1.2.1 besprochenen Konstruktionen - ein Subjekt vorausgesetzt werden muß.[67] Das vorauszusetzende Subjekt ist mit dem Subjekt oder mit dem indirekten oder direkten Objekt des GS identisch (vgl. A. Meyer-Ingwersen 1968).

Auch diese Infinitivkonstruktionen gehen also auf vollständige Sätze zurück. Das Subjekt des eingebetteten Satzes, das mit dem Subjekt oder Objekt des GS identisch ist, wurde getilgt, das finite Verb in einen Infinitiv umgewandelt.

---

[66] Die entsprechenden aktiven Konstruktionen im Englischen, Französischen und Deutschen (vgl. <u>Er scheint hart zu arbeiten</u>) rechnet Jespersen ebenfalls als Fälle von NcI.

[67] Jespersen (1921, 36) nennt diese Konstruktionen "nexus uden udtrykt S" (mit S bezeichnet er das Subjekt in Nexus-Konstruktionen ohne finites Verb, vgl. 1.2.1). Daß in diesen Konstruktionen S vorausgesetzt werden muß, geht aus Jespersens Formulierung "uden udtrykt S" hervor - er sagt nicht "uden S"; vgl. auch seine Formulierungen "det tænkte S (das gedachte S)" und "det usagte S (das ungesagte S)", beide in 1921, 37.

1.2.2.1 Das Subjekt der Infinitivkonstruktion ist identisch mit dem Subjekt des GS

(210) Peter vil komme.[68]

(211) De begyndte at tale livligt samme.
Sie begannen zu reden lebhaft miteinander.　KBF 94

(212) Han bildte sig ind at høre en smule hån i hendes stemme.
Er bildete sich ein zu hören ein wenig Hohn in ihrer Stimme.
　　　　　　　　　　　　　　　　　　　　　　　　　　HT 16

(213) =Jægere...må lære Landskabets Farver, Lugt og Vind at
Jäger...müssen lernen Landschaft-der (Gen.) Farben, Ge-
kende.
ruch und Wind [zu] kennen.　　　　　　　　　KBF 19

(214) Alle i Viborg Amt ønsker at forblive samlet.[69]
Alle in Viborg Bezirk wünschen zu bleiben zusammen.　Pol 19

Steht die Infinitivkonstruktion als Objekt zu einem reflexiven Verb, dann ist ihr Subjekt gleichzeitig mit dem (reflexiven) indirekten Objekt des GS identisch, vgl. (212).

Die Objekte der Infinitivkonstruktion können vor den Infinitiv gestellt werden, vgl. (213), ohne jedoch als Subjekte der Infinitivkonstruktion aufgefaßt zu werden wie beim AcI mit getilgtem Subjekt (vgl. (190), (192i) und (194)).

In all diesen Fällen, außer nach ville, ist der Infinitiv mit der Konjunktion at an das Verb des GS angeschlossen; es handelt sich um die gleiche Konjunktion, die abhängige Aussagesätze (at-Sätze) einleitet. Dadurch kommt die Parallelität von at-Sätzen und Infinitivkonstruktionen auch in ihrer Oberflächenstruktur zum Ausdruck. Viele Verben lassen sowohl eine Infinitivkonstruktion als auch einen at-Satz als Objekt zu:

(215)(i) Peter bilder sig ind, at han er grim.
Peter bildet sich ein, daß er ist häßlich.

(ii) Peter bilder sig ind at være grim.

(iii) Peter bilder sig ind, at Karin elsker ham.
Peter bildet sich ein, daß Karin liebt ihn.

(iv) *Peter bilder sig ind at Karin elske ham.

---

68 Ville (wollen) steht hier stellvertretend für alle Modalverben, die (wie im Deutschen und in anderen Sprachen) eine Infinitivkonstruktion regieren, deren (zu ergänzendes) Subjekt mit dem Subjekt des GS identisch ist. Ville kommt als einziges darüber hinaus auch mit at-Satz vor; in diesem Fall ist das Subjekt des NS nicht identisch mit dem des GS, vgl. Alle vil, at noget skal ske Pol 19 (Alle wollen, daß etwas geschehen soll).

69 Es geht um die Neuaufteilung der Bezirke.

Austausch eines <u>at</u>-Satzes gegen einen Infinitiv ist bei einer bestimmten Gruppe von Verben nur möglich, wenn das Subjekt des <u>at</u>-Satzes mit dem Subjekt des GS identisch ist. Daher kann (215iii) nicht in (215iv) umgewandelt werden. Wie <u>bilde sig ind</u> können auch <u>glemme</u>, <u>lære</u> und <u>ønske</u> sowohl einen <u>at</u>-Satz als auch eine Infinitivkonstruktion regieren: Das Subjekt des <u>at</u>-Satzes kann, muß aber nicht, mit dem Subjekt des GS identisch sein. Bei <u>begynde</u> dagegen ist die Identität des Infinitiv-Subjektes mit dem GS-Subjekt Bedingung. <u>Begynde</u> läßt ebenso wie <u>vedblive</u> (<u>med</u>) und <u>fortsætte</u>, 'fortfahren (mit)', <u>ophøre</u> (<u>med</u>), <u>holde op</u> (<u>med</u>) und <u>høre op</u> 'aufhören', <u>standse</u> 'innehalten', <u>behøve</u> 'brauchen' und die Modalverben (außer <u>ville</u>) keinen <u>at</u>-Satz als Objekt zu.

In den Beispielen (210) - (214) steht die Infinitivkonstruktion als Objekt. Setzt man die hier vorkommenden Verben ins Passiv, wird die Infinitivkonstruktion Subjekt des Gesamtsatzes. Allerdings ist das Passiv in solchen Fällen nur üblich bei einer indefiniten Proform als Agens (die dann im Passiv getilgt wird, vgl. (216i)); Sätze wie (216ii) sind, wenn nicht ungrammatisch, so doch höchst ungebräuchlich.

(216)(i)   Det blev forsøgt flere gange at bryde ind i huset.
    (ii) ??Det blev glemt af Hans at lukke døren.

Statt (216ii) würde man wohl in jedem Fall den entsprechenden Aktivsatz <u>Hans glemte at lukke døren</u> vorziehen.

1.2.2.2 Das Subjekt der Infinitivkonstruktion ist identisch
         mit dem indirekten Objekt des GS

(217) =Præsten bad ham skåne klokken.
      Priester-der bat ihn schonen Glocke-die.   HW 111
(218) Jeg befaler dig at tie stille!
       Ich befehle dir zu schweigen still!   NDO 73
(219) =Han bød dem komme nærmere.
       Er gebot ihnen kommen näher.   NDO 134
(220) Det gode vejr tillod folk at sidde udenfor.
       Das gute Wetter erlaubte (den) Leuten zu sitzen draußen.
                                                    NDO 1005

Daß die Infinitivkonstruktionen nach <u>bede</u> und <u>byde</u> nicht als

AcI aufgefaßt werden können,[70] sieht man daran, daß bei der Umwandlung in einen NS das Objekt des GS erhalten bleibt. Bei Umwandlung eines AcI in einen NS tritt dagegen kein Objekt im GS auf (vgl. (221iii)). (221iv) ist ungrammatisch:

(221)(i) Præsten bad ham, at han skulle skåne klokken.

(ii) =Han bød dem, at de skulle komme nærmere.

(iii) Jeg hører, at hun synger.

(iv) *Jeg hører hende, at hun synger.

Die Infinitivkonstruktion steht hier als direktes Objekt. Infinitivkonstruktionen, die von einer unpersönlichen Verbkonstruktion mit persönlichem indirektem Objekt abhängen, stehen als Subjekt.

(222) ...det lykkedes ham at gøre dem ilde tilpas...
...es glückte ihm zu machen ihnen schlecht zumute...
(d.h.: ...es glückte ihm, sie (d.h. die Kikuyus) in Verlegenheit zu bringen...).   KBF 93

(223)(i) =Det tilkommer ikke dig at irettesætte mig.
Es zukommt nicht dir zu zurechtweisen mich.
NDO 1005

(ii) At irettesætte mig (det) tilkommer ikke dig.

Die nachgestellte als Subjekt fungierende Infinitivkonstruktion wird - genau wie ein nachgestellter Subjektsatz - durch ein voranstehendes det repräsentiert. Eine vorangestellte Infinitivkonstruktion kann - muß aber nicht - durch det wieder aufgenommen werden (vgl. (223ii)).

1.2.2.3 Das Subjekt der Infinitivkonstruktion ist identisch mit dem direkten Objekt des GS

In diesem Fall ist die Infinitivkonstruktion präpositionales Ob-

---

70 Diderichsen (1946, 217) behandelt Infinitivkonstruktionen nach bede und byde wie die nach høre, se usw., also als AcI. Jespersen (1921, 7) betrachtet hende synge in Jeg bad hende synge als AcI. Diderichsen und Jespersen haben sich zu dieser Einschätzung wohl durch den Umstand verleiten lassen, daß die Infinitive nach bede und byde ohne at angeschlossen werden. Mikkelsen (1911, 109) vermerkt ausdrücklich, daß die Infinitivkonstruktion nach byde kein AcI ist: "Da det hedder.. byde .. en noget, har man i ovennævnte udtryk en hensynsbetegnelse og en navnemåde som genstandsled".

jekt:

(224) Vi har nu bedt amtsvejinspektoratet om at flytte
Wir haben nun gebeten Bezirksstraßeninspektorat-das
skiltene.
um zu versetzen Schilder-die.   M 1567

(225) Hun bad ham ikke om at besøge sig.
Sie bat ihn nicht um zu besuchen sich (=sie). HT 17

(226) =Han søgte at få hende til at fortælle lidt om sig selv.
Er suchte zu bekommen sie (da)zu71 zu erzählen etwas
über sich selbst.
                                             HT 16

Infinitive und Sätze werden im Dänischen genau so durch eine Präposition mit dem Verb verbunden, wie das bei nominalen Objekten der Fall ist, im Gegensatz zum Deutschen, wo in solchen Fällen ein Pro-Adverbial[72] steht: <u>Hun bad ham om en bog</u> (Sie bat ihn um ein Buch) - <u>Hun bad ham om at besøge sig</u>. Besonders zu beachten ist der Gebrauch des Reflexivums beim Objekt der Infinitivkonstruktion, das mit dem Subjekt des GS identisch ist.[73]

1.2.2.4 Das Subjekt der Infinitivkonstruktion ist identisch
        mit dem präpositionalen Objekt des GS

Es scheint, daß dieser Fall nur in unpersönlichen Konstruktionen eintritt, wie in (227) und (228):

(227) Det er bedre for dig at studere medicin.
(228) =Det sømmer sig ikke for mig at irettesætte Dem.
Es gehört sich nicht für mich zu zurechtsetzen Sie.
                                             NDO 980

---

71 <u>Til</u> ist Präposition und entspricht dt. <u>zu</u>, <u>at</u> ist Konjunktion und entspricht dt. <u>daß</u>, wenn es Sätze, <u>zu</u>, wenn es Infinitive einleitet.

72 Der Terminus "Pro-Adverbial", den z.B. R. Steinitz (1969, 148) gebraucht, ersetzt den älteren - unglücklich gewählten und unzutreffenden - Terminus "Pronominaladverb". Das Deutsche gebraucht Pro-Adverbiale bei Satzeinbettungen, die als Adverbial oder präpositionales Objekt fungieren.

73 Wenn sich das Objekt einer Infinitivkonstruktion nach <u>bede</u>, <u>byde</u>, <u>lade</u> und Verba sentiendi auf das Subjekt des GS, das mit dem Subjekt der Infinitivkonstruktion identisch ist, bezieht, kann es sowohl durch das Personalpronomen als auch durch das Reflexivum ersetzt werden, vgl. Diderichsen (1939, 44f). Über den Gebrauch des Reflexivums im Dänischen gibt es eine umfangreiche Literatur. Hier sei besonders auf die eingehende Untersuchung von Diderichsen 1939 verwiesen.

Persönlich konstruierte Verben wie <u>forlange</u> 'verlangen' dagegen können offensichtlich nicht mit einer Infinitivkonstruktion verbunden werden, deren Subjekt mit ihrem präpositionalen Objekt identisch ist (vgl. (229i)), sondern ziehen in diesem Fall einen <u>at</u>-Satz vor (vgl. (229ii)) und haben eine Infinitivkonstruktion nur dann, wenn das Infinitivsubjekt mit dem Subjekt des GS identisch ist (auch dann, wenn ein präpositionales Objekt vorhanden ist wie in (229iv)).

(229)(i) *Moren forlangte af børnene at hjælpe hende.
   (ii) Moren forlangte af børnene at de skulle hjælpe hende.
   (iii) Jeg forlanger at tale med ham.
      Ich verlange zu sprechen mit ihm.   NDO 272
   (iv) Jeg forlangte af Ole at få klar besked.
      Ich verlangte von Ole zu bekommen klar Bescheid.

Wie bereits erwähnt, sind Passivsätze mit einer Infinitivkonstruktion als Subjekt nur dann gebräuchlich, wenn kein Agens genannt ist (vgl. (216i)). Sätze wie (216ii) <u>Det blev glemt af Hans at lukke døren</u>, wo das zu ergänzende Subjekt von <u>at lukke døren</u> identisch mit dem präpositionalen Objekt des GS wäre, werden vermieden.

1.2.2.5 Das Subjekt der Infinitivkonstruktion und seine Bezugs-
       NP sind nicht ausgedrückt

Die hier zu behandelnden Fälle bilden keine einheitliche Gruppe. Der Umstand, daß die Bezugs-NP für das Subjekt einer Infinitivkonstruktion in der Oberflächenstruktur des Satzes nicht ausgedrückt ist, kann verschiedene Ursachen haben.

So fehlt das Subjekt immer bei Imperativen. Ist vom Imperativ eine Konstruktion des Typs 1.2.2.1 abhängig, dann fehlen sowohl Subjekt der Infinitivkonstruktion als auch Subjekt des GS:
(230)   Pas på ikke at svide grøden!
       Paß auf nicht zu verbrennen Brei-den!   NDO 965
       (..., daß du den Brei nicht anbrennen läßt!)

Die beiden zugrundeliegenden Subjekte sind hier identisch mit dem Vokativ. In den unter 1.2.2.2 bis 1.2.2.4 aufgeführten Konstruktionen kann die Bezugs-NP des GS fehlen, wenn sie unspezifiziert ist oder wenn der Bezug durch den Kontext eindeutig gegeben ist:

(231) =Samvittigheden forbyder at tie over for sådan en uret.
Gewissen-das verbietet zu schweigen gegenüber [für] so
einem Unrecht.

(232) Generalen befalede at rykke frem.
General-der befahl zu rücken vor.

(233) Det lykkedes at fange forbryderen.
Es glückte zu fangen Verbrecher-den.

(234) Moderen bad om at skåne tæppet.
Mutter-die bat [um] zu schonen Teppich-den.

(235) Er det ikke strafbart at klistre reklamer på færdsels-
Ist es nicht strafbar zu kleistern Reklame(sprüche) auf

tavlerne?
Verkehrstafeln-die?   M 1567

(236) ..at det slet ikke er nødvendigt at betale mere..
..daß es gar nicht ist notwendig zu bezahlen mehr..

M 1573

Das zu ergänzende indirekte Objekt ist in (231) die Proform
en: Samvittigheden forbyder en (das Gewissen verbietet einem),
in (232) soldaterne 'den Soldaten' oder tropperne 'den Truppen',
in (233) entweder en eller anden 'jemandem' oder politiet 'der
Polizei'; in (234) ist als direktes Objekt alle zu ergänzen, in
(235) und (236) als präpositionales Objekt for en 'für einen'.

Unspezifizierte Proformen als Infinitivsubjekt und GS-Objekt
sind auch bei subjektischen Infinitivkonstruktionen wie (237),
(238) und (239) zu ergänzen (vgl. Jespersen 1921, 37):

(237) At græde hjælper ikke.
[Zu]Weinen hilft nicht.

(238) At rejse er dyrt.
[Zu]reisen ist teuer.   Jes 37

(239) At flytte amtsgrænsen vil rive meget itu.
Zu verlegen Bezirksgrenze-die wird reißen vieles entzwei.
Pol 19

(237) geht zurück auf At man græder, hjælper en ikke (Daß man
weint, hilft einem nicht), (238) auf Hvis man rejser, er det
dyrt for en, (239) auf Hvis man flytter a., vil det rive meget
itu (Det ist Repräsentant des eingebetteten Satzes).

In (240) ist bei beiden Infinitivkonstruktionen eine unspezifizierte Proform als Subjekt vorauszusetzen:

(240) At forstå alt er at tilgive alt.

Hier muß die erste Infinitivkonstruktion als Subjekt, die zweite als Prädikat angesehen werden.[74]

Das gleiche Verhältnis zwischen den beiden Infinitivkonstruktionen - nämlich ein Implikationsverhältnis - kann auch mit Hilfe des Verbs betyde ausgedrückt werden. In diesem Fall ist die zweite Infinitivkonstruktion Objekt:

(241) At forstå alt betyder at tilgive alt.

In beiden Fällen sind zwei Sätze mit man als Subjekt vorauszusetzen; der Inhalt des ersten Satzes impliziert den Inhalt des zweiten. Als Tiefenstruktur ist daher wie bei (238) und (239) ein Konditionalgefüge vorauszusetzen, das auch durch (242) ausgedrückt werden kann:

(242) Hvis man forstår alt, tilgiver man alt.

Es wurde gezeigt, daß das Subjekt der Infinitivkonstruktionen vom Typ 1.2.2 einen Bezugspunkt im GS haben muß, eine NP, die dort als Subjekt oder Objekt fungiert (die, wenn sie eine unspezifizierte Proform ist, nach dem Gesetz der "recoverable deletion" getilgt werden kann). In einem Implikationsverhältnis des Typs (240) oder (241) ist nun aber keine übergeordnete NP da, auf die sich die Subjekte der NS beziehen können, folglich sind hier als Subjekt immer unspezifizierte Proformen vorauszusetzen. In (243) konnte der eine eingebettete Satz infinitiviert werden, da er ein unspezifiziertes Subjekt hat, der andere nicht, da er ein spezifiziertes[75] Subjekt, nämlich befolkningen, hat.

(243) =At gøre os til randområder i naboamterne vil ... betyde,
     Zu machen uns zu Randbezirken in Nachbarbezirken-den

    at befolkningen ... får ringere service end hidtil.
    wird ... bedeuten, daß Bevölkerung-die ... bekommt geringeren Service als bisher.   Pol 19

---

74 Jespersen (1913, 60) sagt, daß man zwei durch die Kopula verbundene Ausdrücke gleichen Umfangs als zwei Subjekte ansehen muß. Dem hält H. Johansen (1957, 14) entgegen: "Jespersen har dermed indført en individuel arbitrær Definition af Udtrykket "Subjekt" for saadanne Sætningers Vedkommende. Almindelig Analysepraksis vil paa rent formalt Grundlag i saadanne Sætninger bestemme det og det som Subjekt og det og det som Prædikat."

75 "Spezifiziert" ist jede NP, die nicht aus einer unspezifizierten Proform (wie man, nogen, en eller anden, enhver) besteht, also alle Nicht-Proformen wie den bog, en hund usw. und alle spezifizierten Proformen wie han, den usw.

In einer der beiden Bedeutungen des Werbeslogans (244) ist
der Infinitiv at få (zu bekommen) zu ergänzen.[76]

(244) +Det er hul i ho'det at køre uden beskyttelseshjelm!
      Es ist Loch in Kopf-dem zu fahren ohne Schutzhelm!

                                                    M 1574

Hier zeigt sich noch eine andere Eigenschaft von Infinitivkonstruktionen in einem Bedingungsverhältnis: Die Subjekte der beiden Infinitivkonstruktionen müssen nicht nur unspezifizierte Proformen, sondern auch miteinander identisch sein: Es kann nicht gemeint sein, daß eine Person dumm ist (oder ein Loch im Kopf bekommt), wenn eine andere Person ohne Helm fährt.

Anders als in den bisher behandelten Fällen ist das Fehlen der Bezugs-NP in (245) zu erklären. Das Verb sørge regiert nur ein präpositionales Objekt, das hier aus einer Infinitivkonstruktion besteht. Als Subjekt der Infinitivkonstruktion ist die unspezifizierte Proform man anzunehmen, die jedoch nicht identisch mit dem Subjekt des übergeordneten Satzes ist und natürlich auch nicht mit einem weiteren Objekt, da ja keins vorhanden ist (und auch nicht ergänzt werden kann): Die Infinitivkonstruktion ist - ähnlich wie der AcI - das einzige Objekt eines Verbs. Daß hier eine unspezifizierte Proform getilgt wurde, kann man erschließen, wenn man den Infinitiv durch einen at-Satz paraphrasiert (..de sørger for, at man underretter myndighederne). Das Subjekt der Einbettung ist aber mit keinem Glied des übergeordneten Satzes identisch.

(245) Men det vil da være naturligt, at de sørger for at
      Aber es wird da sein natürlich, daß sie sorgen für

      underrette myndighederne.
      zu unterrichten Behörden-die.   M 1567

      (de = omkringboende grundejere ("Anlieger"))

---

[76] Hul i ho'det bedeutet "dumm"; gleichzeitig wird jedoch auf die wörtliche Bedeutung angespielt, wobei at få zu ergänzen ist: Det er (=betyder) at få hul i ho'det (es ist (=bedeutet) ein Loch im Kopf (zu) bekommen). In beiden Bedeutungen kann man den Satz wieder durch ein Bedingungsgefüge paraphrasieren: "Hvis man kører uden hjelm, er det hul i ho'det" oder "..., får man hul i ho'det." Ho'det ist eine der Aussprache angeglichene Schreibung für hovedet.

1.3 Objekt-Prädikativ-Konstruktionen

Objekt-Prädikativ-Konstruktionen sind Konstruktionen aus zwei Objekten, deren zweites zum ersten in einem prädikativen Verhältnis steht (als "prädikatives Objekt"). Jespersen gebraucht dafür den Terminus "toleddet objekt" (zweigliedriges Objekt).[77] Objekt-Prädikativ-Konstruktionen gehen auf Einbettungen zurück und zeichnen sich durch die folgenden beiden Charakteristika aus:

a) Das Subjekt der Einbettung ist - wie bei einem AcI - erhalten und hat in der Oberflächenstruktur des GS ebenfalls die Form eines Objekts.

b) Die zugrundeliegende Satzeinbettung enthält kein Vollverb, sondern ein prädikatives Substantiv, Adjektiv oder Adverbial.

Man könnte die Satzeinbettungen, die später zu Objekt + Prädikativ reduziert werden, Kopulasätze nennen, hätte E.Bach nicht überzeugend nachgewiesen, daß die Kopula ein Element der Oberflächenstruktur, nicht der Tiefenstruktur ist. In den hier zur Frage stehenden Konstruktionen ist also nicht eine Kopula getilgt worden, sondern sie ist erst gar nicht eingesetzt worden.[78] Die Tatsache, daß die Konstruktion mit zwei Objekten (oder genauer "Objekt + Prädikativ", "Objekt + prädikatives Objekt") einer vollständigen Prädikation entspricht und im allgemeinen

---

[77] Jespersen (1921, 8) drückt durch diesen Terminus aus, daß die ganze Verbindung (ham Tyksak, buret tomt usw.) das Objekt des GS bildet, so wie ein AcI (auf den er sich mit "B3" bezieht):"Her som i B3 er hele forbindelsen objekt, og den består her som dær av hvad vi kalder et S, der er parallelt med et subjekt i en sætning, og et P, der i nævnte exempler er et partisipium, men naturligvis også kan være et adjektiv.., et substantiv...og endelig et adverbium eller præposisjonsforbindelse ... - kort sagt alt det der i en almindelig sætning kan være prædikativ efter verbet er." Vgl. auch Jespersen 1913, 88.

[78] Vgl. E. Bach 1967. Bach gibt viele Beispiele für Konstruktionen ohne Kopula (z.B. attributive Adjektive, prädikative Objekte, Präsens-Sätze mit Prädikativ im Russischen usw.) und weist nach, daß die Einführung der Kopula durch eine Transformation eine bedeutende Vereinfachung mit sich bringt. Andernfalls, bei der Erzeugung in der TS, müßte man sie später in vielen Fällen wieder tilgen.

durch subordinierte Kopulasätze paraphrasiert werden kann, wurde von vielen dänischen Grammatikern erkannt und beschrieben.[79] Jespersen hat darüber hinaus die enge Verwandtschaft dieser Konstruktion mit dem AcI erkannt. Praktisch ist die Konstruktion aus Objekt und prädikativem Objekt ein AcI ohne I, denn in allen Fällen könnte man ein kopulatives Verb im Infinitiv (<u>at være</u>, <u>at blive</u>) ergänzen. Daß man es nicht tut, hat rein sprachökonomische Gründe.

Das prädikative Objekt kann aus einer Nominalphrase, einem Adjektiv, Partizip oder Adverbial bestehen, also aus allen Konstituenten, die auch als Prädikativ in einem selbständigen Satz vorkommen:

(246) Vi kaldte ham Tyksak.
       Wir nannten ihn Dickwanst.   Jes 8

(247) Jeg fandt buret tomt.
       Ich fand Bauer-das leer.   Jes 8

(248) =Jeg fandt ham liggende på divanen.
       Ich fand ihn liegend auf Diwan-dem.   Han I, 161

(249) Jeg så katten i træet.
       Ich sah Katze-die in Baum-dem.

Die zugrundeliegende Einbettung kann auch ein Passivsatz sein wie in den folgenden Beispielen:

(250) Han havde armene bundet op.
       Er hatte Arme-die gebunden auf.   Han I, 163

(251) =Om det ikke kan være andet, ønsker han Viborg og Thisted
       Wenn es nicht kann sein anders, wünscht er Viborg und

       Amt sammenlagt.   Pol 19
       Thisted Bezirk zusammengelegt (d.h. "..wünscht er, daß die

       Bezirke V. und Th. zusammengelegt werden").

(252) Jeg kunde tænke mig værfterne udvidet med en vognfabrik.
       Ich könnte denken mir Werften-die erweitert um eine Autofabrik
                                                     Han I, 161

In diesem Fall sind Formen der Kopula <u>blive</u> (werden) zu ergänzen. Die zugrunde liegenden Passivsätze sind <u>armene var blevet bundet op</u>, <u>Viborg og Thisted Amt bliver sammenlagt</u> und <u>værfterne</u>

---

79 Diderichsen (1946, 175-177 u.188) beschreibt diese Konstruktion als "sekundær Neksus mellem to Indholdsled", was gleichzeitig ausdrückt, daß es sich um Nexus (also Prädikation) und um Objekte ("Indholdsled") handelt. Vgl. auch Aa. Hansen (1967 I, 162f.), der von einem "konverteret sætning" spricht.

bliver udvidet... Wiederum heißt das natürlich nicht, daß blive weggefallen ist, sondern daß es bei einem selbständigen Satz oder durch at eingeleiteten Nebensatz entwickelt werden würde (vgl. ønsker, at V. og Th. bliver sammenlagt). Bei genauerer Betrachtung zeigt es sich, daß nicht alle diese Konstruktionen auf Objektsätze zurückführt werden können. Die Probe ist die Ersetzbarkeit durch einen als Objekt fungierenden at-Satz. Das ist in allen Fällen möglich außer in (250), denn *Han havde at armene var (blevet) bundet op ist ungrammatisch. Stattdessen handelt es sich hier beim GS um eine Art Passivkonstruktion, was die Paraphrase Hans arme var blevet bundet op und das entsprechende Aktiv Man havde bundet hans arme op zeigen.[80]

Auch Aa. Hansens Beispiel (253i) läßt nicht die Rückführung der Objekt-Prädikativ-Konstruktion auf eine Einbettung als Objekt zu. Stattdessen handelt es sich um einen Adverbialsatz wie Hansens eigene Umschreibung zeigt (vgl. (253ii)). Die Tiefenstruktur des Satzes muß man sich als (253iii) denken.

(253)(i)   Han malede stakittet hvidt.
           Er malte Zaun-den weiß.   Han I, 162

     (ii) Han malede stakittet så det blev hvidt.   Han I, 163

     (iii) Han malede stakittet så stakittet blev hvidt.

Während der AcI zum Hauptverb nur im Verhältnis der Gleich- und Nachzeitigkeit steht, kann die Objekt-Prädikativ-Konstruktion auch Vorzeitigkeit gegenüber dem Hauptverb ausdrücken:

(254)   Jeg fandt fuglen fløjet.
        Ich fand Vogel-den (weg)geflogen.   Jes 8

Mit dem Verb gøre ist immer Nachzeitigkeit verbunden. Ist das prädikative Glied eine Nominalphrase, dann wird sie oft mit der Präposition til an das erste Glied der Objektverbindung angeschlossen:

(255)   Man har gjort Petersen til præsident.
        Man hat gemacht P. zum Präsidenten.

(256)   Marinus gjorde sig rigtig fin.
        M. machte sich richtig fein.   N 34

---

80 Diese Konstruktion scheint der französischen Konstruktion Elle a les yeux bleus zu entsprechen. Inwiefern sie mit Relativsätzen verwandt ist und möglicherweise auf gleiche Art abgeleitet werden kann, braucht hier nicht untersucht zu werden.

(257) Han gjorde hende ulykkelig.
Er machte sie unglücklich. Jes 8

(258) Han ville gerne gøre det usket.
Er würde gern machen das ungeschehen.

(259) Nogle dage senere skrev Ellen et brev, hvori hun
Einige Tage später schrieb E. einen Brief, worin sie

gjorde det forbi. N 38
machte es vorbei (d.h.: sie hob die Verlobung auf).

So wie aus dem AcI bei Umwandlung eines Aktivsatzes in einen Passivsatz ein NcI wird, wird aus der Objekt-Prädikativ-Konstruktion in einem solchen Fall eine Konstruktion, die Jespersen (1921, 11) "Nominativ med prædikativ" nennt:

(260) =Pakken ønskes bragt til mit kontor.
Paket-das wird-gewünscht gebracht zu meinem Büro. Jes 11

(261) Han blev gjort ulykkelig.
Er wurde gemacht unglücklich. Jes 11

Das nicht ausgedrückte Agens ist in beiden Fällen eine unspezifizierte Proform (af en eller anden), in (260) könnte auch af mig ergänzt werden, da meistens der Sprecher in solchen Fällen der Wünschende ist. Da das Subjekt des eingebetteten Satzes als direktes Objekt des Gesamtsatzes interpretiert wird, kann es bei Passivierung zum Subjekt des Gesamtsatzes werden: Man gjorde ham ulykkelig → Han blev gjort ulykkelig (mit Tilgung des unspezifizierten Agens).

1.4 Nominalisierungen

Die generative Grammatik machte mit ihrer grundsätzlichen Unterscheidung von Oberflächen- und Tiefenstruktur eine systematische und adäquate Erklärung der Nominalisierungen möglich: Sie sind Nominalphrasen in der OS, aber Sätze in der TS, oder genauer: Sie sind Nominalphrasen, die sich auf eingebettete Sätze zurückführen lassen.[81] Damit kann nicht nur erklärt werden, warum No-

---

[81] Vgl. hierzu besonders Chomsky 1957, 1965 und 1970 und Lees 1960. Chomsky 1970 enthält den Vorschlag, einen Teil der Nominalisierungen nicht durch Transformationen, sondern lexikalisch abzuleiten. Fraser 1970 dagegen zeigt, daß "for at least the action nominalization...the suggestion that it be lexically and not transformationally derived is not at all convincing" (1970, 98).

minalisierungen regierte Glieder (besonders Genitive oder Präpositionalphrasen) enthalten, die ganz offensichtlich einem Subjekt oder Objekt in einem selbständigen Satz vergleichbar sind (vgl. Peter's coming und Peter comes oder Peter's punishment und They punished Peter bzw. Peter was punished), sondern auch, warum diese regierten Glieder bei Nomina actionis, die aus einem transitiven Verb abgeleitet sind, systematisch doppeldeutig sind. Man vergleiche hierzu Chomskys berühmtes Beispiel the shooting of the hunters (Chomsky 1957, 88), wo of the hunters sowohl auf ein Subjekt als auch auf ein Objekt zurückgeführt werden kann. Es war diese generelle Doppeldeutigkeit (speziell im Genitiv von Nominalisierungen), die die Linguisten schon frühzeitig auf die Tatsache aufmerksam machte, daß sich Nominalisierungen von zugrundeliegenden Sätzen ableiten lassen. Schon in der lateinischen Grammatik der Antike findet sich der Hinweis, daß amor dei doppeldeutig ist, da es sich entweder von Deus amat aliquem oder von Aliquis amat deum ableiten läßt. Im ersten Fall ist der Genitiv dei als genitivus subiectivus, im zweiten Fall als genitivus obiectivus zu erklären. Diese Termini selbst zeigen die transformationelle Ableitung: In der OS handelt es sich ja in beiden Fällen um ein Attribut und nur aus einer zugrundeliegenden, nicht mit der OS identischen Struktur kann man den Subjekt- oder Objektcharakter des Genitivs ableiten (vgl. Lyons 1968, 249).

Auch Jespersen erkannte, daß sich Nominalisierungen auf Satzeinbettungen zurückführen lassen:

> "Jeg såe lægens ankomst' betyder væsentligt det samme som 'jeg såe lægen komme'...i lægens ankomst er lægen jo det primære (S) i forhold til det i ankomst liggende begreb komme (P). Overensstemmelsen med forholdet S:P anerkendes i det almindelige udtryk 'subjektiv genitiv'." (1921, 26).[82]

Jespersen betrachtet Nominalisierungen als Nexus-Verhältnis (ein Verhältnis zwischen S(ubjekt) und P(rädikat) ebenso wie AcI, NcI, andere Infinitivkonstruktionen und "toleddet objekt" (Ob-

---

82 Vgl. dazu auch Jespersen 1924, 115: "...the two ideas 'the Doctor' and 'arrive' are connected in essentially the same way in the four combinations (1) the Doctor arrived, (2) I saw that the Doctor arrived, (3) I saw the Doctor arrive, (4) I saw the Doctor's arrival".

jekt + Prädikativ); er erkennt also, daß diese Konstruktionen
Sätzen parallel sind, daß sie Sätzen gleichwertig sind und sich
von ihnen einzig dadurch unterscheiden, daß sie kein finites
Verb haben.

Das trifft auch für Nominalisierungen zu, deren Kern aus
einem Adjektiv abgeleitet ist. Für Jespersen ist <u>dygtighed</u> in
<u>lægens dygtighed</u> "en art verbalsubstantiv" und <u>skønhed</u> ist gleichzusetzen mit "det at være skøn". Seine Annahme, daß "begrebet
'være' smugles egentlig in her" (Jespersen 1921, 26) ist jedoch unnötig,[83] da, wie Bach 1967 gezeigt hat, die Kopula das
Ergebnis einer ziemlich späten Transformation ist, die durchaus
nicht in allen Prädikationen eingesetzt wird: Nur selbständige
Sätze und durch Konjunktion oder Relativum eingeleitete Nebensätze bekommen eine Kopula, während z.B. attributive Adjektive,
prädikative Objekte und Nominalisierungen kopulalos bleiben.
Die Nominalisierungen <u>lægens ankomst</u> und <u>lægens dygtighed</u> sind
also genauso parallel zu einander wie <u>Jeg så lægen komme</u> und <u>Jeg
fandt lægen dygtig</u> (vgl. 1.2 und 1.3).

Jespersen kommt zu dem Schluß:

"Verbal- og prædikativ-substantiverne er et sprogligt
kneb for at sætte os istand til på en bekvem måde dels
at stille en nexus i mange forskellige forhold i en
sætning (subjekt, objekt m.m.), dels at hæve underled
og under-underled op i en højere rang..." (Jespersen 1921,
30).

Man kann mehrere Stufen der Nominalisierung annehmen:
(a) Ein erster Schritt in Richtung auf die Nominalisierung sind
Infinitivkonstruktionen (vgl. 1.2.2.5), besonders dann, wenn sie
kein explizites Subjekt haben: <u>At rejse er dyrt</u> - <u>At forstå alt
er at tilgive alt</u>. Der Infinitiv steht dem Substantiv insofern
nahe, als er "som substantiv på alle substantivets pladser i
sætningsskemaet" (Aa. Hansen 1967, III, 73) auftreten kann; andererseits hat er viele verbalsyntaktische Eigenschaften bewahrt,

---

83 Daß die Kopula eine "addition" ist, sieht Jespersen jedoch,
   wie man aus folgender Stelle seines Buches von 1924 (S. 114)
   erkennt: "Peano is..right when he says that the relative
   pronoun and the copula are like a positive and a negative
   addition of the same quantity which thus annul one another
   (<u>which</u> = -<u>is</u>, or -<u>which</u> = +<u>is</u>), thus <u>which is</u> = 0."

z.B. die, daß er mit einem Subjekt (in der AcI-Konstruktion (vgl. (262) und (263)) und mit Objekten (in allen Fällen, vgl. (263) - (266) auftreten kann:

(262)   Jeg så Peter komme.

(263)   Jeg så Peter læse en bog.

(264)   Peter ønsker at læse bogen.

(265)   Moderen forbød Peter at læse bogen.

(266)   Peter bad mig om at bringe bogen.

(b) Die Verbalsubstantive auf -en stehen zwischen dem Infinitiv und anderen Verbalsubstantiven, da sie zwar Objekte haben können, aber kein Subjekt.[84]

(267)   Det var en evindelig skriven breve og senden tele-
        grammer.   Han II, 31

Sie können - wie ein echtes Substantiv, im Unterschied zum Infinitiv - ein adjektivisches Attribut haben, wie (267) zeigt (vgl. auch 1.2.1.1).

Das dritte Merkmal, auf Grund dessen den en-Verbalsubstantiven ein Platz zwischen Infinitiven und echten Substantiven zugewiesen werden kann, betrifft den Artikelgebrauch: Die en-Bildungen können im Unterschied zu echten Substantiven, aber wie der Infinitiv (der überhaupt keinen Artikel haben kann) keinen Endartikel haben. Aa. Hansens (1927 vertretene) Ansicht, daß den vor Verbalsubstantiven auf -en Artikelcharakter habe,[85] wird von K. Møller zurückgewiesen: Den sei in diesen Fällen wie überhaupt, außer beim attributiven Adjektiv oder einem Substantiv mit restriktivem Relativsatz,[86] nicht Artikel, sondern De-

---

84 "Afledingerne på - (e)n står infinitiven nærmest: de kan bevare hele verbaludtrykket fra den finitte forbindelse i samme udstrækning som denne, de er ubøjelige som denne, men kan modsat denne tage attributive bestemmelser foran sig" (Aa. Hansen 1967 II, 279).

85 Aa. Hansen (1927, 122). Hansens Beispiel den raaben og skrigen er ikke til at holde ud zeigt jedoch genau die Affektgeladenheit, die Møller als Voraussetzung für den Gebrauch von den ansieht.

86 Beim attributiven Adjektiv kann nur den (als vorangestellter Artikel) stehen, nicht der Endartikel (das Adjektiv hel 'ganz' macht eine Ausnahme). Bei einem durch einen restriktiven Relativsatz bestimmten Substantiv sind vorangestellter Artikel und Endartikel möglich.

monstrativum.[87] Als Beweis dient ihm die Tatsache, daß ein -_en_-
Verbalsubstantiv mit dem Determinans _den_ nur dann durch ein
paralleles Verbalsubstantiv auf -_eri_ ersetzt werden kann, wenn
dieses auch mit dem Determinans _den_ steht wie in (268ii), nicht
jedoch, wenn es den Endartikel hat wie (269ii). Sowohl <u>den pra-
len</u> als auch <u>det praleri</u> hat aber affektgeladenen Charakter; man
drückt aus, daß einem die im Verbalsubstantiv ausgedrückte Tätigkeit lästig fällt. Informantenbefragungen haben Møllers Ansicht bestätigt. Im Deutschen wird das Demonstrativpronomen <u>dieser</u>
ähnlich bei affektgeladenen Verbalsubstantiven verwendet: <u>Laß
doch diese Prahlerei</u>; <u>dies Gerenne macht mich nervös</u>.

(268)(i) +Lad være med den pralen!   Møl 28
    (ii) +Lad være med det praleri!   Møl 28
(269)(i) *Den skyden blev ved.   Møl 29
    (ii) Skyderiet blev ved.
        Schießen-das ging weiter.   Møl 29

(c) Alle anderen Verbalsubstantive (z.B. die auf -_else_, -_ende_,
-_eri_, -(n)_ing_, -_sel_, die endungslosen (nur aus dem Verbalstamm
bestehenden) wie _løb_, _leg_, _bud_, _drab_, und _flugt_ (zu _flygte_) können - jedenfalls oberflächenstrukturell - kein Objekt und kein
Subjekt haben. Die zugrundeliegenden Subjekte und Objekte werden
durch einen Genitiv oder ein präpositionales Attribut angegeben.
Geht der Genitiv auf ein Subjekt zurück, dann nennt man ihn "subjektiven Genitiv" (lat. "genitivus subiectivus", dän. "subjektiv
genitiv" (Jespersen 1921, 26) oder "Subjektgenitiv" (Diderichsen
1946, 109)). Hierzu gehören Fälle wie die von Jespersen erwähnten
<u>lægens ankomst</u> und <u>lægens dygtighed</u> oder <u>Columbus's Opdagelse</u>
(Did 109). Ein auf ein Objekt zurückgehender Genitiv heißt dementsprechend "objektiver Genitiv" ("genitivus obiectivus"; "Ob-
jektgenitiv", vgl. Diderichsen 1946, S. 109): <u>Amerikas Opdagelse</u>
(Did 109).

---

87 Møller (1945, 11ff.) beschreibt das "især i Dagligtalen
   fremtrædende Fænomen, at et attributivt <u>den</u> paa én Gang
   signaliserer Tilstedeværelsen af et vist Bekendthedsgrund-
   lag og udtrykker noget subjektivt, følelsesmæssigt, men
   saaledes at selve Brugen af Demonstrativet i Stedet for
   efterhængt Artikel...betinges af Affektmomentet".

Eine Nominalisierung kann nicht gleichzeitig subjektiven und objektiven Genitiv haben. (270i) ist ungrammatisch.[88] In diesem Fall kann das zugrundeliegende Objekt nur durch eine Präpositionalverbindung ausgedrückt werden (vgl. (270ii)):

(270)(i) *Columbus's Amerikas opdagelse var en historisk
           begivenhed.
     (ii) Columbus's opdagelse af Amerika var en historisk
           begivenhed.

Sätze mit objektivem Genitiv sind daher nur möglich, wenn das vorauszusetzende Subjekt des eingebetteten Satzes getilgt wurde. Ein solches vorauszusetzendes Subjekt ist entweder unspezifiziert wie in (271) oder mit dem Subjekt des Matrixsatzes bzw. mit einer anderen im Kontext vorerwähnten NP identisch (vgl. (272) und (273)):

(271)(i) Husets ombygning er nødvendig.
     (ii) At man ombygger huset, er nødvendigt.
(272)(i) Petersen er begyndt på bogens oversættelse.
     (ii) Petersen er begyndt på at oversætte bogen.
(273)   (Hansen har oversat bogen). Bogens oversættelse er
           mesterlig.

---

88 Da es im Dänischen (wie im Englischen) nur einen vorangestellten Genitiv gibt, ist die Konstruktion <u>Columbus's opdagelse Amerikas</u> ausgeschlossen.

2. TIEFENSTRUKTUR

2.0 Vorbemerkungen

Die Termini "Oberflächenstruktur" und "Tiefenstruktur" sind doppeldeutig: Sie bezeichnen sowohl die Gesamtstruktur einer Sprache als auch die Struktur eines Satzes (wobei einer OS mehrere TS zugeordnet sein können und umgekehrt). In diesem Kapitel wird die TS als Gesamtstruktur einer Sprache, nämlich des Dänischen, beschrieben, parallel zu der Beschreibung der (Gesamt-)OS im ersten Kapitel. Dabei gilt die Einschränkung, daß diese Gesamt-TS hier nur so weit entwickelt wird, wie es notwendig ist, um die Ableitung der im ersten Kapitel geschilderten Satztypen der OS zu zeigen.

Die hier gegebene Darstellung der TS geht von einem modifizierten Fillmore-Ansatz aus.[1] Die Modifizierungen hatten die Umwandlung in eine Dependenz-TS zu Folge, wie sie von J. Robinson 1967 und 1970 vorgeschlagen wurde.

Der in Fillmore 1968a entwickelte Ansatz, der auch "case grammar" (Kasusgrammatik) genannt wird, hat gegenüber der Darstellung in Chomsky 1965 den Vorteil, daß er Subjekt und Objekt nicht als Funktionen von NP der TS auffaßt, sondern als das Ergebnis von Transformationen. Damit zog Fillmore die Konsequenz aus der Tatsache, daß Subjekt und Objekt in ihren Funktionen nicht eindeutig definierbar sind. Das Subjekt kann z.B. sowohl Agens als auch Patiens bezeichnen (vgl. (1) und (2)).

---

[1] Genauer gesagt, von einem modifizierten Fillmore-1968a-Ansatz. Fillmore hat selbst einige Schwächen in seiner Darstellung von 1968a erkannt, dazu Stellung genommen und einige neue Vorschläge gemacht (vgl. Fillmore 1971a), die teilweise mit hier vertretenen Ansichten übereinstimmen.

(1) Jens slog Peter.
(2) Peter blev slået af Jens.

Das heißt aber keineswegs, daß das Subjekt im Aktiv immer ein Agens angibt (obwohl es im Passiv wohl immer das Patiens bezeichnet). Man vergleiche die Sätze (3) - (5):

(3) Jens sover.
    Jens schläft.
(4) Jens er min ven.
    Jens ist mein Freund.
(5) Jens ligner Peter.
    Jens ähnelt Peter.

In (3) bezeichnet das Subjekt weder das Agens noch das Patiens einer Handlung - was auch unmöglich wäre, da das Verb keine Handlung, sondern einen Zustand ausdrückt. Statt dessen wird mit dem Subjekt in (3) ein Lebewesen bezeichnet, das von einem Zustand betroffen ist.

In (4) und (5) ist das Subjekt nur einer von zwei Termen einer Relation. Dabei handelt es sich in (4) um eine Gleichsetzung (Identifikation), in (5) um eine Ähnlichkeitsrelation.

Daß das Subjekt keine eindeutige inhaltliche Funktion hat, sondern nur rein syntaktisch zu bestimmen ist, haben schon andere vor Fillmore erkannt, z.B. Holger Johansen.[2] Fillmore ist jedoch der erste, der daraus die Konsequenzen für die generative Grammatik gezogen hat. Bei ihm gibt es keine NP+VP-Kette mehr in der TS (wobei NP das Subjekt, VP das Prädikat bildet), sondern statt dessen ein V und eine bestimmte Anzahl von sogenannten "cases".[3] Art und Zahl der "cases" hängen vom jeweiligen V ab. Er unterscheidet (1968, 24f.) folgende "cases":

---

[2] Johansen gibt den Versuch, das Subjekt inhaltlich, durch seine Beziehung zum Verb, zu definieren, auf und kommt zu dem Schluß: "hvorvidt et Led skal kaldes "Subjekt" eller ej, er ved Verber, der betegner flerleddede Relationer, simpelthen bestemt af, om det staar i Nominativ eller ej." (1957, 31).

[3] Fillmore gibt (1968, 24) zwei Formationsregeln an: Durch eine Regel S → M+P wird der Satz in ein Modalelement und den Satzkern (Proposition) zerlegt, durch eine folgende Regel wird dann P zerlegt in V und eine Menge von "cases" $C_1 - C_n$.

Agentive (A), den Kasus[4] des Veranlassers der durch das Verb identifizierten Handlung,

Instrumental (I), den Kasus des Objekts, das kausal in die vom Verb identifizierte Handlung verwickelt ist,

Dative (D), den Kasus des Lebewesens, das durch den im Verb ausgedrückten Zustand bzw. die im Verb ausgedrückte Handlung[5] betroffen wird,

Factitive (F), den Kasus, der angibt, das etwas aus der im Verb angegebenen Tätigkeit (oder dem im Verb beschriebenen Zustand) resultiert,

Locative (L), den Kasus, der den Ort oder die Orientierung im Raum für die im Verb ausgedrückte Tätigkeit (oder den im Verb ausgedrückten Zustand) angibt,

Objective (O), den semantisch neutralsten Kasus, der alles das angibt, was durch ein Substantiv repräsentiert werden kann, dessen Rolle in der durch das Verb angegebenen Tätigkeit (oder in dem durch das Verb angegebenen Zustand) identifiziert wird durch die semantische Interpretation des Verbs selbst.

Fillmore erwähnt als weitere "cases" noch Benefactive und Time (1968a, 31f.), arbeitet aber nicht mit ihnen. Die einzelnen "cases" sind nach ihrer Verträglichkeit mit dem Merkmal "Belebt" spezifiziert: A und D implizieren [+Belebt], I [-Belebt], die anderen "cases" sind in der Hinsicht neutral. O scheint in jeder Hinsicht neutral zu sein und läßt sich eigentlich nur negativ definieren, nämlich als das, was die anderen nicht sind.[6]

---

[4] Es ist zu beachten, daß Fillmore den Terminus "case" (Kasus), entgegen seiner ursprünglichen Verwendung für die Argumente (Mitspieler) von V in der TS verwendet. Für "case" in der ursprünglichen Verwendung benutzt er "case form", wobei aber auch Präpositionen und überhaupt alle Elemente eingeschlossen sind, die in der OS als Ausdrücke von TS-Kasus auftreten.

[5] Bei Handlungsverben tritt D zusammen mit A und O auf und erscheint in der OS als indirektes oder präpositionales Objekt. So gehen in den Sätzen John gave my brother the books und John gave the books to my brother, my brother im ersten Satz und to my brother im zweiten auf das gleiche D-Element zurück (vgl. Fillmore 1968a, 35ff.).

[6] In seiner engeren Verwendung bezeichnet O das affizierte Objekt (Fillmore 1968a, 25). Fillmore gibt zu, daß er O als "wastebasket" benutzt (1971a, 13).

Kein "case" kommt innerhalb einer Proposition mehr als einmal vor.

Gegen Fillmores Modell lassen sich einige Einwände erheben:

(a) Es ist nicht einzusehen, warum man sich mit den von Fillmore vorgeschlagenen 6 oder 8 "cases" begnügen soll. Es gibt ja viel mehr mögliche Relationen, in denen ein N zu V stehen kann; z.B. "Quelle" (Ausgangspunkt einer Handlung), (temporales oder lokales) "Durchgangsstadium", "Dauer", "Art und Weise" usw. Fillmores "cases" stellen nur einen Ausschnitt aus all diesen möglichen Beziehungen dar.

(b) Fillmore macht nicht von der Möglichkeit Gebrauch, die verschiedenen Beziehungen zwischen V und N durch Merkmale zu beschreiben. Da, wo er sie einbezieht, wie im Fall des Merkmals "Belebt", macht er sie praktisch kampfunfähig; [+Belebt] wird als konstante Eigenschaft allen A und D zugeschrieben, und [-Belebt] wird unlösbar mit I verkettet. Es läßt sich zeigen, daß das Agens durchaus nicht immer belebt ist. Es gibt Verben, für die diese Charakterisierung zu weit ist (vgl. (6) und (7) und welche, für die sie zu eng ist (vgl. (8)). Wieder andere scheinen nur unbelebtes Agens zuzulassen wie das Verb _flakke_ 'flackern' in (9):[7]

(6)(i)   Ole skrev en bog.
         Ole schrieb ein Buch.

   (ii) *Elefanten skrev en bog.

---

[7] Vgl. Zoeppritz (1971, 70): "When we look for 'normal' subjects for the verbs _rustle_, _creak_, and _blow_, we do not seem to find any which are animate. It would be difficult to argue that _John_ in _John blew out the candle_ is a more natural subject for _blow_ than is _wind_, or that _the wind_ is thereby given human characteristics. For _rustle_ we find _dress_, _silk_, _tree_, for _creak_ we find _door_, _hinge_, _board_, all inanimate but all 'normal subjects' in the sense discussed." Zoeppritz zeigt an Hand mehrerer Tests - einige von Fillmore selbst entlehnt - daß die betreffenden Subjekte nur als A, nicht z.B. als I interpretiert werden können. Daß _wind_ nicht I ist, zeigt die Ungrammatikalität der folgenden Sätze: *_Sb. blew out the candle with the wind_, *_Sb. blows the wind_, *_Sb. blows with the wind_, *_The wind and the chisel opened the door_.
Daß Fillmore "animateness" als Hauptfaktor bei der Unterscheidung von A und I sowie von D und O gebraucht, wird auch von Huddleston (1970, 504ff.) kritisiert und mit Gegenbeispielen widerlegt.

(7)(i)   Fuglene kvidrer.
         Vögel-die zwitschern.

   (ii) *Børnene kvidrer.
         Kinder-die zwitschern.

(8)(i)   John struck the nail with a hammer.

   (ii) The cat struck the dog with its paw.

   (iii) The lightning struck the chimney.

(9)(i)   Lysskæret flakkede over horisonten.
         Lichtschein-der flakkerte an Horizont-dem.

   (ii) *Et menneske flakkede på gaden.
         Ein Mensch flakkerte auf Straße-der.

<u>Skrive</u> läßt nur menschliches Agens zu, <u>kvidre</u> nur nicht-menschliches. Für beide ist also die Charakterisierung [+Belebt] zu weit. Das englische Verb <u>to strike</u> (und es ließen sich sicher auch dänische und deutsche Beispiele finden) dagegen erlaubt außer menschlichem und tierischem (also belebtem) auch unbelebtes Agens. Und für das Agens des Verbs <u>flakke</u> ist sogar [-Belebt] vorgeschrieben.[8]

(c) Fillmores Annahme, daß jeder "case" nur einmal in einer Proposition vorkommen kann, gestattet es nicht, Sätze wie (4) und (5) zu erklären, wo ja offensichtlich beide Argumente zum Verb in der gleichen Beziehung stehen. Das gilt, wie H. Johansen (1957, 22) zeigt, für alle symmetrischen Verben wie <u>gifte sig</u> 'heiraten', <u>ægte</u> 'heiraten'[9] <u>skære</u> 'schneiden' <u>krydse</u> 'kreuzen', <u>grænse op til</u> 'grenzen an', <u>være beslægtet med</u> 'verwandt sein mit' usw.[10] Darüber hinaus trifft diese Feststellung auch für andere Relationsverben zu wie die (von Johansen ebenfalls erwähnten) englischen Verben <u>to precede</u> und <u>to follow</u>. Das bedeutet aber, daß diese Verben jeweils zwei gleiche "cases" fordern, woraus folgt, daß Fillmores

---

8 Daß Fillmore seine "cases" nicht in Merkmale aufspaltet und dadurch aufeinander bezieht, führt außerdem dazu "that they are discrete non-complex symbols, so that they cannot be shown to have partial similarities." (Huddleston 1970, 506).

9 <u>Ægte</u> ist ein gehobenes, heute selten gebrauchtes Wort, <u>gifte sig</u> ist das normale Wort für 'heiraten'.

10 Johansen sagt über die genannten Verben, daß sie Relationen bezeichnen " i hvilke Leddene umuligt kan siges at indgaa paa forskellig Maade" (1957, 22).

Beschränkung auf jeweils einen "case" von einer Sorte nicht aufrecht erhalten werden kann.[11]

(d) Obwohl Fillmore es mit Dependenzen zu tun hat (nämlich der Abhängigkeit der einzelnen "cases" von V) hält er an dem Konstituentenmodell Chomskys fest. Das führt zu Widersprüchen, vor allem beim Versuch, Dependenzverhältnisse durch Phrasenstrukturregeln[12] à la Chomsky 1965 einzuführen. Die Regel, nach denen die verschiedenen V allesamt in die Kette K + NP überführt werden (Fillmore 1968a, 33) widerspricht ebenso allen bisherigen Anforderungen an Phrasenstrukturregeln wie die Regel, die P in V und eine Kette von C (cases) zerlegt, wobei deren Zahl und Art ja nicht generell voraussagbar sind, sondern vom jeweiligen V abhängen.

In den folgenden Abschnitten soll gezeigt werden, wie das Fillmoresche Modell so umgeformt werden kann, daß sowohl zusätzliche Relationen zwischen Substantiven und Verben berücksichtigt werden können als auch Fälle, in denen zwei Substantive zu einem Verb in gleicher Relation stehen, indem man nämlich die "cases" durch ungekennzeichnete N ersetzt, alle semantischen Unterschiede in den Beziehungen zwischen Verb und Substantiv mit Hilfe von semantischen Merkmalen bewerkstelligt und die Konsequenz aus Fillmores Arbeiten mit Valenzen des Verbs zieht, indem man die Beziehungen zwischen V und seinen Mitspielern[13] als Dependenzbeziehungen beschreibt.

---

11 Gegen Fillmores Annahme, daß jeder "case" nur einmal in einem einfachen Satz auftritt, wendet sich auch Huddleston (1970, 510), der die Gegenbeispiele The post office is on the right of / opposite the bank und John is similar to Peter und ihre Konversionen The bank is on the left of / opposite the post office und Peter is similar to John anführt.

12 Die Termini "Phrasenstrukturregel", "Konstituentenstrukturregel" ("KS-Regel"), "Basisregel" und "Formationsregel" werden in der deutschsprachigen Literatur synonym gebraucht, so wie "phrase structure rule", "constituent structure rule", "base rule" und "rewrite rule" im Englischem. Zu den Konventionen für Phrasenstrukturregeln vgl. Koutsoudas 1966, 18ff.

13 Der Terminus "Mitspieler" (statt Fillmores mißverständlichem "case") wurde von Helbig/Schenkel 1969 übernommen.

2.1 Valenz und Dependenz

Der Begriff der Valenz oder Wertigkeit stammt aus der Chemie und wird dort als Verbindungsfähigkeit eines Atoms definiert.[14] Tesnière hat zum erstenmal den Begriff der Valenz auf die Grammatik angewandt:[15] Analog zum Atom hat jedes Verb spezifische Verbindungsmöglichkeiten. Die Zahl und Art der Komplemente, die ein Verb fordert, stellen seine Valenz dar. Er sieht als grundsätzliche grammatische Verbindung die "connexion" (Konnexion) an. Jede Konnexion enthält ein regierendes Glied (régissant) und ein regiertes (subordonné). Tesnière zeigt, daß jedes régissant mehrere Glieder regieren kann, daß ein regiertes Glied jedoch nur von einem régissant regiert sein kann (1959, 14).

Da Tesnière mit Recht eine Hierarchie von Konnexionen annimmt, folgt daraus, daß nicht nur das Verb, sondern auch andere Wortarten als regierende Glieder auftreten (und damit Valenz haben) können. In (10) ist <u>ami</u> subordonné zu <u>chante</u>, aber régissant zu <u>mon</u> und <u>vieil</u>.

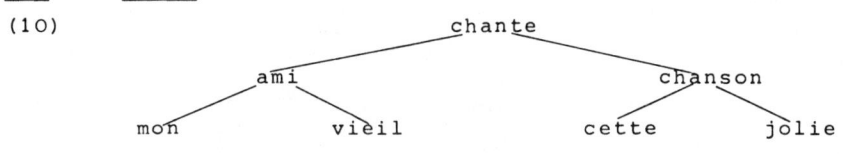

(10)
```
              chante
         ami         chanson
      mon   vieil  cette   jolie
```

---

[14] "Die Atome jedes Elements sind durch bestimmte Verbindungsfähigkeiten gekennzeichnet. Die Wertigkeit oder Valenz...bestimmt die Anzahl der anderen Atome, mit denen sich ein Atom verbinden kann. Die Wertigkeit ist die Zahl, die angibt, mit wieviel Atomen eines einwertigen Elements sich ein Atom des betrachteten Elements vereinigt" (Kleine Enzyklopädie Natur 1966, 293).

[15] Tesnières Hauptwerk, <u>Eléments de syntaxe structurale</u> erschien 1959, vier Jahre nach seinem Tode. Es stellt, wie Guiraud (1971, 1) feststellt, das Ergebnis einer langjährigen Arbeit dar. Konzipiert wurde das Werk schon zu Beginn der dreißiger Jahre. 1954 erschien eine kurze Zusammenfassung unter dem Titel <u>Esquisse d'une syntaxe structurale</u>. Die hier gegebene Darstellung stützt sich auf Tesnière 1959.
Eine ausführliche und kritische Einschätzung von Tesnières Grammatikmodell und eine Gegenüberstellung von Tesnières und Chomskys Theorie findet sich bei Baumgärtner 1965. Vgl. auch Hays 1964, Baumgärtner 1970 und Heringer 1970a und b.
In Helbig/Schenkel 1969, 10, werden Vorläufer der Vertreter der Valenztheorie genannt. Der wichtigste ist Bühler, der (1934, 173) davon spricht, "daß die Wörter einer bestimmten Wortklasse eine oder mehrere Leerstellen um sich eröffnen, die durch Wörter bestimmter anderer Wortklassen ausgefüllt werden müssen". Wie bei Tesnière ist die Valenz (die Fähigkeit, Leerstellen um sich zu eröffnen) nicht auf das Verb beschränkt.

Die graphische Darstellung einer Konnexion - wie in (10) - nennt Tesnière "Stemma". Außer der Konnexion erkennt Tesnière noch zwei weitere grammatische Relationen an: die "jonction" (die der Koordination entspricht) und die "translation", die eigentlich mehr einen Prozeß als eine Beziehung darstellt, nämlich eine Transformation, die ein Wort einer bestimmten Wortklasse (z.B. ein Substantiv) in ein Wort einer anderen Klasse (z.B. ein Adjektiv) überführt und es dadurch einsetzbar in ein komplexes Stemma macht[16] (vgl. (11), das Stemma 281, Tesnière 1959, 370, entspricht):

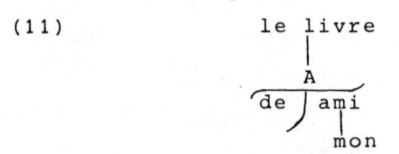

(11)   le livre
           |
           A
         de ami
            |
           mon

Damit das Substantiv _ami_ von einem andern Substantiv - hier _livre_ - regiert werden kann, muß es - nach Ansicht Tesnières - in ein typisches Epitheton, d.h. in ein Adjektiv umgewandelt werden.[17] Das _de_ spielt dabei die Rolle eines "transférende" (Translators).

Mit der Darstellung dieser Umwandlungsprozesse, die einfachere Strukturen in komplexere umformen, hat Tesnière in genialer Weise die Transformationsgrammatik vorweggenommen.[18] Seine Inter-

---

16 "...la translation consiste donc a transférer un mot plein d'une categorie grammaticale dans une autre categorie grammaticale, c'est-à-dire à transformer une espèce de mot en une autre espèce de mot" (1959, 364).

17 "Or, nous avons vu...que le subordonné le plus ordinaire du substantif est l'épithète et...que le rôle d'épithète est en principe tenu par un adjectif. Il y a donc lieu d'admettre que les groupes de Pierre, de Paris, etc. étants subordonnés aux substantifs régissants, ont valeur d'adjectifs" (1959, 363).

18 Außer den hier geschilderten Translationen ersten Grades, bei denen ein Wort in ein Wort einer anderen Wortklasse umgewandelt wird, arbeitet Tesnière auch mit Translationen zweiten Grades, bei denen ein Satz in ein Wort verwandelt wird (d.h. die Funktion eines einfachen Worts, z.B. eines Substantivs als Objekt erhält). Das entspricht praktisch der Beschreibung von Gliedsätzen als Einbettungen in der generativen Grammatik.

pretation der Translation enthält jedoch einen entscheidenden Fehler: Er verwechselt syntaktische Funktionen (wie "Subjekt" und "Objekt") mit Wortklassenzugehörigkeit. Es gehört ja gerade zu den charakteristischen Eigenschaften des Substantivs, daß es in verschiedenen Rollen auftreten kann, als Subjekt, Objekt, Attribut, Apposition und Adverbial, also praktisch in allen Satzfunktionen außer der des Prädikats. Dieser Mangel ist wohl der Grund dafür, warum von Tesnières Modell vor allem die Konnexion von anderen Grammatikern beachtet wurde, kaum aber die Translation (die "jonction" spielt insofern keine große Rolle, als sie gegenüber der herkömmlichen Koordination keine eigentliche Neuerung darstellt)

Die Valenz des Verbs wird durch die Anzahl der Glieder bestimmt, die mit ihm eine Konnexion eingehen. Man unterscheidet dementsprechend nullwertige, ein-, zwei-, drei-, und vierwertige Verben.[19] Verben mit einer höhern Valenz kommen anscheinend nicht vor. Außer der Zahl der "Mitspieler" kann und muß man aber auch die Art der Mitspieler unterscheiden, z.B. danach, in welchem Kasus sie stehen und ob sie mit einer Präposition angeschlossen werden oder nicht.[20] Diese formalen (oberflächenstrukturellen) Kennzeichnungen der Valenz eines Verbs spielen natürlich nur bei den Linguisten eine Rolle, die keine Unterscheidung zwischen Oberflächen- und Tiefenstruktur machen. Wenn man die Valenz des Verbs in der Tiefenstruktur ansiedelt - und es wird sich zeigen, daß es genügend Gründe dafür gibt -, wird eine andere Differenzierung der Mitspieler notwendig, nämlich nach ihren semantischen Merkmalen, so wie sie von Chomsky und (als "case"-Charakterisierungen) von Fillmore beschrieben wurden.[21] Kasus und Präposi-

---

19 Vgl. Heringer 1967. Tesnière (1959, 238ff.) hat nur 0- bis 3-wertige Verben. Baumgärtner (1970, 62) hebt hervor, daß es sich bei Tesnières Valenztheorie um eine "rigorose Verallgemeinerung der traditionellen Analyse der 'Rektion'" handelt.

20 Vgl. Heringer 1967 und 1968. Bei Tesnière (1959, 108ff.) ist der erste Aktant im Aktiv das Subjekt oder "celui qui fait l'action", der zweite das direkte Objekt oder "celui qui supporte l'action", der dritte das indirekte Objekt, d.i. im allgemeinen "une personne par rapport à la quelle est envisagé un procès (1959, 110). Im Passiv wird der zweite Aktant zum Handlungsträger.

21 Helbig 1969 erkennt eine Tiefenstruktur zwar an, bestreitet aber, daß Valenz eine Angelegenheit dieser Tiefenstruktur ist. Die Valenzbeziehungen "sind zwar abstrakter als die konkreteste Oberflächenstruktur (mit Reihenfolgebeziehungen), aber kon-

tionen sind - nach der hier vertretenen Auffassung - erst das Ergebnis von Transformationen, wobei, wie Fillmore 1968a gezeigt hat, bestimmte Regelmäßigkeiten (z.B. in der Wahl des Subjektnominativs) auftreten.

Besonders bemerkenswert in Tesnières System ist die Aufgabe der Zweiteilung des Satzes in Subjekt und Prädikat. Das Substantiv in Subjektsfunktion ist nur einer der Mitspieler (die bei Tesnière "actants" (Aktanten) heißen). Ebenso neu ist die Regelung, daß nicht nur eine Gruppe von Verben, nämlich die transitiven, auf Grund der Zahl ihrer Komplemente charakterisiert werden, sondern alle Verben. Neben den zweiwertigen (=transitiven) Verben gibt es die nullwertigen und einwertigen (die bisher als intransitive oder absolute Verben bezeichnet wurden - wobei "intransitiv" aber auch für Verben mit Dativ-, Genitiv- und Präpositionalobjekt verwendet wurde)[22] und die drei- und vierwertigen, die in der traditionellen Grammatik einfach mit den transitiven Verben in einen Topf geworfen wurden.

Bei der Bestimmung der Valenz entstehen Schwierigkeiten durch Ellipsen. Soll man sagen, daß Verben wie _essen_ und _singen_, wenn sie ohne Objekt vorkommen, eine verminderte Valenz haben? Tesnière verneint das: Die Leerstellen, die ein Verb innerhalb einer Konnexion für seine Mitspieler (actants) hat, müssen durchaus nicht immer gefüllt sein. (Freilich gilt das nicht für alle Leerstellen):

> "Notons d'ailleurs qu'il n'est jamais nécessaire que les valences d'un verbe soient toutes pourvues de leur actant et que le verbe soit, pour ainsi dire, saturé. Certaines valences peuvent rester inemployées ou libres. C'est ainsi que le verbe divalent _chanter_ peut tres bien s'employer sans second actant. C'est le cas lorsque'on dit _Alfred chante_ en face de _Alfred chante une chanson_. De même le verbe trivalent _donner_ peut s'employer sans second ou sans troisième actant: _Alfred donne aux pauvres..._, _Alfred donne la main..._" (1959, 238f.).

Tesnière sagt, daß die Aktanten im Prinzip immer Substantive seien (1959, 106).

---

kreter als die Tiefenstruktur der generativen Grammatik." (1969, 15).

22 Die Dudengrammatik (1966, 473) sagt z.B. über transitive Verben: "Wenn sie im Prädikat stehen, ist immer eine Handlung möglich, die von einem Etwas ausgeht und auf ein Etwas gerichtet ist... Das Etwas, auf sich die Handlung des Tätersubjekts richtet, ist das dritte Satzglied, das immer im Akkusativ steht." Andere Grammatiken dehnen den Begriff "transitiv" auf alle Verben mit Objekt aus (z.B. Erben 1958) oder schränken ihn ein auf Verben mit Akkusativobjekt, die ein Passiv bilden können (vgl. Brinkmann 1962).

Daneben gibt es sogenannte "circonstants",[23] die Umstände wie Zeit, Ort, Art und Weise bezeichnen und von Adverbien ausgefüllt werden.[24] Die Abgrenzung ist, wie von allen Anhängern der Dependenzgrammatik gesehen wurde, nicht einfach. Tesnière führt zwei Kriterien an, ein formales und ein inhaltliches: Formal unterscheiden sich "actant" und "circonstant" dadurch, daß das erstere ohne Zusatz als vom Verb abhängiges Glied auftreten kann, während das letztere dies nur mit Hilfe einer Präposition kann. Inhaltlich unterscheiden sie sich dadurch, daß ein "actant" unentbehrlich für die Ergänzung der Bedeutung das Verbs ist ("indispensable pour compléter le sens du verbe"), was bei einem "circonstant" nicht der Fall ist (1959, 128).

In der Folge hat sich gezeigt, daß weder das eine noch das andere Kriterium stichhaltig ist: das formale nicht, weil es auch vom Verb geforderte Ergänzungen gibt, die mit Präposition angeschlossen sind (vgl. Ich dachte an Frieda), das inhaltliche nicht, weil es auch Adverbiale gibt, die notwendige Ergänzungen eines Verbs bilden (vgl. Ich wohne in Berlin).

Die beste Lösung haben, wie es scheint, Helbig und Schenkel gefunden. Sie unterscheiden "Mitspieler"[25] (vom Verb geforderte Ergänzungen) und "freie Angaben", die vom Verb unabhängig sind und in erster Linie Adverbiale, aber auch z.B. den Dativus ethicus und den Dativus commodi umfassen. Zu den Mitspielern gehören auch Adverbiale,[26] die vom Verb gefordert werden wie z.B. die Lokal-

---

[23] Heringer 1968 gebraucht "Angaben", Helbig und Schenkel 1969 haben "freie Angaben", doch in beiden Fällen sind die Angaben von den Mitspielern (Heringer: "Ergänzungen") anders abgegrenzt als Tesnières "actants" und "circonstants".

[24] "...la fonction de circonstant est toujours assumée par un mot de l'espèce adverbe ou par un groupe de mots équivalent à un adverbe" (Tesnière 1959, 125).

[25] Der Terminus "Mitspieler" kommt schon bei Brinkmann (1962, 210f.) vor, allerdings nicht in der gleichen Abgrenzung wie bei Helbig und Schenkel, sondern Tesnières "actant" entsprechend.

[26] Erben (1958, 176f.) rechnet - im Unterschied zu Tesnière und Brinkmann - notwendige Präpositionalobjekte und Adverbiale zu den "Ergänzungsbestimmungen" (die Helbig/Schenkels "Mitspielern" entsprechen), gibt aber keine genauen Kriterien zur Abgrenzung der Ergänzungsbestimmungen von den Umstandsbestimmungen (die er auch "Angaben" nennt) an.

angaben bei <u>wohnen</u> und <u>liegen</u> und die Temporalangaben bei <u>dauern</u>. Helbig und Schenkel tragen aber auch dem Auftreten von Ellipsen Rechnung und unterscheiden deshalb unter den Mitspielern solche, die obligatorisch sind, d.h. unbedingt gewählt werden müssen und fakultative, die nicht unbedingt gewählt werden müssen bzw. wegfallen können.[27] Sowohl die obligatorischen als auch die fakultativen Mitspieler sind "in Zahl und Art im Stellenplan des Verbs verankert und deshalb auch zahlenmäßig begrenzt und genau festlegbar" (1969, 31), im Unterschied zu den freien Angaben, "die so wenig fest an das Verb gebunden sind, daß sie nahezu beliebig in jedem Satz hinzugefügt und weggelassen werden können und deshalb auch zahlenmäßig unbegrenzt und nicht fixierbar sind" (1969, 31).[28] In einem Satz wie <u>Berlin liegt an der Spree</u> ist die Präpositionalphrase ein obligatorischer Mitspieler, da sie nicht weglaßbar ist. Der Akkusativ <u>Fleisch</u> in <u>Ich esse Fleisch</u> ist ein fakultativer Mitspieler, weil der Satz auch ohne ihn grammatisch bleibt.

---

27 "Unsere bisher genannten Beispiele lassen keinen Zweifel offen, daß nicht nur Subjekte, Objekte und Prädikativa, sondern auch einige Adverbialbestimmungen strukturell notwendig sind. Diese Erkenntnis teilen wir mit Erben, Grebe und Schulz/Griesbach; sie steht aber im Gegensatz zur Fassung des Valenzbegriffes bei Tesnière, Brinkmann und W. Schmidt." (Helbig/Schenkel 1969, 28). Der viel diskutierte Unterschied zwischen präpositionalen Objekten und Adverbialen ist für Helbig/Schenkel nicht wichtig. Die präpositionalen Objekte bilden immer, die Adverbiale nur dann, wenn sie "notwendige Adverbiale" sind, Mitspieler des Verbs. Sie werden als "Präpositionalphrasen" zusammengefaßt und - genau wie die kasuellen Mitspieler - danach unterschieden, ob sie obligatorisch oder fakultativ sind. Ob sie den traditionellen Präpositionalobjekten oder Adverbialen entsprechen, geht nur indirekt, aus der semantischen Analyse der Mitspieler, hervor.

28 Helbig und Schenkel weisen (1969, 38) auf eine Parallele zu Poldaufs syntaktischen Plänen hin: "Eine ähnliche strukturelle Hierarchie und Abgrenzung von drei syntaktischen Plänen (oder Ebenen) ist - übrigens ohne den Begriff der Valenz - von Poldauf entwickelt worden. Unter seinem ersten syntaktischen Plan versteht er die strukturell notwendigen Satzglieder, unter dem zweiten die strukturell nicht notwendigen Satzglieder und unter dem dritten gewisse Elemente, die eine Beziehung des Sprechers zur Aussage enthalten (Modalitätsausdrücke, Einschübe, bestimmte Arten des freien Dativs usw.)." Helbig und Schenkel beziehen sich dabei auf Poldauf 1964.

Die - schon von Tesnière gemachte - Feststellung, daß es Leerstellen des Verbs gibt, die unbesetzt bleiben können, führt zwangsläufig zu der Auseinandersetzung mit der Frage, ob Valenzen in der Oberflächen- oder Tiefenstruktur anzusiedeln seien. Obwohl Helbig und Schenkel mit Eliminierungstransformationen arbeiten und sogar den Dativ bei Körperteilen auf Grund seiner Tiefenstruktur als freie Angabe ermitteln,[29] argumentieren sie, daß "die Valenz der Verben in erster Linie eine Angelegenheit der Oberflächenstruktur ist, auch wenn mit ihr 'abstraktere' Beziehungen eingefangen werden als mit den 'konkreten' Segmentierungen der amerikanischen Deskriptivisten" (1969, 28).

Wie die Formulierung "in erster Linie eine Angelegenheit der Oberflächenstruktur" zeigt, wird Bezug auf die Tiefenstruktur bei der Valenz nicht ganz ausgeklammert. Und in Helbig 1969 findet sich sogar die Feststellung, daß die Valenzen in einer Ebene zwischen der konkretesten Schicht der Oberflächenstruktur und der tiefsten Tiefenstruktur anzusiedeln seien.[30]

(12) Die Henne legt.

(13) Er bittet um Geduld.

(14) Der Präsident spricht.

Helbig und Schenkel sehen sehr wohl, daß die elliptischen Glieder in den Sätzen (12) - (14) (bei Helbig und Schenkel Beispiele 1. - 3., S. 40) nicht auf gleiche Weise zu erklären sind:

> "Gemeinsam ist allen drei Fällen, daß jeweils ein Mitspieler nicht ausgedrückt zu werden braucht (bei 1. der 2., bei 2. der 3. und bei 3. der 2. Mitspieler). Ihr Unterschied besteht jedoch in folgendem: Bei Beispiel

---

29 Unter Berufung auf Isačenko 1965a - eine rein generative Arbeit - wird festgestellt, daß sich Sätze wie <u>Du wäschst dir das Gesicht</u> und <u>Du wäschst dein Gesicht</u> auf die gleiche Tiefenstruktur zurückzuführen sind.

30 "Wohl schaffen die Transformationen die Verbindung zwischen den konkreten Oberflächen- und den abstrakten Tiefenstrukturen, kaum aber können diese abstrakten Tiefenstrukturen mit den Valenzbeziehungen der Abhängigkeitsgrammatik identifiziert werden. Die letzteren sind zwar abstrakter als die konkreteste Schicht der Oberflächenstruktur (mit Reihenfolgebeziehungen), aber konkreter als die Tiefenstruktur der generativen Grammatik." (Helbig 1969, 15).

1 ist der 2. Mitspieler stets mitgedacht und unabhängig vom Kontext eindeutig fixiert. Bei Beispiel 2 ist der 3. Mitspieler zwar auch mitgedacht, er ist aber unabhängig vom Kontext nicht eindeutig; die Eindeutigkeit ergibt sich erst aus dem Kontext ("Er bittet um Geduld" = "Er bittet uns, die Studenten, das Publikum um Geduld"). Bei Beispiel 3 wird der 2. (fakultative) Mitspieler auch durch den Kontext nicht eindeutig; er braucht auch gar nicht eindeutig zu werden, weil er (d.h. das betreffende Objekt) in diesem Zusammenhang als unwesentlich und belanglos erscheint, weil von ihm im Kommunikationsakt abgesehen wird." (Helbig/Schenkel 1969, 40f.)

Die Autoren verwerfen die Möglichkeit, das "'Denken', d.h. den hinter den Formen stehenden Sprachinhalt" (1969, 41) stärker einzukalkulieren und dementsprechend die Valenz in den Beispielen (12) und (13) als obligatorisch und im Beispiel (14) als fakultativ anzusehen. Statt dessen entscheiden sie sich für die Alternative, das "Denken" und den Sprachinhalt weniger in Rechnung zu stellen als die sprachlichen Formen (das Bezeichnende und Bezeichnete De Saussures). Demzufolge sehen sie das elliptische Glied in (12) als obligatorisch, aber in (13) und (14) als fakultativ an.

Aber allein die Entscheidung, in (12) einen obligatorischen Mitspieler anzuerkennen, der nicht auftritt, aber "mitgedacht" und "eindeutig fixiert" ist, ist praktisch eine Entscheidung für die Verlegung der Valenz in die Tiefenstruktur: In der Oberflächenstruktur tritt der betreffende Mitspieler schließlich nicht auf. Noch deutlicher wird dies in der Erklärung, daß ein Mitspieler "auf Stufe III → ∅" wird,[31] in Zusammenhang mit Sätzen wie (15), wo sogar zwei Mitspieler mitgedacht werden müssen, das direkte Objekt die Karten und das indirekte den Spielern (Helbig/Schenkel 1969, 40).

(15) Er gibt.

Aber müßte man konsequenterweise dann nicht auch in Sätzen wie Er ißt und Er bittet um Geduld jeweils einen Mitspieler "mitdenken",

---

[31] "Auf Stufe III werden die obligatorischen und fakultativen Mitspieler des Verbs als semantische Umgebungen fixiert." (Helbig/Schenkel 1969, 69). Warum der Mitspieler gerade auf Stufe III zu ∅ wird, wo doch auf dieser Stufe nur die semantischen Merkmale der Mitspieler angegeben werden, und nicht auf Stufe I, wo die Zahl der Mitspieler angezeigt wird, ist unerfindlich.

nur daß er im ersten Fall unbestimmt ist (etwas), im zweiten durch den Kontext bestimmt (uns, die Studenten)? Und müßte man nicht sogar im Beispiel (14), wenn man eine semantische Analyse des Verbs und der Mitspieler einschließt, was Helbig und Schenkel ja tun, ebenfalls entscheiden, daß hier ein Mitspieler mitgedacht ist, auch wenn er völlig unbestimmt oder irrelevant ist, nämlich die Person oder Gruppe von Personen, an die die Ansprache gerichtet ist?

Es scheint, daß Helbig und Schenkel in einigen Fällen die Valenz in der OS entscheiden, wenn sie z.B. sagen, daß der Satz Ich esse Fleisch auch ohne Akkusativ grammatisch bleibt (wobei sie sogar die Semantik ganz unberücksichtigt lassen), in anderen Fällen, wie im Beispiel (12), jedoch in der TS.

Es gibt genügend Gründe für die Annahme, daß in natürlichen Sprachen eine Oberflächen- und eine Tiefenstruktur zu unterscheiden sind.[32] Einer der Gründe ist der, daß sich Ellipsen und die Bedingungen, unter denen sie auftreten, am besten beschreiben lassen als Transformationen, die Teile einer TS eliminieren, vorausgesetzt, daß das Prinzip der "recoverability" eingehalten wird.[33]

Aber auch andere Umformungen der Umgebung eines Verbs wie z.B. die von Helbig und Schenkel erwähnte Transformation, die im Deutschen den possessiven Dativ erzeugt oder Transformationen, die Satzeinbettungen der Tiefenstruktur in Infinitivkonstruktionen oder Nominalisierungen umwandeln (was schon von Jespersen größtenteils erkannt wurde, vgl. 1.1.), lassen die Ableitung von einer TS als wünschenswert erscheinen, nicht nur, weil man das Komplexe auf diese Weise aus dem Einfachen ableiten kann, sondern auch, weil man so verschiedene Zusammenhänge (z.B. den zwischen

---

32 Vgl. z.B. Lyons 1968, 247ff. (wo auch vermerkt wird, daß viele Feststellungen der traditionellen Grammatik "deep structure identity or similarity" implizieren, vgl. S.254), Chomsky 1965, 18ff. und Bierwisch 1966, 108ff.

33 Vgl. Chomsky 1965, 144f.: "We are proposing the following convention to guarantee recoverability of deletion: a deletion operation can eliminate only a dummy element, or a formative explicitly mentioned in the structure index (for example, you in imperatives) or the designated representative of a category..., or an element that is otherwise represented in the sentence in a fixed position."

possessivem Genitiv und Dativ) besser darstellen kann.

Der erste, der Valenz des Verbs in der TS beschrieb und damit das Valenz-Modell in die Basiskomponente der generativen Grammatik einbaute, war Fillmore. Seine "cases" entsprechen Tesnières "actants", nur daß sie Relationen der TS ausdrücken, nicht Relationen der OS wie bei Tesnière. Für seine "cases" gelten jedoch die oben festgestellten Mängel. Er machte auch keinen Versuch, die TS als Dependenzstruktur zu beschreiben, wie es das Arbeiten mit Valenzen nahegelegt hätte, sondern hielt am Konstituentenmodell fest (vgl. 2.0).[34] Trotzdem enthält sein Ansatz viele gute Beobachtungen über das Verhalten bestimmter Verbgruppen und seine Schlußfolgerungen, vor allem die, daß Subjekt und Objekt nicht der TS angehören, sondern durch Transformationen zustandekommen, müssen noch heute als gültig angesehen werden.

Daß eine Dependenzgrammatik in mehreren Hinsichten mit einer Konstituentengrammatik vergleichbar ist und die hauptsächliche Alternative zur Konstituentengrammatik darstellt, hat unter anderem Hays (1964, 511) erkannt:

> "In the general theory of linguistics, DEPENDENCY THEORY competes for the same role as IMMEDIATE-CONSTITUENT (IC) THEORY: each formalizes a view of tactic relations among elementary units in utterances. In each theory, a finite apparatus is taken to CHARACTERIZE (or GENERATE) a set of utterances that may be infinite. In addition, each theory specifies a structure, or perhaps alternative structures, for each utterance it generates."

Auf Hays' Formalisierung der Dependenzgrammatik aufbauend, hat dann Jane Robinson gezeigt, wie sich die TS einer generativen

---

[34] Fillmore hat mittlerweile eingesehen, daß die Relationen zwischen V und den "cases" besser als Dependenzen formuliert werden können: "I have in mind a kind of dependency notation which makes use of kernel trees or stemmas each containing one root node, one or more labeled branches, and a variable or index symbol at the leaf end of each branch. The node is a complex symbol containing semantic, phonological and rule features information, as well as the case valence" (1971a, 55). Diese (noch weiter ausgeführten) Ideen Fillmores sind den in diesem Buch vorgetragenen in vielem ähnlich. Allerdings will Fillmore mit der Einführung der Dependenzen die Tiefenstruktur ganz aufgeben und sie durch einen "composition plan of the sentence" ersetzen, der dann als Eingabe für die Transformationen dient. Übrigens hält er die Einführung von Dependenzen in die generative Grammatik mit all den von ihm gesehen Implikationen aus verschiedenen Gründen für noch nicht realisierbar.

Grammatik als Dependenzgrammatik (DG) aufbauen läßt und welche
Vorteile die DG gegenüber der auf IC-Analyse aufgebauten PSG
(Phrasenstrukturgrammatik) hat.[35] Robinson hat zwei Hauptargumente gegen die PSG als Basis einer generativen Grammatik:

a) PSG erlaubt nicht, den Kern ('head', d.h. das regierende Glied) einer Phrase irgendwie formal zu erkennen oder zu kennzeichnen, obwohl dieser Begriff bei gewissen Transformationen eine Rolle spielt und von manchen Generativisten anscheinend behandelt wird, als wäre er wohldefiniert.[36]

b) PSG führt nicht-terminale Phrasenkategorien ein, die Knoten bezeichnen, die in keiner Weise den Wortartkategorien der in der Sprache benutzten Morpheme entsprechen.[37] Diese Knoten müssen oft im Ergebnis bestimmter Transformationen wieder getilgt werden, z.B. durch die Pruning-Konvention.

Die Dependenz-Grammatik (DG) hat - nach Robinson - nicht die Mängel der PSG, aber alle deren Vorteile.

Durch Dependenz werden zwei Elemente eines Satzes charakterisiert, wenn sie in einer direkten Relation zueinander stehen, dergestalt, daß eins von ihnen vom andern abhängt (d.h. vom andern regiert wird). Die Dependenz-Relation ist transitiv, irreflexiv und asymmetrisch.[38] Folgende Axiome (die schon in Tes-

---

35 Der theoretische Ansatz von Jane Robinson wurde vor allem ausgearbeitet in Robinson 1967a, 1967b, 1970a und - in etwas veränderter Form - in 1970b. Die ersten beiden papers waren mir leider nicht zugänglich, doch scheint Robinson die Hauptgedanken dieser Beiträge in 1970a mit eingearbeitet zu haben.

36 Da es sich bei Dependenz praktisch um die Relation der Unterordnung handelt, die in 1.0 besprochen wurde, kann "Kern" als Übersetzung von head benutzt werden. Als Beispiel für eine Bedingung zu einer Transformation, die sich auf den Kern einer Phrase (in diesem Fall einer NP) bezieht, nennt Robinson die von Ross 1967 erwähnte 'Complex NP Constraint'. (Vgl. Robinson 1970a, 259f.).

37 "PSG creates a problem by creating non-terminal phrase categories that label nodes remote from the part-of-speech categories of the morphemes to which speech and thought are so intimately and immediately related" (Robinson 1970a, 260).

38 "R ist eine transitive Relation, wenn für alle x, y, z die Bedingung $[R(x,y) \wedge R(y,z)] \rightarrow R(x,z)$ erfüllt ist." (Klaus 1964, 277). "Wir nennen eine Relation 'irreflexiv', wenn für jedes x gilt $\sim R(x,x)$ ...R ist eine asymmetrische Relation, wenn für jedes x und jedes y gilt: $R(x,y) \rightarrow \sim R(y,x)$." (Klaus 1964, 276).

nières Beschreibungen der Dependenztheorie (1953 und 1959) enthalten waren und später von Hays 1964 und Gaifman 1965 formalisiert wurden) gelten für die Dependenz-Relation in einer wohlgeformten Kette (vgl. Robinson 1970a, 260):

(16) (a) Ein und nur ein Element ist unabhängig;
    (b) alle andern hängen direkt von einem Element ab;
    (c) kein Element hängt direkt von mehr als einem andern ab;
    (d) wenn A direkt von B abhängt und ein Element C zwischen ihnen vorkommt (bei linearer Reihenfolge in der Kette), dann hängt C direkt von A oder B oder einem anderen, zwischen A und B vorkommenden, Element ab.

Die Beziehung 'hängt ab von' ist - im Gegensatz zur 'ist ein'-Relation der PSG - direkt in Bezug auf terminale Elemente der Kette definiert. Daher kommen in der DG nur terminale Kategorien vor, so daß ein Pruning nicht-terminaler Elemente gar nicht auftreten kann. Die DG hält am Begriff der "Phrase" fest und fügt den Begriff des regierenden Glieds[39] hinzu. Eine Phrase besteht aus einem Element samt allen direkt oder indirekt von ihm abhängigen Gliedern. Auf diese Weise kann z.B. eine NP als "N-regierte Phrase" interpretiert werden. Wenn ein Element keine abhängigen Glieder regiert, sind regierendes Glied und Phrase identisch ("co-extensive"). Eigennamen sind im allgemeinen gleichzeitig N und NP.

DG und PSG sind in vielerlei Hinsicht miteinander vergleichbar; sie sind im allgemeinen auch ineinander überführbar; zum mindesten gilt, daß eine Ketten-Menge, die durch eine kontextfreie PSG generiert wurde, auch mit einer DG generiert werden kann.[40]

---

[39] Robinson gebraucht die Termini "head" und "governor" unterschiedlos für das regierende Element in einer Dependenz-Relation (vgl. 1970a, 260).

[40] Robinson macht die Einschränkung, daß die Regeln der DG-Grammatik umständlicher werden, wenn die betreffende Menge nicht durch eine strukturfreie ("structure-free") Grammatik generiert werden kann. Sie definiert "strukturfrei": "A context-free PSG is structure-free if every rule replaces a non-terminal category with a string containing a single occurrence of a differentiating category which is not the initial category and which does not occur in the replacing string of a rule for any other category." (1970a, 261).

Wie Hays 1964 arbeitet auch Robinson (1970a, 262) mit drei Arten von Dependenzregeln (D-Regeln 'D rules'):

(17) (a) Eine Regel der Form *(C_i) konstatiert, daß eine Kategorie C_i ohne regierendes Element vorkommt; C_i kann also eine ganze Kette regieren.

(b) Eine Regel der Form C_i(*) besagt, daß C_i ohne abhängige Glieder vorkommt.

(c) Eine Regel der Form C_i(C_j*C_k) besagt, daß C_i mit einem abhängigen Glied C_j zur linken und einem abhängigen Glied C_k zur rechten vorkommt.

Das Sternchen gibt die Stelle des regierenden Glieds an. Als oberstes regierendes Glied eines Satzes nimmt Robinson ein Element T an, das für "Satztyp" steht, die Tempusmerkmale enthält und gleichzeitig Merkmale, die bestimmen, ob der Satz deklarativ oder interrogativ ist. Es ergeben sich folgende D-Regeln (Robinson 1970a, 266):

(18)   D-Regeln

(i)   *(T)

(ii)   T (N * V)

(iii) V (*[N])

(iv)   N (*[T])

Die eckigen Klammern geben Optionalität der in ihnen eingeschlossenen Elemente an und entsprechen damit den runden Klammern der auf Konstituentenanalyse basierten generativen Grammatik. Jede Dependenzstruktur läßt sich dadurch in eine Phrasenstruktur umwandeln, daß man jedem Vorkommen einer Kategorie in einem D-marker[41] ein gekennzeichnetes Duplikat hinzufügt (vgl. Robinson 1970a, 265):

> "That is, where A occurs, A* is added directly beneath it. This is equivalent to rewriting the original DG as a hybrid dependency/phrase structure grammar (D-PSG) by making a distinction between each category considered as governor and the occurrence of that category in the string it governs, and by substituting arrows for parentheses in the notation so that A(*BC) becomes A → A*BC (where A* is taken as a unit symbol)."

---

[41] Der D-marker in der DG entspricht dem P-marker in der PSG.

Die solcherart umgeschriebenen D-Regeln (18) haben dann die folgende Gestalt:

(19)   D-PS-Regeln
  (i)   # T #   (das Anfangssymbol)
  (ii) T → N T* V
  (iii) V → V* (N)
  (iv) N → N* (T)

Sowohl die D-Regeln (18) als auch die D-PS-Regeln (19) werden ergänzt durch Lexikonregeln, die hier als (20) wiedergegeben werden (vgl. Robinson 1970a, 265):

(20)   Lexikonregeln
        T: {deklarativ, interrogativ}   (d.h. "Satztyp")
        V: {inherit, despise, lose}
        N: {people, money}

Mit Hilfe der D- oder D-PS-Regeln und der Lexikonregeln (20) läßt sich der Satz People who inherit money despise it ableiten. D-marker und D-P-marker lassen sich als Diagramme darstellen, die den Baumdiagrammen der PSG ähnlich sind (vgl. Robinson 1970a, 266):

(21)   D-marker

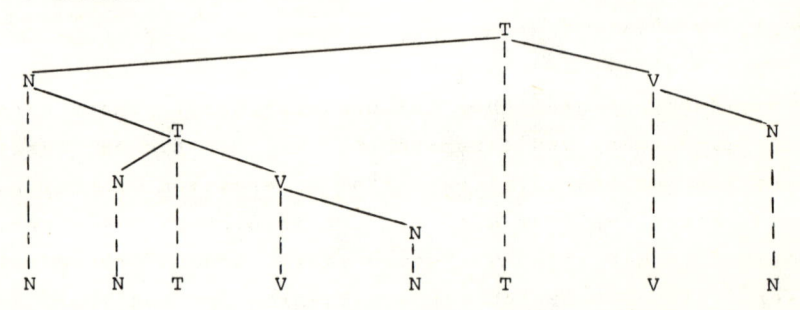

people people (DEC) inherit money (DEC) despise money

(22)   D-P-marker

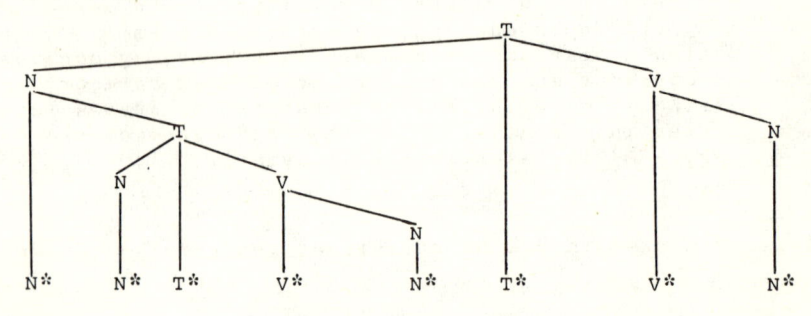

people people (DEC) inherit money (DEC) despise money

Robinsons Darstellung einer Dependenz-Basis der generativen
Grammatik, auf der Transformationen aufbauen können, ist als
erster Versuch in dieser Richtung begrüßenswert. Die Formalisierung der DG und D-PSG ist klar und gut durchdacht und gestattet die Anwendung von Transformationen (vor allem auf eine durch
D-PS-Regeln erzeugte Basis). Robinsons Modell enthält jedoch einige Mängel:

a) Die von Tesnière - zu Recht - herausgestellte Vormachtstel-
lung des Verbs, von dem alle Nominalphrasen regiert werden,
ist zugunsten der alten Subjekt-Prädikat-Aufteilung aufgegeben worden. Allerdings wird der Satz nicht nur in diese
beiden Elemente aufgeteilt, sondern in drei, da noch das
(regierende) T-Element hinzukommt.

b) Im Gegensatz zu Fillmore, der - trotz der erwähnten Mängel
in seinen "cases" - die Semantik des Verbs und der Relation
zwischen Verb und Komplementen gründlich ausgearbeitet hat,
kommt die Semantik bei Robinson praktisch nicht vor.

c) Das Lexikon ist - wohl infolge der Nichteinbeziehung der Semantik - von Robinson vernachlässigt worden. Es ist reduziert
auf (oder richtiger ersetzt durch) eine Menge Lexikonregeln
(vgl. (20)), die - wie die Lexikonregeln in Chomsky 1957 -
die lexikalischen Elemente nur aufzählen.

d) Das T-Element - so positiv seine Einführung als Anfangssymbol auch zu werten ist, da es im Gegensatz zu S ein termi-
nales Element ist (vgl. (21) und (22)) - dient zwei verschiedenen Zwecken, die besser nicht in einem Element vereinigt
werden sollten: Es ist Träger der Tempusmerkmale und gleichzeitig der Satztypmerkmale.

Diese Mängel lassen sich jedoch relativ leicht korrigieren. Um
der Tatsache Rechnung zu tragen, daß Zahl und Art der NP in einem Satz von V abhängen, wird V allein zum abhängigen Glied von
T gemacht. Alle N hängen von V ab. Im Lexikon - das man sich ungefähr so wie bei Fillmore denken muß und das später noch genauer
beschrieben werden soll - müssen zu jedem V Angaben über Art und
Zahl der Mitspieler gemacht werden, etwa in der Art von Fillmores
"frame features". Diese Angaben werden mit Hilfe von Merkmalen
gemacht, wobei semantische und morphologische Merkmale unterschieden werden und bei den semantischen inhärente und kontextuelle

Merkmale. Die Mitspieler erscheinen als einfache N - nicht wie bei Fillmore als (semantisch) unterschiedlich gekennzeichnete Einheiten. Die spezifischen semantischen Relationen zwischen V und N werden allein durch Merkmale dargestellt, und zwar durch kontextuelle semantische Merkmale des Verbs, die in Einklang mit bestimmten inhärenten semantischen Merkmalen der Mitspieler sein müssen. (Vgl. 2.2.1).

T wird allein als Tempus-Konstituente angesehen (vgl. 2.3). Die Satzart der O-Struktur wird grundsätzlich durch Merkmale des Verbs im übergeordneten Satz bestimmt, der, wie anschließend gezeigt werden soll, getilgt werden kann, wenn er der oberste in der Hierarchie ist. Eine Aufspaltung in eine "proposition" (McCawley 1968, Fillmore 1968a) bzw. einen "Satzkern"(Langenbruch 1968) und irgendwelche Restelemente (wie M bei Fillmore) wird nicht vorgenommen.[42]

Ross und Wunderlich haben darauf hingewiesen, daß viele sprachliche Erscheinungen - z.B. deiktische Pronomina und Imperative - nur mit Bezug auf ein Sprechmodell erklärt werden können, das einem geäußerten Satz übergeordnet ist. Dieses Modell wurde von Ross als performatives, von Wunderlich als pragmatisches Modell beschrieben.[43] In Ross' Analyse ist jeder Aussagesatz[44] eingebettet in einen Satz mit performativem Hauptverb.

---

[42] Das in Fillmore 1968a eingeführte M-Element wurde zu so unterschiedlichen Elementen wie Negation, Modalität und Tempus expandiert. Inzwischen hat Fillmore dies M-Element wieder aufgegeben, (mündliche Mitteilung von Joseph Calbert) wie auch sein Artikel von 1971a zeigt, wo zwar noch die "proposition", aber kein M vorkommt.

[43] Ross 1968, der Aufsatz, in dem das performative Modell beschrieben wird, wurde später, 1970, gedruckt. Hier wird nach der 1970-Fassung zitiert. Wunderlich, der sein pragmatisches Modell in Auseinandersetzung mit Ross' performativem Modell in seinem Artikel 1968b erörtert, beruft sich natürlich auf die 1968 in mimeographierter Form kursierende Fassung von Ross' Artikel.

[44] Ross dehnt seine Feststellungen auch auf Imperative und Fragesätze aus. Er erwähnt (1970, 223), daß Austin (1962, 32) recht hat, wenn er sagt, daß I order you to go und go! alternative Strukturen sind, eine mit explizitem, die andere mit implizitem Performativ. Für Fragesätze macht er folgenden Vorschlag: "I suggest that this should be accounted for by deriving questions from deep structures whose two highest sentences are, roughly, I request of you that you tell me S', where S' eventually be-

Durch "performative deletion" wird der vorher eingebettete Satz zu einem unabhängigen Satz. Aus einer TS "I tell you: prices slumped" entsteht durch "performative deletion" Prices slumped. Ein alternativer Oberflächen-Satz wäre I tell you that prices slumped; hier hat keine "performative deletion" stattgefunden. Ross erwähnt zwei Alternativen zu seinem Modell: das quotative und das pragmatische Modell (1970, 253ff.). Er erwähnt einige Vorteile des pragmatischen Modells gegenüber dem performativen. Das pragmatische Modell ist es denn auch, das Wunderlich vorzieht.

Das pragmatische Modell ist ein abstraktes Modell, das bei Wunderlich als logische Formel dargestellt ist mit der Äußerungsfunktion expr und den Argumenten x (=Sprecher), y (=Angesprochener), d (=dictum), s (=Sprechzeit) und l (=Sprechort).[45] Wie schon Boeder[46] für den Vokativ (=Angesprochenen) feststellte, lassen sich Teile der Sprechsituation oder auch die ganze Sprechsituation verbalisieren. Bei der Verbalisierung wird die Relation expr zu einem Verbum dicendi, d zum Objektkomplement. "d ist also eine in die Situationskonfiguration eingebettete Struktur" (Wunderlich 1968b, 22).

---

comes the main clause of the question" (1970, 263, Anm. 19). Ross verweist auf sein und G. Lakoffs noch nicht erschienenes Buch "Abstract Syntax", in dem dieses Problem ausführlich erörtert werden soll.

45 Wunderlich(1968b,22). Die Ortsvariable l wird weiter aufgesplittert in l_x=Ort des Sprechers, l_y=Ort des Angesprochenen, l_z=irgendein anderer Ort. Meiner Ansicht nach gehört l_z nicht zur Sprechsituation, sondern ist ein Teil von d (ein Ort, über den man spricht und der nicht mit dem Ort, wo Sprecher und Angesprochener sind, identisch ist).

46 Boeder (1968a und b) schlägt "Sprecher" und "Vokativ" als TS-Elemente vor, denn nur so können die Pronomina der ersten und zweiten Person erklärt werden, nämlich als Pronominalisierungen auf Grund der Identitätsbeziehungen mit der Sprecher - bzw. Vokativ-Konstituente. Bisher hatte man die Pronomina der 1. und 2. Person - anders als die der dritten Person - als fertige TS-Konstituenten (alternativ zu N) eingeführt, was sowohl ihre Parallelität mit dem Pronomen der 3. Person als auch ihre Identität mit Sprecher und Angesprochenem verschleiert (1968b, 244). "Vokativ" kann allein verbalisiert werden, "Sprecher" nicht.

Wunderlich schlägt vor, "die pragmatische Metasprache so zu formalisieren, daß sie einfach als Erweiterung des schon bestehenden syntaktisch-semantischen Apparats zur Beschreibung von Sätzen angesehen werden kann. Erst dann ist 'Verbalisierung' tatsächlich als Abbildung (Kopierung) pragmatischer Strukturen auf die Tiefenstrukturen von Sätzen zu verstehen" (1968b, 23). Während Ross also ein performatives Modell als Teil der TS vorschlägt, das getilgt werden kann, beschreibt Wunderlich ein abstraktes pragmatisches System, das verbalisiert und dadurch Teil der TS werden kann.

Hier wird mit Ross angenommen, daß ein regierender performativer Satz in der TS aller Sätze vorhanden ist, der in der OS als Ich sage dir, daß... bzw. Ich frage dich, ob... oder Ich befehle dir, daß... auftreten kann. Unterschiede gegenüber Ross' Vorschlag bestehen darin, daß der performative Satz in der TS als Dependenz-Relation gedacht wird und daß er nicht als Einheit, die sich in Segmente gliedern läßt (wie alle andern Sätze), aufzufassen ist. Nur beim Vokativ läßt sich - nach Boeder 1968b - Segmentcharakter nachweisen, denn er kann ohne weiteres als Segment auftreten, wobei seine Position variabel ist: Fritz, komm mal her - Komm mal her, Fritz. In Sätzen wie Fritz, du bist dumm treten sowohl der Vokativ als auch ein Subjekt auf, das wegen seiner Identität mit dem Vokativ in der zweiten Person steht, (vgl. Anm. 46). Ähnliches ist z.B. bei der Sprecherkonstituente nicht möglich; in Ich, Fritz Müller, erkläre hiermit.. hat Fritz Müller den Status einer Apposition, ist also - nach Motsch 1965 - als reduzierte Form eines nicht-restriktiven Relativsatzes aufzufassen.

Es wird angenommen, daß die als Mitspieler von V auftretenden N[47]

---

[47] Hier werden nur N und T als Mitspieler von V behandelt. Außerdem kommt noch A(djektiv) als möglicher Mitspieler in Frage. Man vergleiche engl. She looks good, the meal tastes nice, dän. opfør dig ordentlig und han kører hurtigt. Im letzten Fall handelt es sich um ein vom Adjektiv abgeleitetes Adverb (wie im entsprechenden deutschen Satz Er fährt schnell), das aber auch als Adjektiv in der neutralen Form interpretiert werden könnte (im Dänischen enden neutrale Adjektive und Adjektiv-Adverbien auf -t). Im Dänischen wie im Deutschen ist die Grenze zwischen Adjektiv und Adverb fließend. In Fällen wie Per kom syg hjem ist das Adjektiv nicht Mitspieler, sondern freie Angabe, die auf eine Einbettung zurückgeführt werden könnte (Per - Per syg - kom hjem).

rechts von V stehen.[48] V umfaßt in der TS nicht nur die reinen Verben, sondern auch Adjektive und Substantive in prädikativer Funktion,[49] bei denen dann später eine Kopula eingeführt werden muß, falls der Satz nicht eine Nominalisierungs- oder Attribuierungs-Transformation durchläuft, wobei das Transform kopulalos bleibt.[50]

Die Frage, wie die freien Angaben generiert werden sollen, ist für die Untersuchung nicht relevant, dazu ziemlich komplex und kann daher in diesem Rahmen nicht erörtert werden.

Artikel und Präpositionen werden nicht als Bestandteile der TS, sondern als OS-Elemente angesehen, die aus besonderen Merkmalen von N und V durch Segmentbildungs-Transformationen entstehen.[51] Ähnlich werden Auxiliarverben nicht als Aux-Konsti-

---

48 Es handelt sich hier - ebenso wie bei Fillmore 1968a und 1970 - um eine willkürliche Entscheidung, die mit Rücksicht auf die Anwendbarkeit der Transformationen getroffen wurde. An sich wäre eine TS ohne Ordnung denkbar. Sanders (1970, 9) zeigt, "that the only order of constituents which is grammatically significant is their surface order". Auch Boeder (1971, 22) führt Reihenfolgebeziehungen erst durch Transformationen ein. Fillmore sagt zwar (1968a, 2): "Questions of linear order are left untouched, or at least unresolved", nimmt aber doch, wie seine Baumdiagramme zeigen, eine ganz bestimmte Ordnung an.

49 Bach (1968, 114-15) führt mehrere Gründe an, warum man in der TS keinen Unterschied zwischen Verben, Adjektiven und Substantiven machen kann und faßt sie als "contentives" zusammen. Fillmore 1968a faßt Verben und Adjektive als V zusammen, rechnet aber nur eine beschränkte Anzahl Substantive dazu: "Some nouns that appear in predicate position are restricted in their occurrence elsewhere. It might be possible to treat these nouns as, on one level, V's which are restricted to the form __A. Examples are words like idiot, bastard, and fool" (1968a, 84). In Sätzen wie That boy is my nephew kann er das Prädikat nicht erklären und ist in vielen Fällen gezwungen, ein "empty verb" anzunehmen (p.44). Der deutsche Satz Ich habe Hunger müßte nach Fillmore mit einem leeren Verb erzeugt werden. Daß Hunger in Wirklichkeit ein TS-Prädikat ist, zeigt die alternative Realisierung Ich bin hungrig. Inzwischen (vgl. 1971a, 37) nimmt Fillmore jedoch einen "predicator" als "propositional core of a simple sentence" an, der ein Verb, Adjektiv oder Substantiv sein kann.

50 Daß die Kopula nicht eine Konstituente der TS ist, wurde von Bach 1967 überzeugend nachgewiesen. Die Kopula wird nach Bach nur dann eingesetzt, wenn A oder N Prädikate eines S sind, der nicht (z.B. durch "equi-NP deletion") reduziert wurde.

51 Präpositionen werden von Rosenbaum 1968 durch Segmentbildungs-Transformationen eingeführt, Artikel und andere Pronomina auf gleiche Weise von Postal 1966 und Vater 1970a. Boeder führt sogar N durch Segmentbildungs-Transformationen aus Merkmalen von V ein (vgl. 1971, 20).

tuente in der TS wie bei Chomsky 1965 und Fillmore 1968 eingeführt, sondern durch Segmentbildungs-Transformationen auf Grund besonderer Bedingungen in T gebildet. Die in Ross 1969 und McCawley 1971 vorgeschlagene Ableitung der Auxiliarverben von Verben eines höheren Satzes läßt kaum die Integrierung von Perfekt und Plusquamperfekt in ein einheitliches System zu und wird daher hier nicht befürwortet. Aber alle mit Tempus und Auxiliarverben zusammenhängenden Probleme können hier nur am Rande behandelt werden.

"Reine Adverbien" können teils als Pro-Formen für "normale Adverbiale" (mit N als Kern und einer Präposition) oder als V in der TS - ähnlich wie Adjektive und ein Teil der Substantive - erklärt werden; zu den "Pro-Adverbialen" gehören z.B. her (hier), der (dort), derpå (darauf) und derinde (darin), zu den "prädikativen Adverbien" (die in der TS als V auftreten) gehören oppe (oben), inde (innen), ind (hinein,), ud (hinaus) u.a.[52]

Nach all den erörterten Modifikationen an Robinsons Modell und den Feststellungen über Charakter und formale Eigenschaften der Mitspieler kann nun gezeigt werden, wie man sich die D-Regeln bzw. D-PS-Regeln und die Ableitung eines D-markers bzw. D-PS-markers mit Hilfe dieser Regeln denken muß.

---

[52] Dieser Vorschlag ist in Übereinstimmung mit Renate Steinitz' Auffassung: "Wir wollen versuchen, das Prinzip, Pronomina als Grenzfälle von Nomina anzusehen, auch auf Einheiten anzuwenden, die unter die Bezeichnung "Pro-Adverbiale" fallen. Damit ist ein Teil von dem ausgewählt, was in der traditionellen Grammatik unter der Rubrik "Reine Adverbien" vermerkt wird. Die Pro-Adverbiale genügen anderen syntaktischen Bedingungen als die übrigen reinen Adverbien. Es handelt sich um Einheiten wie dort, hier, dorthin,...da, dann, damals" (1969, 148). Über die hier "prädikative Adverbien" genannten Einheiten sagt R.Steinitz - die den Ausdruck "reine Adverbien" als Verlegenheitsterminus beibehält - daß sie relationalen Charakter haben und eine Zusatzinformation liefern (1969, 156). All das spricht dafür, daß diese Adverbien eher adjektivischen (oder zum mindesten prädikativen) Charakter haben, sich also aus V ableiten lassen. Vgl. Das Buch ist oben. Dafür spricht auch die Verbindung mit der Kopula und die Tatsache, daß diese "Adverbien" Gegensatzpaare bilden wie z.B. oben - unten, links - rechts u.a. (vgl. Steinitz 1969, 155), genau wie Adjektive (gut - böse, groß - klein). Die Schlußfolgerung, daß Adverbien wie oben adjektivischen Charakter haben, wurde von R. Steinitz nicht gezogen. Pro-Adverbiale werden genau so wie z.B. personale und demonstrative Pronomina durch eine Transformation erzeugt, die vorerwähnte N durch eine Pro-Form ersetzt (vgl. Vater 1968).

Im Lexikon wird bei jedem V angegeben, wie viele N von ihm
abhängen. Regiert V einen (eingebetteten) Satz, dann erscheint
dieser als T unter den Mitspielern von V. N und V haben inhärente
und kontextuelle Merkmale, die aber hier noch nicht mit angegeben
sind. Es gibt insgesamt folgende D- und D-PS-Regeln:

(23)　　　D-Regeln　　　　　　　　　(23')　　　D-PS-Regeln

(i)	*(T)		(i)	#T#
(ii)	T (*V)		(ii)	T → T* V
(iii1)	V (*)		(iii1)	V → V*
(iii2)	V (* N)		(iii2)	V → V* N
(iii3)	V (* N N)		(iii3)	V → V* N N
(iii4)	V (* N N N)		(iii4)	V → V* N N N
(iii5)	V (* N N N N)		(iii5)	V → V* N N N N
(iii6)	V (* T)		(iii6)	V → V* #T#
(iii7)	V (* T T)		(iii7)	V → V* #T# #T#
(iii8)	V (* N T)		(iii8)	V → V* N #T#
(iii9)	V (* N N T)		(iii9)	V → V* N N #T#
(iii10)	V (* N N N T)		(iii10)	V → V* N N N #T#
(iii11)	V (* N T T)		(iii11)	V → V* N #T# #T#
(iii12)	V (* N N T T)		(iii12)	V → V* N N #T# #T#
(iv)	N (*)		(iv)	N → N*

Bei diesen Regeln wird davon ausgegangen, daß nicht mehr als vier
Mitspieler von V vorkommen und daß nur zwei davon T sein dürfen
(da nicht mehr als zwei Satzeinbettungen bei einem Verb als Mitspieler erscheinen). (iii1) - (iii12) sind alternative Regeln
für die Dependenzen von V (bzw. die Expansion von V in (23')).
Ob die einzelnen Regeln in (iii) zusammengefaßt werden können,
bleibt vorläufig unentschieden. Zum mindesten brauchte man zusätzliche Konventionen für D-Regeln und D-PS-Regeln sowie Variable für Mitspieler. Aber das ist eine rein formale Frage, die
für die hier dargestellten Dependenzen bzw. Expansionen nicht
relevant ist. Die Notierung der D-PS-Regeln entspricht der von
Robinson.

Regeln (i) und (ii) gelten allgemein, da T und V obligatorische
Elemente in jedem Satz sind. Die Entscheidung, T als oberstes
regierendes Element eines Satzes anzusehen, wurde von Robinson
1970a übernommen. Sie ist arbiträr, denn es ließen sich ebenso
Gründe für V als oberstes Glied finden: Sowohl V als auch T müssen

als notwendige Elemente der TS eines jeden Satzes angenommen werden.[53] Regel (iv) ist anwendbar, sobald in einer der Regeln (iii) N als abhängiges Glied von V gewählt wurde.

Der performative Satz, der als oberster (regierender) Satz in jeder Äußerung angenommen wird, läßt sich mit Hilfe der Regeln (i), (ii), (iii9) und (iv) ableiten. Von den durch (iii9) gewählten Mitspielern gibt ein N den Sprecher, ein N den Angeredeten und T den geäußerten Satz an, wobei kontextuelle Merkmale von V und inhärente Merkmale von N die beiden N als Sprecher bzw. Angeredeten identifizieren (vgl. 2.2.1).

Für den Satz <u>Ole gav Kirsten bogen</u> (Ole gab Kirsten das Buch) müssen - außer den Regeln für den regierenden performativen Satz - noch Regeln (ii), (iii4) und (iv) angewandt werden, (iv) mehrmals, da drei N auftreten. Es ergibt sich Ableitung (24), die in (25) als Baumdiagramm dargestellt ist.

(24)   D-Ableitung[54]

(i)   *(T)

(ii)   *(T(T* V))

---

53 Ähnlich verfährt A. Menk (Meyer-Ingwersen) 1969, die, angeregt von Rosenbaum 1968, den Satz mit Hilfe einer PS-Regel in die Konstituenten T, Satzkern und (fakultatives) Adverb zerlegt (1969, 21). "Satzkern" wird definiert als "der gesamte Rektionsbereich des Prädikats einschließlich des Subjekts. Es ist dies der Bereich der Tesnièreschen Valenzen" (1969, 22). Der Konstituente T wird - wie bei Robinson - "alle die grammatische Information zugeordnet, die in der transformationalistischen Literatur mit wechselnder Verteilung von den Knoten <u>Aux(iliar)</u> und Initialelement dominiert wird. Es handelt sich dabei um funktionale Kategorien, die in den untersuchten Sprachen größtenteils nicht durch selbständige Wortstämme, sondern durch Affixe ausgedrückt werden." (1969, 23f.). Obwohl Menk nicht mit D-, sondern mit PS-Regeln arbeitet, ergibt sich insofern eine Parallele zu der hier gegebenen Darstellung, als sie T und Satzkern als zwei klar abgrenzbare Bereiche ansieht, T also nicht als Teil des Satzkerns behandelt.

54 Vgl. Robinson (1970a, 275): "Dependency structures are generated by starting with an initial symbol given by a rule of the form *A. The rules are searched to locate one which assigns dependents to A. If a rule of the form A(*) is applied, no dependents are assigned to A and the process is complete. Otherwise each dependent introduced by application of a rule has a rule applied to it. If the rule is of the form A(* B), then (A* B) is inserted in the parenthesized string *A, giving *(A(A* B)). Assume one rule assigning dependents to B is B(* B C). Applying it, we insert (B* B C), obtaining *(A(A* B(B* B C)))." Robinson vermerkt in Anmerkung 11: "The notation is redundant, but usefully so", gibt aber auch eine abgekürzte Alternative an.

(iii)   *(T(T* V(V* N N T)))

(iv)   *(T(T*V(V* N(N*)N T)))
         1 2   3   4 4 321

(v)   *(T(T*V(V* N(N*)N(N*) T)))
         1 2   3   4 4 4 4   321

(vi)   *(T(T* V(V* N(N*)N(N*) T(T* V))))
         1 2   3   4 4 4 4   4321

(vii)   *(T(T* V(V* N(N*) N(N*) T(T* V(V* N N N))))
         1 2   3   4 4   4 4   5   54321

(viii) *(T(T* V(V* N(N*) N(N*) T(T* V(V* N(N*) N N)))))
         1 2   3   4 4   4 4   5   6 6   54321

(ix)   *(T(T* V(V* N(N*) N(N*) T(T* V(V* N(N*) N(N*) N)))))
         1 2   3   4 4   4 4   5   6 6   6 6   54321

(x)   *(T(T* V(V* N(N*) N(N*) T(T* V(V* N(N*) N(N*) N(N*))))))
         1 2   3   4 4   4 4   5   6 6   6 6   6 6   654321

Die Zahlen geben den Rang der Klammer in der Hierarchie an; sie könnten durch Kategorien-Angaben ersetzt werden.[55] Das D-Diagramm wird nach Robinson gebildet, indem man die nicht mit einem Stern versehenen Symbole wegläßt.[56]

(25)   D-Diagramm

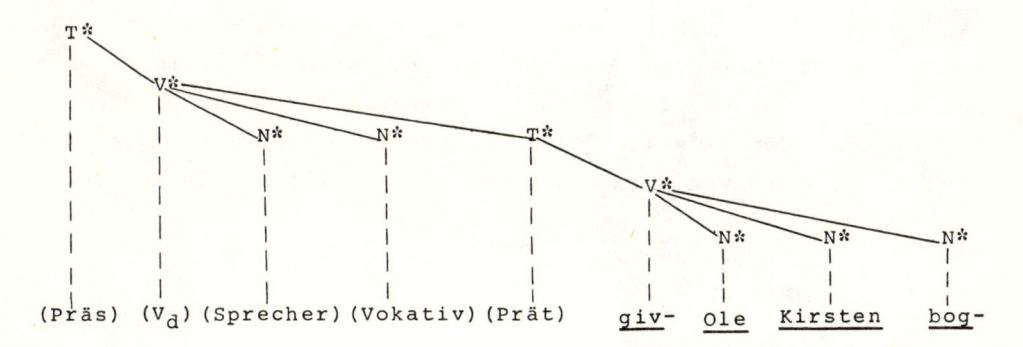

```
T*
│
│   V*
│   │
│   │   N*      N*      T*
│   │   │       │       │
│   │   │       │       │   V*
│   │   │       │       │   │
│   │   │       │       │   │   N*   N*   N*
│   │   │       │       │   │   │    │    │
(Präs) (V_d) (Sprecher) (Vokativ) (Prät)  giv-  Ole  Kirsten  bog-
```

───────────────

55 "Labels for the parentheses in the last line can be supplied from the category of the sole item within each pair that is not contained in a deeper pair" (Robinson 1970a, 276, Anm. 11).

56 "Or 27 (= ein Struktur-marker, H.V.) can be read as a dependency structure by interpreting the non-starred symbols as redundant labels for the parentheses they precede, naming the category of the occurrence that governs all the dependents enclosed in the following parentheses. The position of the governing occurrence is that of the starred category not enclosed in deeper parentheses" (Robinson 1970a, 276).

Die Endelemente wurden eingeklammert, wo sie nicht Lexeme, sondern abstrakte Einheiten darstellen (das gilt z.B. für alle Elemente des performativen Satzes).

Bei Anwendung der D-PS-Regeln ergibt sich Ableitung (26) mit entsprechendem Diagramm (27).

(26)   D-PS-Ableitung
  (i)   # T #
  (ii)   # T* V #
  (iii) # T* V* N N # T # #
  (iv)   # T* V* N* N # T # #
  (v)   # T* V* N* N* # T # #
  (vi)   # T* V* N* N* # T* V # #
  (vii) # T* V* N* N* # T* V* N N N # #
  (viii) # T* V* N* N* # T* V* N* N N # #
  (ix)   # T* V* N* N* # T* V* N* N* N # #
  (x)   # T* V* N* N* # T* V* N* N* N* # #

Die D-PS-Ableitung sieht auf den ersten Blick einfacher aus als die D-Ableitung, aber man darf nicht übersehen, daß innerhalb der D-Ableitung in jeder Reihe die Dependenz-(=Dominanz-)Verhältnisse sichtbar sind, während das bei der D-PS-Ableitung nicht der Fall ist. Allein durch das Satzgrenzzeichen wird Dominanz angezeigt; bei den einzelnen Phrasen innerhalb des Satzes wird jedoch nicht klar, was woraus abgeleitet ist (bzw. was wovon dominiert wird).

(27)   D-PS-Diagramm

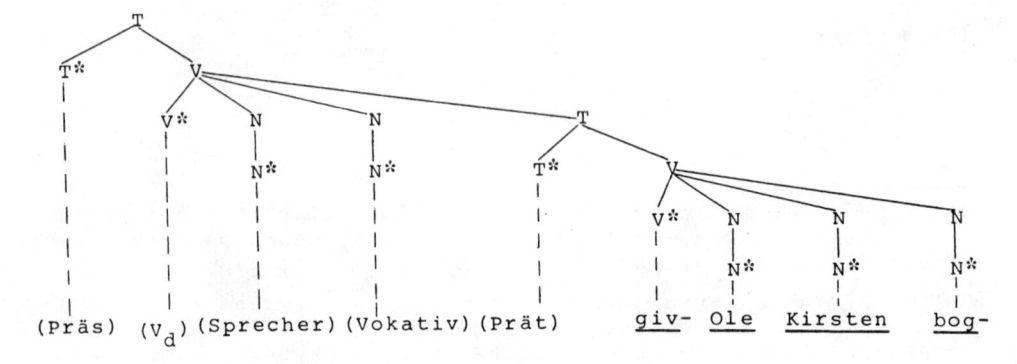

```
                    T
            ┌───────┴──┐
           T*          V
            │     ┌────┼────┬──────┐
            │    V*    N    N      T
            │     │    │    │   ┌──┴──┐
            │     │    N*   N*  T*    V
            │     │    │    │   │  ┌──┼──┬──┐
            │     │    │    │   │  V* N  N  N
            │     │    │    │   │  │  │  │  │
            │     │    │    │   │  │  N* N* N*
            │     │    │    │   │  │  │  │  │
          (Präs) (V_d)(Sprecher)(Vokativ)(Prät) giv- Ole Kirsten bog-
```

Im D-PS-marker sind die "unbesternten" (d.h. nicht-terminalen) Kategorien notwendige Bestandteile der Struktur und müssen daher auch im Diagramm erscheinen.

2.2   Merkmale

2.2.1 Semantische Merkmale

Die D-Regeln (23) bzw. die D-PS-Regeln (23') gestatten die Ableitung syntaktischer Grundstrukturen. Nach diesen Regeln kommt ein Satz durch die Dependenz zwischen einer Kategorie T und einer Kategorie V zustande, wobei für V so viele Dependenten gewählt werden (nach einer der Regeln (23iii1 - iii12)),wie im Lexikon für das betreffende V angegeben ist. Nach diesen Regeln wird jedem V die richtige Anzahl Mitspieler zugeteilt und es wird auch für jeden Mitspieler entschieden, ob es sich um N oder T handelt. Das ist aber nicht genug. Will man das Zustandekommen von Sätzen wie (28), (29) und (30) vermeiden, dann braucht man zusätzliche Angaben über die Art der Mitspieler, oder zum mindesten die Art von N, die für ein bestimmtes Verb gewählt werden dürfen.[57]

(28)   *Bryd ikke håndklæden!
       Zerbrich nicht Handtuch-das!
(29)   *Har du spist hele skabet?
       Hast du gegessen ganzen Schrank-den?
(30)   *Jeg læser en pæn flæskesteg.
       Ich lese einen schönen Schweinebraten.

Diese Angaben werden in der neueren Linguistik im allgemeinen in

---

[57] Hier wird angenommen, daß die Semantik eines Satz-Komplements von Merkmalen des regierenden Verbs abhängt. Diese Ansicht unterscheidet sich von der These P. und C. Kiparskys (vgl. 1970, 172): "We account for the selection of complement types quite naturally by our proposal that there are several meaningful base structures, whose choice is in large part predictable from the meaning of each predicate". Nach der hier vertretenen Auffassung unterscheiden sich die Komplemente zwar auch semantisch und diese Unterschiede sind auch voraussagbar, aber voraussagbar allein auf Grund der semantischen Merkmale des Verbs, die für das Komplement nur eine bestimmte semantische Interpretation - von mehreren möglichen, die das Satzkomplement an sich hat - zulassen.

Form semantischer Merkmale gemacht,[58] wenn man von Fillmores Ansatz absieht, wo zwischen verschiedenen semantischen Kategorien unterschieden wird. Fillmore ist allerdings nicht in der Lage, alle notwendigen semantischen Unterscheidungen durch diese Kategorien (seine "cases") anzuzeigen (vgl. 2.0).

Bierwisch nennt die Prinzipien, die einer semantischen Analyse zugrundeliegen (1970, 27):

> "The semantic analysis of natural languages rests crucially on at least the following two assumptions: (i) the meaning of a given sentence can be accounted for on the basis of the words, or, more precisely, the dictionary entries of which it consists, and the syntactic relations connecting these items; (ii) the meanings of dictionary entries are not unanalyzable wholes, but can be decomposed into elementary semantic components. These two assumptions are, of course, closely related to each other."

Die Lexikoneinheiten müssen semantische Merkmale enthalten, die die Verbindbarkeit mit anderen Einheiten gestatten oder verbieten. Ein Verb wie bryde 'zerbrechen' muß einen Mitspieler haben, der als Agens fungiert (derjenige, der etwas zerbricht) und einen, der das Objekt bezeichnet (das, was zerbrochen wird). Beim zweiten Mitspieler muß außerdem angegeben werden, daß es sich um ein starres Objekt handelt, so daß Sätze wie (28) unzulässig sind auf Grund der Wahl eines nicht-zutreffenden Mitspielers.[59] Daraus ergibt sich, daß zwei Arten von semantischen Merkmalen notwendig unterschieden werden müssen: solche, die eine Eigen-

---

[58] Es werden keine syntaktischen Merkmale als besondere Merkmalgruppe angenommen. Syntaktische Merkmale (im Sinne Chomskys) sind nichts anderes als semantische Merkmale, die syntaktische Entscheidungen beeinflussen. Chomsky weist mehrfach auf Schwierigkeiten der Abgrenzung von semantischen und syntaktischen Merkmalen hin. So sagt er über syntaktische Merkmale (1965,75): "...it is not obvious to what extent this information should be provided by the syntactic component at all" und über selektionale Merkmale (1965, 153): "One might propose...that selectional rules be dropped from the syntax and that their function be taken over by the semantic component" und über die Schwierigkeit der Abgrenzung von Syntax und Semantik im allgemeinen (1965, 163): "...any attempt to delimit the boundaries of these domains must certainly be quite tentative". Bechert faßt syntaktische und semantische Merkmale als "semantosyntaktische Merkmale" zusammen (1971, 29).

[59] "The word break can be appropriately used only with an object that is "rigid" in some of its dimensions..." (Fillmore 1970, 130).

schaft der Kategorie selbst anzeigen (wie "starr" bei allen N, die dies Merkmal haben), und solche, die bei einer Kategorie bestimmte Merkmale anderer Kategorien anzeigen, mit denen sich die betreffende Kategorie verbindet. Die ersteren werden - nach Chomsky 1965 - "inhärente", die letzteren "kontextuelle" Merkmale genannt. Nach den gegebenen D- bzw. D-PS-Regeln wird erst V gewählt, dann werden in Abhängigkeit vom gewählten V ein oder mehrere N gewählt. Das heißt, daß V die Kategorie ist, bei der (außer den inhärenten Merkmalen) kontextuelle Merkmale angezeigt werden müssen. Da die Kategorie N in der TS keine abhängigen Glieder hat - Determinantien entstehen durch Segmentbildungstransformationen, Attribute durch Umwandlung von Relativsätzen oder auf andere Weise -, hat sie nur inhärente, keine kontextuellen Merkmale.

Bei den kontextuellen Merkmalen lassen sich wiederum zwei Untergruppen unterscheiden, die Chomsky (1965, 113ff.) "strict subcategorization features" und "selectional features" nennt.[60] Die erste Gruppe von Merkmalen gibt die Kategorien der Umgebung an, die von einer Lexikoneinheit gefordert werden. Da diese Merkmale als Angaben über die Valenz von V interpretiert werden können (sie geben an, mit wievielen N und/oder T sich ein V verbindet), werden sie hier "Valenzmerkmale" genannt.

Die zweite Merkmalgruppe gibt an, welche Merkmale in den von einer Lexikoneinheit geforderten Kategorien notwendigerweise vorhanden sein müssen. Diese Merkmale werden hier "Ergänzungsmerkmale" genannt. Die Sätze (28) bis (30) illustrieren Verstöße gegen Ergänzungsmerkmale: Es wurden zwar die richtigen Kategorien (nämlich N, nicht T) in richtiger Anzahl gewählt, aber nicht mit den richtigen Merkmalen.

---

[60] Diese beiden Unterarten von kontextuellen Merkmalen werden von Chomsky folgendermaßen charakterisiert: "Among the context-sensitive subcategorization rules we have...distinguished two important subtypes, namely <u>strict subcategorization rules</u>..., which subcategorize a lexical category in terms of the frame of category symbols in which it appears, and <u>selectional rules</u>..., which subcategorize a lexical category in terms of syntactic features that appear in specified positions in the sentence" (1965, 113). Merkmale, die durch "strict subcategorization rules" eingeführt werden, dominieren Merkmale, die durch "selectional rules" eingeführt werden (1965, 153) was zur Folge hat, daß Verletzungen der ersteren Regelart größere Abweichungen von der Grammatizität hervorrufen als Verletzungen der letzteren Regelart (1965, Kap.4, §1.1).

Um abweichende Valenzmerkmale (die dann eine unrichtige Valenz herstellen), handelt es sich in den Sätzen (31) bis (33).

(31)   *Ole sagde.
       Ole sagte.

(32)   *Erik sov huset.
       Erik schlief Haus-das.

(33)   *Marie lignede Kirsten til Paul.
       Marie ähnelte Kirsten zu Paul.

Fillmore faßt in seinen Rahmenmerkmalen ("frame features") die Informationen zusammen, die bei Chomsky auf die beiden verschiedenen Arten von kontextuellen Merkmalen aufgeteilt sind. Seine "cases" stellen ja "labeled relations" dar, d.h. es sind Kategorien, die gleichzeitig durch semantische Merkmale unterschieden sind. In Wirklichkeit gibt es aber natürlich viel mehr semantische Unterscheidungen, als sie in Fillmores "cases" zum Ausdruck kommen. Er müßte also eigentlich eine ganze Reihe von Merkmalen, die nicht den Status von cases haben, gesondert als eine zweite Gruppe kontextueller Merkmale beschreiben, genau wie Chomsky das mit seinen selektionalen Merkmalen tut.[61]

Es ist zu beachten, daß Chomsky und Fillmore das Verb zuletzt einsetzen,[62] während hier, wie bereits erwähnt, der umgekehrte Weg gegangen wird (der einzig mögliche Weg bei Anwendung der Valenztheorie): Erst wird ein bestimmtes V aus dem Lexikon geholt, dann werden seine - im Lexikon spezifizierten - Mitspieler durch Lexikoneinheiten ersetzt.

Aus der Fülle der möglichen semantischen Merkmale werden hier nur diejenigen inhärenten und kontextuellen Merkmale aufgeführt, die für die Ableitung von Subjekt- und Objektsätzen relevant sind.

---

61 Vgl. z.B. Fillmores Merkmale "physical object", "rigid" und "location", deren Anwesenheit in den "cases" von hit und break erforderlich ist (Fillmore 1970, 128 und 130); vgl. auch Fillmore 1968b, 381.

62 "The problem is that an occurrence of the category symbol V can be replaced by a complex symbol containing the feature [+Transitive] just in case it is in the environment __NP" (Chomsky 1965 90). "In lexical entries for verbs, abbreviated statements called 'frame features' will indicate the set of 'case frames' into which the given verbs may be inserted" (Fillmore 1968a, 27).

2.2.1.1 Inhärente Merkmale

V wird zunächst auf Grund des Merkmals "Beweg(ung)" in zwei Unterklassen zerlegt. Verben mit dem Merkmal [-Beweg] sind statische Verben. Die Bewegungsverben (mit [+Beweg]) können in Aktivitäts- und Nicht-Aktivitäts-Verben ([±Akt]) zerlegt werden. Hier besteht ein Unterschied gegenüber Fillmore und Lakoff, die nicht-statische Verben mit Aktivitätsverben gleichsetzen.[63] Es scheint notwendig zu sein, einen Unterschied zwischen [+Beweg] und [+Akt] zu machen, weil es Verben gibt wie engl. to float, dt. schweben, dän. flyde und svæve, die eine Bewegung bezeichnen, die von keinem Agens ausgelöst ist und die folglich nicht als Aktivitätsverben (Handlungsverben) bezeichnet werden können.

Es gibt Verben, die sowohl eine Handlung (mit Agens) als auch einen Vorgang (ohne Agens) ausdrücken können. Das dänische Verb brænde ist ein Beispiel dafür.[64]

(34)(i) Huset brændte sidste sommer.
    Haus-das brannte letzten Sommer.

(ii) Karin brændte alle brevene.
    Karin verbrannte alle Briefe-die.

Solche Verben haben das Merkmal [±Akt], oder, genauer, sie sind nicht für [+Akt] oder [-Akt] spezifiziert.

(35)   Inhärente Merkmale von V   (Regeln)

(i)   V   → [+Beweg]
(ii)   [+Beweg]   → [±Akt, ±Kom]
(iii)   [+Akt]   → [+Kaus]
(iv)   [+Kom]   → [±Ling]
(v) $\begin{bmatrix} -\text{Akt}, -\text{Kaus} \\ +\text{Kom} \end{bmatrix}$ → [±Urteil]
(vi) $\begin{bmatrix} +\text{Kaus} \\ +\text{Ling} \end{bmatrix}$ → [±Vol]
(vii)   [-Vol]   → [±Infl]
(viii) [-Infl]   → [±Perm]
(ix)   [+Vol]   → [±Befehl]
(x)   [+Urteil]   → [±Spr, ±Ver]

---

[63] Vgl. Fillmore (1968a, 31) und Lakoff 1966.

[64] Für Fillmore (1970, 122f.) ist in dem Satz The stick broke nur das Objekt-Argument von break realisiert, während in A rock broke the stick außerdem auch noch das Instrument genannt ist, und in John broke the stick with a rock außer Objekt und Instrument auch noch das Agens. ("Object" bei Fillmore 1970 entspricht offenbar dem "objective" bei Fillmore 1968a.)

Kommunikationsverben können eine Handlung oder einen Vorgang bezeichnen: <u>sige</u> 'sagen', <u>fortælle</u> 'erzählen', <u>påstå</u> 'behaupten' und <u>svare</u> 'antworten' haben die Merkmale [+Akt, +Kom], weil sie Handlungsverben sind, während Verben wie <u>høre</u> und <u>erfare</u> den Kommunikationsvorgang von seiner passiven Seite her schildern und daher die Merkmale [-Akt, +Kom] haben. <u>Lære</u> hat die Merkmale [±Akt, +Kom], denn es kann sowohl den aktiven Lernprozeß ('lehren') als auch den passiven ('lernen') bezeichnen.

Verben mit dem Merkmal [+Akt] können kausativ sein, d.h. sie können eine Aktivität beschreiben, die eine andere Aktivität bzw. einen Vorgang oder Zustand verursacht (vgl. (iii)). Das allgemeinste Verb dieser Klasse ist <u>bevirke</u>, das nichts anders als die Verursachung eines Zustands, Vorgangs oder einer anderen Handlung bezeichnet. <u>Lære</u> kann, wenn es eine Aktivität bezeichnet, gleichzeitig kausativ interpretiert werden: "jemanden wissend (gelehrt) machen". In der Nicht-Aktivitäts-Bedeutung kann <u>lære</u> dann als "wissend werden" umschrieben werden. Das zeigt, daß das Kausativum komplexer ist als das entsprechende einfache Verb: Es bezeichnet die im einfachen Verb ausgedrückte Tätigkeit + ein Verursachen dieser Tätigkeit. Das ist der Grund, warum man Verben wie <u>setzen</u> und <u>töten</u> oft als "sitzen machen" oder "sterben machen" interpretiert.

Durch Regel (iv) werden die Kommunikationsverben in solche der sprachlichen und nicht-sprachlichen Kommunikation eingeteilt ([±Ling]). Zur ersteren Gruppe, den Verba dicendi, gehören Verben wie <u>sige</u>, <u>tale</u> 'sprechen', <u>snakke</u> 'sich unterhalten', <u>fortælle</u>, <u>påstå</u>, <u>spørge</u> 'fragen', <u>svare</u> und <u>skrive</u> 'schreiben',[65] zur letzteren <u>smile</u> 'lächeln', <u>nikke</u> 'nicken', <u>vinke</u> 'winken', vielleicht auch <u>kysse</u> 'küssen'.

---

[65] Ross weist darauf hin, daß Verben der sprachlichen Kommunikation (performative Verben) auch <u>to write</u>, <u>to cable</u> und <u>to wigwag</u> einschließen, denn "the crucial feature of these verbs is not that they describe oral communication, but rather a kind of communication which is based on language, or, at least, on some kind of systematic code" (1970, 239). Wunderlich teilt die kommunikativen Verben in Anlehnung an Ross ebenfalls in [+Linguistisch] und [-Linguistisch]. Er sagt, daß nicht alle redeeinleitenden Ausdrücke das Merkmal [+Performativ] haben, denn man kann nicht sagen <u>Ich flüstere hiermit</u>, <u>ich schreie hiermit</u>; das gilt auch für unpersönliche Verben wie <u>es heißt</u>, <u>es wird deutlich</u> usw. (Ross (1970, 250) hatte als eins der Kriterien für performative Verben angenommen, daß sie mit <u>hereby</u> verbunden werden können.)

Nicht aktive und nicht kausative Verben mit [+Kom] werden durch (v) zerlegt in solche, die ein Urteil ausdrücken und solche, die das nicht können. "Urteil" heißt hier: Die im abhängigen Satz enthaltene Aussage für wahr halten ([+Ver])[66] oder keine Gewißheit über den Wahrheitsgehalt des abhängigen Satzes haben ([-Ver]).[67] Urteilsverben haben außerdem die Eigenschaft, daß sie die Beteiligung des Sprechers ausdrücken können (vgl. 1.1.4), sie werden daher nach [±Spr] geschieden. Bei Urteilsverben mit [+Spr] ist es der Sprecher, der etwas für wahr hält, während bei Verben mit [-Ver] das Agens (im allgemeinen das Subjekt in der OS) etwas für wahr hält oder nicht.

Das Verb *tro* 'glauben' kann beispielsweise nicht das Urteil des Sprechers ausdrücken, sondern nur das des (OS-)Subjekts: *Per tror, at Ole har købt en bil* drückt nur Pers Überzeugung aus, daß Ole ein Auto gekauft hat, nicht die des Sprechers. Der Sprecher gibt nicht zu erkennen, ob er die Aussage für wahr hält.

Vide 'wissen' dagegen kann das Urteil des Sprechers zum Ausdruck bringen. *Per ved, at Ole har købt en bil* schließt notwendig ein, daß der Sprecher die Aussage *Ole har købt en bil* für wahr hält.[68] Andernfalls müßte er sagen *Per ved, om Ole har købt en bil*, was wiederum nur das Urteil des Sprechers zum Ausdruck bringt: Er weiß nichts über den Wahrheitsgehalt der Aussage, während das Urteil des Subjekts nicht bekannt wird, weil das beim Verb *vide* nicht ausgedrückt wird: Das Subjekt kann die Aussage des abhängigen Satzes für wahr halten, aber der Angesprochene

---

[66] Das Ver-Element wurde von Boeder (1968a, 35) eingeführt. Bei ihm ist es kein Merkmal, sondern eine Konstituente, die von I (dem von Bierwisch 1963 erstmalig beschriebenen Satzart-Element) dominiert wird. Die hier durch [+Ver] gekennzeichneten Verben entsprechen nur zum Teil den "factive predicates" bei Kiparsky 1970. *Tro* wäre z.B. für Kiparsky "non-factive".

[67] Die Alternative [+Ver] - [-Ver] ist nicht eine Alternative "wahr" - "falsch", denn "falsch" ist die Kombination von [+Ver] mit einem Negationselement im abhängigen Satz.

[68] P. und C. Kiparsky (1970, 147, Anm. 3) behandeln *to know* als eine Ausnahme, als semantisch faktiv, aber syntaktisch nichtfaktiv. Der Grund dafür mag sein, daß sie nur Beispiele in der 1. Person bringen (z.B. *I know him to be here*). Der Umstand, daß Sprecher und Subjekt (hier: der Wissende) identisch sind, hat besondere semantische Implikationen, die ihrerseits besondere syntaktische Auswirkungen haben (vgl. 1.1.4).

erfährt nichts darüber. Er erfährt nur etwas über die Nicht-Informiertheit des Sprechers (bzw. seine mangelnde Bereitschaft, seine Informiertheit erkennen zu lassen). Die Urteils-Verben, die Stellungnahme des Sprechers ausschließen, haben im allgemeinen entweder das Merkmal [+Ver] oder [-Ver] (im Gegensatz zu vide, das [±Ver] hat), d.h. sie drücken entweder immer Gewißheit über den Wahrheitsgehalt der Aussage des abhängigen Satzes aus (und erfordern dann die Konjunktion at in der OS) oder sie drücken Ungewißheit über den Wahrheitsgehalt aus (was dann in der OS durch die Konjunktion om angezeigt wird). Tro hat [-Spr, +Ver], spørge hat [-Spr, -Ver].

Da sowohl [+Urteil] als auch [+Ling] aus [+Kom] abgeleitet sind (im ersten Fall kontextbeschränkt, im zweiten kontextfrei), lassen sie sich verbinden, d.h. sowohl Verben der sprachlichen Kommunikation als auch Verben der nicht-sprachlichen Kommunikation können in Urteilsverben und Nicht-Urteilsverben eingeteilt werden. Zu den Verben mit [-Ling, +Urteil] gehören tro und vide, zu denen mit [+Ling, +Urteil] tilstå 'zugeben' und spørge; [-Ling, -Urteil] haben z.B. håbe 'hoffen' und smile, [+Ling, -Urteil] påstå und fortælle.[69]

Verben der sprachlichen Kommunikation können in Verbindung mit dem Merkmal [+Kaus] verschiedene Schattierungen der Veranlassung ausdrücken: Verben mit [+Vol] drücken ein Wollen (lat. volitio) aus, Verben mit [-Vol] eine schwächere Form der Veranlassung. [-Vol] läßt sich dann weiter in [±Infl] zerlegen, wobei [+Infl] ein Beeinflussen (engl., frz. 'influence') bedeutet und Untergruppen wie "Verleiten", "Veranlassen", "Überzeugen" einschließt.

---

69 Verben der nicht-sprachlichen Kommunikation wie tænke und tro drücken im allgemeinen Denkprozesse, Annahmen und Gebärden aus; wenn Gedanken, Annahmen oder Eindrücke anderer Personen berichtet werden, dann wird - außer dem im Sprechmodell enthaltenen Äußern - ein zweiter Äußerungsprozeß mitverstanden: Die Person, die den Eindruck gehabt hat, muß ihn dem Sprecher oder jemand anders (der dann den Sprecher informierte) mitgeteilt haben. Daher muß man wohl bei Sätzen wie Jens tror, at Kirsten har giftet sig einen getilgten Zwischensatz annehmen, der diesen Mitteilungsprozeß ausdrückt. Der Gesamtsatz würde dann in der TS ungefähr so aussehen (mit Hinzufügung der Tempus- und Kasusendungen): Jens har fortalt mig at Jens tror at Kirsten har giftet sig (Jens hat mir erzählt, daß Jens glaubt, daß Kirsten sich verheiratet hat).

[-Infl] gliedert sich in [±Perm]; Verben mit [+Perm] sind Verben des Erlaubens und Verbietens (<u>forbyde</u> 'verbieten' = <u>tillade</u> 'erlauben' + Negation). [-Perm] charakterisiert Verben mit dem schwächsten Grad der Veranlassung, ein Nichts-dagegen-haben wie es z.B. in engl. <u>to mind</u> in Verbindung mit einer Negation ausgedrückt wird; im Dänischen konnten keine Verb-Beispiele dafür gefunden werden. Bei [+Vol] ergibt sich die Zerlegung in Wunsch- und Befehlsverben ([-Befehl] und [+Befehl]).

(36) Inhärente Merkmale von V (Baumdiagramm)

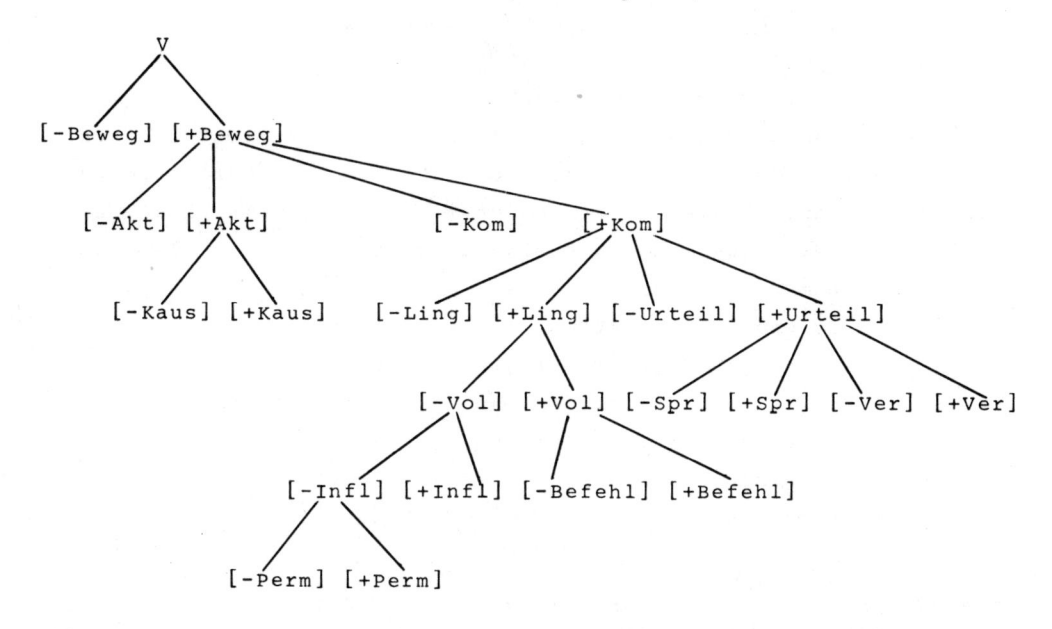

```
                            V
                           / \
                   [-Beweg] [+Beweg]
                    /         |        \
               [-Akt] [+Akt]      [-Kom] [+Kom]
                /      |           /  \    /  \
           [-Kaus] [+Kaus]  [-Ling] [+Ling] [-Urteil] [+Urteil]
                               |      |      |     |
                            [-Vol] [+Vol] [-Spr] [+Spr] [-Ver] [+Ver]
                              / \     |
                         [-Infl] [+Infl] [-Befehl] [+Befehl]
                           / \
                      [-Perm] [+Perm]
```

Für die Ableitung von [±Vol] und [±Urteil] gelten die in (35) angezeigten Kontextbeschränkungen.

(37) Inhärente Merkmale von N (Regeln)

    (i)   N   →   [±EN, ±Konkret]
   (ii)   [-EN]   →   [±Zählb, ±Gener]
  (iii)   [+Zählb] →   [±Viel]
   (iv)   [-Gener] →   [±Def]
    (v)   [+Def]   →   [±Ident]
   (vi)   [-Ident] →   [±All]
  (vii)   [+All]   →   [±Distr]
 (viii)   [+Ident] →   [±Prox]
   (ix)   [+Konkret]→   [±Fest]

(x) $\begin{bmatrix} +\text{Zählb} \\ +\text{Fest} \end{bmatrix}$ → [+Leb]

(xi) [+Leb] → [+Pflanze]

(xii) [-Pflanze] → [+Tier]

(xiii) [-Fest] → [+Liqu]

Die Merkmale "Eigenname" und "Konkret", in die N zuerst zerlegt wird, sind nebengeordnet. Beispiele für die vier sich daraus ergebenden Gruppen sind (38i - iv).

(38)(i)   Jens   [+EN, +Konkret]
   (ii) Politiken   [+EN, -Konkret][70]
   (iii) hus (Haus)   [-EN, +Konkret]
   (iv) lykke (Glück) [-EN, -Konkret]

Nur Gattungsbezeichnungen können in Zählbare und Nicht-Zählbare gegliedert werden und nur sie, nicht EN, können generalisierend und nicht-generalisierend verwendet werden.[71] Nur in nicht-generalisierender Verwendung kann ein Substantiv bestimmt ([+Def]) oder unbestimmt ([-Def]) auftreten.[72]

Generalisierung und Bestimmtheit werden in der OS durch Determinantien[73] angezeigt, wobei jedoch keine 1:1-Entsprechung zwischen Merkmal und Determinans besteht: Ein Determinans kann oft mehrere Merkmale bezeichnen und ein Merkmal kann durch verschiedene Determinantien ausgedrückt werden. In (39) sind (i) und (ii) generalisierend, (iii) und (iv) definit, (v) und (vi) indefinit.

---

70 Man muß hier die Zeitung vom Zeitungsexemplar unterscheiden. Die Zeitung ist - genau wie eine Partei oder ein Verein - etwas Abstraktes, das einzelne Zeitungsexemplar aber ist konkret.

71 "Generalisierend" heißt: "auf die gesamte Gattung, nicht auf die Teilmenge bezogen". Vgl. dazu Aa. Hansen (1927, 25), Seidel (1940, 24), Dal (1952, 95), Heinrichs (1954, 25 und 46), Erben (1958, 158), Vater (1963, 60) und Motsch (1965, 100ff.).

72 Vgl. Vater 1963, 62 und 1970a, 134.

73 Mit "Determinans" werden alle Pronomina - einschließlich Artikel - bezeichnet, die in einer Nominalphrase mit substantivischem Kern vorkommen (z.B. der und dieser im Deutschen, aber nicht er und wer). "Determinans" übersetzt engl. "determiner" (vgl. Applegate 1961, Chomsky 1965 und Thomas 1965). Motsch gebraucht "Determinierer" (1965, 98), A. Meyer-Ingwersen "Determiner" (1968, 62). Der Terminus "Determinans" wurde in Vater 1970a benutzt, im Gegensatz zu Vater 1963, wo statt dessen "Artikel" oder "Artikelform" verwendet wurde - eine Ausdehnung der Bedeutung von "Artikel", die mit Recht in einigen Rezensionen kritisiert wurde.

(39)(i)   Løver er rovdyr.
          Löwen sind Raubtiere.

   (ii)   Løven er et rovdyr.
          Löwe-der ist ein Raubtier.

   (iii) Løven er ikke ude i dag.
          Löwe-der ist nicht draußen heute.

   (iv)   Ser du den løve der?
          Siehst du den Löwen dort?

   (v)   Har du nogensinde set en løve?
          Hast du jemals einen Löwen gesehen?

   (vi)   Der er mange løver i Zoologisk Haven.
          Es sind viele Löwen in Zoologischem Garten-dem.

Bei bestimmten Substantiven kann unterschieden werden, ob sie etwas identifizieren oder nicht. Die Determinantien __denne__, __den her__ und __den der__[74] drücken immer Identifizierung aus - durch Vorerwähnung (anaphorische Verwendung) oder Zeigen (Deixis) -,[75] während der Endartikel auch bei Nicht-Identifizierung möglich ist, z.B. wenn das betreffende Substantiv durch den Zusammenhang mit Teilen des Kontexts oder durch gemeinsame Erfahrung von Sprecher und Hörer als bestimmt angesehen werden kann.[76] Der Zusammenhang kann z.B. eine Teil-Ganzes-Beziehung sein wie in (40iv)[77] oder ein Besitz- oder Zugehörigkeitsverhältnis wie in (40v). Sätze wie (40vi) setzen voraus, daß der Angesprochene weiß, daß Ole eine Katze hat und daß sie für einige Zeit nicht da war. Die Bestimmtheit von __sol__ kann bei jedem Hörer vorausgesetzt werden, so lange von unserem Milchstraßensystem die Rede ist.

(40)(i)   Bogen er meget kedelig.   (indem man darauf zeigt)
          Buch-das ist sehr langweilig.

   (ii)   Den bog der er meget kedelig.   "
          Das Buch da ist sehr langweilig.

   (iii) Den bog her er meget kedelig.   "
          Das Buch hier ist sehr langweilig.

---

74 __Denne__ ist etwas veraltet und wird in der Umgangssprache meist durch __den her__ ersetzt.

75 Zu Anaphora und Deixis vgl. Aa. Hansen (1927, 37ff.), Heinrichs (1954, 26 und 28ff.) und Hodler (1954, 25f.).

76 "Der bestimmte Artikel steht auch bei Größen, die zwar nicht im Vorhergehenden erwähnt sind, die aber durch eine vorgesetzte oder unmittelbar folgende nähere Bestimmung oder aus der Situation heraus dem Hörenden im Augenblick des Hörens als bekannt und eindeutig bestimmt erscheinen oder bezeichnet werden. Der Artikel hat hier also individualisierende (determinierende) Funktion" (Heinrichs 1954, 25).

77 Die Teil-Ganzes-Beziehung ist ausführlich behandelt in Isačenko 1965a, Bierwisch 1965 und Fillmore 1968a.

(iv) Viborg er en pæn by. Domkirken er berømt.
Viborg ist eine hübsche Stadt. Domkirche-die ist berühmt.

(v) Jeg går hen til nogle bekændte. Huset ligger ved siden
Ich gehe hin zu einigen Bekannten. Haus-das liegt an

af kirken.
Seite-der von Kirche-der. (=neben der Kirche).

(vi) Ole har sagt, at katten er tilbage igen.
Ole hat gesagt, daß Katze-die ist zurück wieder.

(vii) Lad os gå ud. Solen skinner.
Laß uns gehen hinaus. Sonne-die scheint.

Die Sätze (40iv, v, vi und vii) werden entweder ungrammatisch oder bekommen eine merkwürdige Bedeutung, wenn man den Endartikel durch die Demonstrativa den her oder den der ersetzt. Bei Nicht-Identifizierung können Demonstrativa nicht für den Endartikel eintreten, nur bei Identifizierung.

Bei [+Ident] ergibt sich die weitere Aufspaltung in Nah- und Ferndeixis. Nahdeixis ([+Prox]) wird im Dänischen durch denne oder den her, Ferndeixis ([-Prox]) durch den der ausgedrückt.[78]

(41i) äußert man, wenn man das Buch in der Hand hat, (41ii), wenn es etwas weiter weg ist, z.B. in einem Regal (und man es nicht anfaßt).

(41)(i) Hvad koster den her bog?

(ii) Hvad koster den der bog?

Bei Nicht-Identifizierung kann angezeigt werden, ob es sich um die Gesamtheit des im Substantiv Bezeichneten handelt oder nicht, und bei Gesamtheit kann Distribution angezeigt werden, d.h. Bezug auf die einzelnen Teile der Gesamtheit (vgl. Vater 1963, 101). Der Endartikel hat die Merkmale [±All], er kann Gesamtheit anzeigen, muß es aber nicht; al drückt immer Gesamtheit aus (sowohl auf die ganze Gattung als auf eine bestimmte Menge bezogen), aber nicht notwendig Distribution; hver (jeder) bezeichnet Gesamtheit und Distribution.

(42)(i) Børnene er ikke hjemme.   (=alle Kinder in der Familie)
Kinder-die sind nicht zuhause.

(ii) Se! Bladerne er gule.   (nicht unbedingt alle ein-
Sieh! Blätter-die sind gelb.   zelnen Blätter)

---

[78] Vgl. dazu Rosenbaum (1968, 4), wo dieses Merkmal ebenfalls "prox(imate)" genannt wird und Vater 1963, wo es "Bezug auf Nahes" heißt.

(iii) Alle børnene læste et tigt op.   (doppeldeutig: a) alle zu-
       Alle Kinder-die trugen ein Ge-   sammen, b) jedes der Reihe
       dicht vor.   nach, einzeln)

(iv)   Hvert barn læste et tigt op.   (jedes Kind einzeln)
       Jedes Kind trug ein Gedicht vor.

(v)   Hvert år kommer Jesusbarnet.
       Jedes Jahr kommt Jesuskind-das.

(vi) *Alle år kommer Jesusbarnet.   (im Dänischen ungrammatisch,
                                                weil hier Distribution aus-
                                                gedrückt werden muß)

Alle aus [-EN] abgeleiteten Merkmale sind zwar inhärente Merkmale von N, jedoch sind sie nicht für ein bestimmtes N ein für alle Mal festgelegt. Sie sind also anderer Art als z.B. [±Konkret]. Ein Substantiv ist im allgemeinen immer konkret, es ist aber nicht immer generalisierend oder immer bestimmt.

Jedes N, das kein Eigenname ist, hat grundsätzlich die Möglichkeiten [±Gener, ±Def,±Ident] usw. Im einzelnen Anwendungsfall muß dann eine bestimmte Merkmalkombination ausgewählt werden: [+Gener] oder [-Gener, +Def, +Ident] oder [-Gener, -Def, -Idef] usw.[79] Konkreta können in [±Fest] zerlegt werden; bei [-Fest] ergibt sich eine weitere Aufspaltung in [±Liqu]. [+Liqu(id)] sind Bezeichnungen von Flüssigkeiten, [-Liqu] Bezeichnungen von Gasen. N mit [+Fest] können in Lebendiges ([+Leb]) und Nicht-Lebendiges ([-Leb]) zerlegt werden. N mit dem Merkmal [+Leb] können in [±Pflanze] aufgespalten werden, N mit [-Pflanze] in [±Tier].

N, die Festes bezeichnen, könnten weiter zerlegt werden in solche, die Biegsames und Nicht-Biegsames, Zerbrechliches und Nicht-Zerbrechliches, Durchsichtiges und Nicht-Durchsichtiges usw. bezeichnen.[80] Hier wurde jedoch keine weitere Zerlegung vorgenommen.

Für die beiden N im performativen Satz werden zusätzlich die

---

[79] Nach den in Chomsky 1965 beschriebenen Redundanzregeln brauchen jedoch Merkmale wie [-Gener] für [+Def] oder [-Def] nicht angegeben zu werden; das gleiche gilt für [+Def] bei [+Ident] oder [-Ident] usw.

[80] Fillmore sagt (1970, 128), daß Verben wie to bend ein N mit den Merkmalen "rigid" (starr) und "flexible" als Mitspieler verlangen, denn man kann normalerweise nicht sagen I bent the handkerchief. (Für ihn gibt es natürlich nicht "Mitspieler", sondern "noun phrases ... that can play a role", 1970, 123.)

Merkmale [+Sprecher] und [+Vokativ] angenommen.[81] Sprecher und Angeredeter in eingebetteten Sätzen können eindeutig durch inhärente und kontextuelle Merkmale des regierenden Verbs identifiziert werden: Hat ein Verb die inhärenten Merkmale [+Kommunikation] und [+Ling] und das kontextuelle Merkmal [+__+Agens] (vgl. 2.2.1.2), dann kann der N-Mitspieler, auf den sich das Merkmal [+__+Agens] bezieht, als Sprecher identifiziert werden. Ebenso wird ein N, auf das sich das kontextuelle Merkmal [+__+Betroffener] bezieht, in Verbindung mit den genannten inhärenten V-Merkmalen als Angeredeter identifiziert.

(43)   Inhärente Merkmale von N (Baumdiagramm)

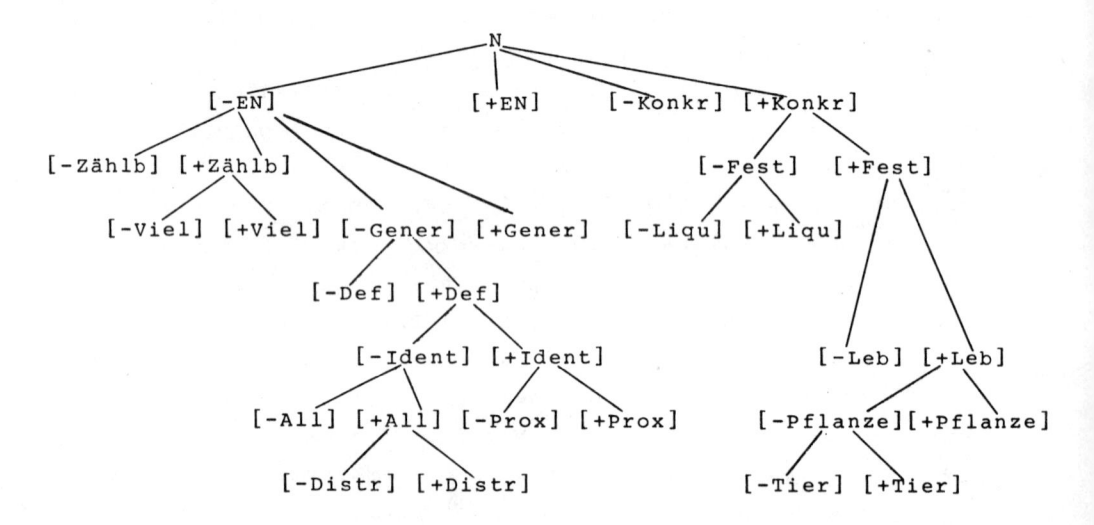

```
                              N
            ┌─────────────┬───────┬──────┐
         [-EN]         [+EN]  [-Konkr] [+Konkr]
      ┌─────┴─────┐                  ┌────┴────┐
  [-Zählb]    [+Zählb]             [-Fest]   [+Fest]
   ┌──┴──┐    ┌──┴──┐               ┌──┴──┐
[-Viel][+Viel][-Gener][+Gener]   [-Liqu][+Liqu]
             ┌──┴──┐
          [-Def] [+Def]
                 ┌──┴──┐
              [-Ident][+Ident]
               ┌─┴─┐   ┌─┴─┐                ┌──┴──┐
            [-All][+All][-Prox][+Prox]   [-Leb][+Leb]
                  ┌─┴─┐                       ┌──┴──┐
              [-Distr][+Distr]        [-Pflanze][+Pflanze]
                                           ┌──┴──┐
                                        [-Tier][+Tier]
```

Außer den hierarchisch geordneten Merkmalen tritt noch das Merkmal [+Pro] auf, das bei einem N mit beliebiger Merkmalkombination dafür sorgt, daß entweder keine Lexikoneinheit eingesetzt wird oder eine unbestimmte Proform (wie en eller anden 'irgend jemand', nogen 'jemand' und noget 'etwas'). Außerdem kommen auch das Negationsmerkmal [+Neg] und das Fragemerkmal [+Q] - im allgemeinen in Verbindung mit dem Merkmal [+Pro] - vor. Eine Proform für ein N mit den Merkmalen [+Pro, -Tier, +Q] ist hvem 'wer', für N mit [+Pro, -Leb, +Q] hvad 'was', für [+Pro, -Tier, +Neg] ingen 'niemand,

---

81 Die durch diese Merkmale gekennzeichneten N im performativen Satz entsprechen Boeders Konstituenten "Sprecher" und "Vokativ" (vgl. Boeder 1968b, 248ff.).

keiner'. Bestimmte Proformen wie <u>den</u> 'der, dieser' und <u>han</u> 'er' entstehen erst durch Transformationen, die bei einem N - auf Grund von Identität mit einem anderen N - das Merkmal [+Pro] einführen (vgl. Vater 1968). Man kann eine generelle Markiertheits-Konvention annehmen (vgl. Chomsky/Halle 1968, 402ff.), derzufolge alle N, die nicht die Spezifizierung [+Pro], [+Q] oder [+Neg] haben, als [-Pro], [-Q] bzw. [-Neg] zu interpretieren sind.

2.2.1.2 Kontextuelle Merkmale

Nach der hier vertretenen Auffassung wird das Auftreten von kontextuellen Merkmalen von folgenden Prinzipien beherrscht:

1. Kontextuelle Merkmale werden nur der Kategorie V zugeordnet. Es werden zwei Arten unterschieden: Valenz- und Ergänzungsmerkmale.

2. Valenzmerkmale geben Zahl und kategorialen Status der Mitspieler an. [+__N] bedeutet: 1 N als Mitspieler, [+__N, N] : zwei N und [+__N,N,N] : drei N als Mitspieler; [+__N,T] bedeutet : ein N und ein T als Mitspieler. <u>Sige</u> hat z.B. die Valenzmerkmale [+__N,N,T].

3. Ergänzungsmerkmale geben die von bestimmten Merkmalen in V geforderten Merkmale an, die die Mitspieler annehmen (z.B. Verben mit dem Merkmal [+Aktion] haben das Ergänzungsmerkmal [+__ +Agens]

4. Ergänzungsmerkmale bedingen im allgemeinen die Wahl bestimmter inhärenter Merkmale von N (z.B. das Merkmal [-Pflanze] bei [+__ +Agens]).

5. Ergänzungsmerkmale werden nicht mehr wie die "selectional features" in Chomsky 1965 als identisch mit inhärenten Merkmalen einer anderen Kategorie aufgefaßt. Sie existieren nur als kontextuelle Merkmale von V, können aber (s. 4.) an bestimmte inhärente Merkmale von N gebunden sein. Das scheint nicht nur ökonomischer,[82] sondern auch angemessener zu sein: Es ist erst

---

[82] In Chomsky 1965 und in allen Werken, die darauf aufbauen, werden kontextuelle Merkmale zweimal erzeugt: a) als Kategorie (z.B. NP) oder inhärentes Merkmal (z.B. [+Human]), b) als kontextuelles Merkmal (z.B. [+__NP] oder [+__ +Human]). Das hier beschriebene Verfahren der einmaligen Erzeugung von Ergänzungsmerkmalen wurde von Herrn Josse Calbert angeregt, der es selbst in Aarts/Calbert (noch nicht erschienen) und Calbert 1972 angewendet hat. Nur Valenzmerkmale duplizieren die in der Umgebung vorhandenen Kategorien (so wie das bei Chomsky der Fall ist). Das ist notwendig,

das Verb, das ein Substantiv zum Agens macht; Agens zu sein
ist keine inhärente Eigenschaft eines Substantivs. Allerdings
erweist es sich als notwendig, die kontextuellen Merkmale von
V auf die entsprechenden N zu übertragen, da bei Transformationen Eigenschaften von N wie "Agens zu V" (obwohl es sich
nicht um eine inhärente Eigenschaft von N handelt), eine Rolle
spielen (vgl. 3.1.). Daher wird angenommen, daß ein kontextuelles V-Merkmal wie [+__+Agens] oder [+__+Instrument] in das N,
auf das es sich bezieht, als [+Agens] oder [+Instrument] in-
korporiert wird.[83]

6. Kontextuelle Merkmale sind in hohem Maße idiosynkratisch, d.h.
sie charakterisieren sehr kleine Gruppen von V, oft sogar nur
ein einzelnes V. Es ist schwer, wenn nicht gar unmöglich, Voraussagen über die kontextuellen Merkmale größerer Verbgruppen zu
machen, außer den allgemeinsten wie z.B. [+__+Agens] für alle
Aktionsverben. Die Bedingung, daß dieses Merkmal nur in Verbindung mit [+Tier] auftreten darf oder nur mit [-Tier] (bei
menschlichem Agens), gilt nur für Untergruppen der Aktionsverben. Was idiosynkratisch ist, ist nicht so sehr die Anzahl
kontextueller Merkmale, sondern ihre Kombination. Statt durch
allgemeine Subkategorisierungsregeln werden die kontextuellen

---

weil nur so Zahl und kategorieller Status der Mitspieler angegeben werden können. Boeder hat einen anderen Weg beschritten,
indem er alle N mit ihren Merkmalen durch eine Segmentbildungs-
transformation aus inhärenten Subkategorisierungsmerkmalen von
V ableitet (1971, 20): "Die entsprechende Segmentbildungs-
transformation hat etwa folgende Form:
[+__[M_1,....,M_n, +Segment]] → [+__[M_1,....,M_n, +Segment]]
[M_1,...,M_n, +Segment]."

83 Eine ähnliche Merkmalübertragung nimmt A. Menk (1969, 20) vor:
"Doch die Kontextmerkmale des Verbs ...werden vielmehr vom Verb
in die benachbarten Knoten eingetragen, bevor diese Knoten vom
Lexikon mit Nomina versehen sind und engen so den Bereich ein,
aus dem die Nomina für diese Knoten ausgewählt werden können.
In gleicher Weise gehen wir bei der Auswahl verbabhängiger
Präpositionen und Kasus vor. So versieht z.B. das Verb vaxenal
'sich fürchten, fürchten' die erste Nominalphrase...mit den
Merkmalen <+K_o> (=Nominativ), die zweite Nominalphrase mit
dem Merkmale <+K_4> (=Ablativ)."

Merkmale also besser im Lexikon eingeführt.[84]

In (44) sind einige Ergänzungsmerkmale zusammen mit inhärenten Merkmalen von V, von denen sie abhängen, sowie inhärenten Merkmalen von N, die von den Ergänzungsmerkmalen selektiert werden, illustriert.

(44)(i)   [+Bewegung], [+__+Objekt, (+__+Raum)(+__+Ziel)]

(ii)   [+Akt, -Kom], $\begin{bmatrix} & \text{-Pflanze} & & \text{+Konkret} \\ +\_\_ & \text{+Agens} &, +\_\_ & \text{+Objekt} \end{bmatrix}$

(iii)   [-Akt, -Ling], $\begin{bmatrix} & \text{-Pflanze} & \\ +\_\_ & \text{+Beftroffener} &, +\_\_+\text{Objekt} \end{bmatrix}$

(iv)   [+Akt, +Ling], $\begin{bmatrix} & \text{-Tier} & & \text{-Tier} & \\ +\_\_ & \text{+Agens} &, \left(+\_\_ & \text{+Betroffener}, \right) +\_\_+\text{Geschehen} \end{bmatrix}$[85]

In (44i) wird spezifiziert, daß ein Bewegungsverb folgende Ergänzungsmerkmale benötigt: a) ein Objekt (das sich Bewegende), das nicht notwendig ein physisches Objekt sein muß und daher nicht das inhärente Merkmal [+Konkret] von N voraussetzt, b) den Raum, in dem sich etwas bewegt (hier nicht spezifiziert nach konkret oder abstrakt, fest, flüssig oder gasförmig) und c) das Ziel, auf das das Bewegende sich zu bewegt, und das hier auch nicht näher spezifiziert ist. Die Tatsache, daß entweder Raum oder Ziel gewählt werden muß, daß aber auch beide auftreten können, ist durch ineinander verschränkte Klammern angegeben. Diese Konvention wurde von Fillmore eingeführt.[86]

---

84 Chomsky hat diese Möglichkeit nicht nur in Betracht gezogen, sondern auch - als Alternative zu Subkategorisierungsregeln als rewriting rules - ausführlich beschrieben: "One might propose, alternatively, that the subcategorization rules be eliminated from the system of rewriting rules entirely and be assigned, in effect, to the lexicon. In fact, that is a perfectly feasible suggestion" (1965, 120). Die Basis besteht nach dieser Auffassung aus einer kategorialen Komponente mit kontextfreien Verzweigungsregeln (branching rules) und die gesamte Subkategorisierung (inhärenter und kontextueller Art) findet in der lexikalischen Subkomponente statt.

85 Als "Geschehen" wird immer der Inhalt eines T charakterisiert. Hängt T von einem Verbum dicendi ab, dann wird "Geschehen" als "Dictum" (Geschehen, über das etwas berichtet wird) interpretiert.

86 Vgl. Fillmore (1968a, 28). Bei Fillmore verbinden diese "linked parentheses" zwei cases in einem Rahmenmerkmal, von denen mindestens einer gewählt werden muß.

Natürlich sind hier ebenso wenig wie in (ii), (iii) und (iv) alle Spezifikationen gegeben, die ein konkretes Verb braucht; für <u>svæve</u> zum Beispiel erfordert der Raum das Merkmal [-Liqu] als zusätzliche Spezifizierung (genauer gesagt: das kontextuelle Merkmal [+__+Raum] kommt nur in der (gleichzeitigen) Umgebung[87] [-Liqu] vor. [+Konkret] und [-Fest] brauchen als redundante Merkmale nicht angegeben zu werden.

Aktionsverben, die keine Kommunikation angeben (wie z.B. <u>slå</u> 'schlagen' und <u>bryde</u> 'brechen' haben Ergänzungsmerkmale wie sie in (44ii) angegeben sind. Diese Verben erfordern ein Agens, das gleichzeitig mit dem N-Merkmal [-Pflanze] auftritt sowie ein physisches Objekt mit dem Merkmal [+Konkret]. Natürlich muß im konkreten Fall weiter spezifiziert werden; <u>slå</u> verlangt zum Beispiel ein menschliches Agens und ein festes Objekt.

Nicht-aktive, nicht-linguistische Kommunikationsverben (wie z.B. <u>se</u> 'sehen' und <u>lugte</u> 'riechen' - also hauptsächlich Verba sentiendi -) haben Ergänzungsmerkmale der in (iii) angegebenen Art. Der Betroffene (d.h. bei Verba sentiendi: der, dem die Wahrnehmung zuteil wird) kann Mensch oder Tier sein, das Objekt ist nicht näher spezifiziert (und braucht z.B. bei <u>se</u> nicht weiter spezifiziert zu werden, während <u>lugte</u> speziellere Eigenschaften des wahrgenommenen Objekts erfordert, z.B. [+Konkret]).

In (44iv) wird die Umgebung eines Verbs der (aktiven) sprachlichen Kommunikation angegeben. Im Maximalfall treten ein Agens, ein Betroffener (=Angeredeter) und ein Dictum auf. Agens und Betroffener sind im allgemeinen menschlich,[88] für das Dictum ist

---

87 Chomsky 1965 führte zwei Arten von Umgebung an: a) die Umgebung vor der zu beschreibenden Kategorie (X__) und b) die Umgebung danach (__Y). In Chomsky und Halle 1968 wird gleichzeitige Umgebung (bei Merkmalen) durch einen Strich über dem Umgebungsmerkmal angegeben. Daß [αX] zu [βY] wird, wenn es gleichzeitig mit [γZ] vorkommt (wobei α, β und γ Variable für + und - sind), wird folgendermaßen formalisiert:
[αX] → [βY] / $\overline{[\gamma Z]}$.

88 Wenn in Märchen, Sagen, fantastischen und ironischen Erzählungen (<u>Was hat der Hund gesagt? Er will etwas zu essen haben</u>) Tiere sprechen, handelt es sich um Übertragung des - für das Agens von Verben der sprachlichen Kommunikation notwendigen - Merkmals [-Tier] auf Bezeichnungen von Lebewesen mit dem inhärenten Merkmal [+Tier].

hier keine Spezifizierung angegeben, doch gibt es je nach dem gewählten Verb große Unterschiede. Das Dictum kann die ganze Aussage enthalten oder eine zusammengeraffte Aussage oder nur eine kurze Charakterisierung der Aussage (z.B., daß sie eine Lüge oder eine Dummheit ist).[89] Viele Verben der sprachlichen Kommunikation erfordern keinen Angeredeten, z.B. påstå 'behaupten' und nægte 'leugnen'.

Verben der aktiven sprachlichen Kommunikation werden hier mit dem herkömmlichen Terminus "Verba dicendi" bezeichnet. Verba dicendi und ihre kontextuellen Merkmale werden im Lexikon-Ausschnitt in 2.5 ausführlicher als Verben anderer Gruppen behandelt, weil sie für Subjekt- und Objektsätze besonders wichtig sind. Daneben regieren auch Verba sentiendi oft Satzkomplemente; auch sie müssen daher relativ ausführlich im Lexikon behandelt werden.

2.2.2 Morphologische Merkmale

Morphologische Merkmale geben formale Klasseneigenschaften einer lexikalischen Einheit an wie Kategorie, Wortklasse, Genus, Konjugations- oder Deklinationsklasse usw.[90]

---

89 Wunderlich 1969 behandelt eingehend die verschiedenen Arten von Dictum, die bei Kommunikationsverben vorkommen. "Die drei Verben sagen, sprechen, reden bilden eine Reihe zunehmender Abstraktion: sprechen ist noch mit direktem Zitat verwendbar (wenn auch mit leichter Bedeutungsverschiebung zu [feierlich]), reden aber nicht mehr; bei sagen ist ein direktes oder indirektes Zitat oder ersatzweise eine Nominalphrase im Akkusativ....erforderlich, aber nicht bei sprechen und reden; beide sind sogar in der Form verwendbar: sie sprachen/redeten miteinander, in der die Rollen von Sprecher und Angesprochenem nicht mehr bezeichnet werden." (1969, 102).

90 Die Eingliederung der morphologischen Merkmale und der morphologischen Regeln in das Gesamtsystem der generativen Grammatik schildern Bechert 1971, Bierwisch 1967a und b, Chomsky/Halle 1968 und Wurzel 1970. Bechert sagt (1971, 30): "Merkmale..., die sich auf ganze lexikalische Einheiten beziehen und weder semantosyntaktischen Inhalt haben noch phonologische oder phonetische Information enthalten, werden unter dem Namen diakritische Merkmale zusammengefaßt. Morphologische Merkmale sind demnach eine Unterklasse der diakritischen Merkmale...Die Klassifikationen, die durch diakritische Merkmale dargestellt werden,...sind idiosynkratisch auf Einzelsprachen oder Sprachgruppen beschränkt." Bierwisch nimmt an, daß die "Ausgleichskomponente", die die Ausgabe der syntaktischen Komponente in die Eingabe der phonologisch umwandelt, "der natürliche Platz für die Mehrzahl der morphologischen Prozesse" sei (1967b, 20). Weiterhin stellt er (1967b, 21

Es wird nicht mehr angenommen, daß Kategorie-Merkmale (vgl. [+N], [+V] usw.) Wortklassen-Merkmale sind, wie das bei Chomsky 1965 der Fall ist. Eine Kategorie wie V mit dem Kategorie-Merkmal [+V] kann in der OS als Verb, Adjektiv, Substantiv oder Adverb (in Fällen wie *oppe*, *inde* usw.) auftreten, d.h. sie kann die Wortklassen-Merkmale [+Verb], [+Adj], [+Subst] oder [+Adv] haben oder sie durch eine Transformation erhalten. Schon seit Bach 1968 wird keine 1:1-Entsprechung zwischen TS-Kategorie und OS-Wortklasse mehr angenommen. Das gilt in beiden Richtungen: Eine Kategorie kann durch mehrere OS-Klassen repräsentiert sein und eine OS-Klasse kann auf mehrere Kategorien zurückgeführt werden (z.B. Substantive und Adjektive auf N oder V, je nachdem, ob sie als Mitspieler oder Prädikat auftreten).

Weder Kategorien- noch Wortklassenmerkmale lassen sich als semantische Merkmale definieren. Der kategorielle Status läßt sich eher strukturell als semantisch beschreiben: V ist Kern eines S und nicht eine Tätigkeit oder eine Eigenschaft oder eine Beziehung. N ist Mitspieler von V und nicht ein Täter, ein Getanes oder ein Tun. Wortklassen sind eher morphologisch und nach ihrer syntaktischen Verwendung als semantisch voneinander abgegrenzt. Allein die Tatsache, daß Wörter verschiedener Wortklassen sich auf dieselbe TS-Kategorie zurückführen lassen, zusammen mit der Bedingung, daß auf dem Weg von der TS zur OS semantische Information weder geändert noch getilgt noch hinzugefügt werden kann, verbieten die Verbindung gewisser semantischer Merkmale mit einer gewissen Wortart (vgl. das Beispielpaar *X hat Hunger* - *X ist hungrig*). Unter Semantik wird hier alles Denotative verstanden, d.h. alles, was die Bezeichnung eines Sachverhalts betrifft. In

---

fest, "daß morphologische Merkmale, die keiner syntaktischen, semantischen oder phonologischen Interpretation zugänglich sind, Sonderfälle von Regelmerkmalen sind, also Merkmale, deren Sinn lediglich der ist, die Anwendung oder Nichtanwendung bestimmter Regeln zu determinieren". Außerdem scheint es notwendig zu sein, die morphologischen Merkmale "durch eine generelle Konvention auf alle Segmente der phonemischen Matrix zu übertragen" (1967b, 20). Vgl. dazu auch Bierwisch 1967a, 241. Die von Bierwisch erwähnten Regeln der Ausgleichskomponente wurden dann von Chomsky und Halle (1968, 10ff. und 238ff.) eingehender beschrieben; sie werden dort "readjustment rules" genannt.

Konnotationen können sich die Wortklassen natürlich unterscheiden.[91]

Einige morphologische Merkmale kommen nur kontextbedingt vor (z.B. Präpositionsmerkmale nur bei bestimmten semantischen Merkmalen von N oder kontextuellen Merkmalen von V).[92]

Ein Teil der morphologischen Merkmale kann erst in einer späteren Ableitungsstufe, nach dem Durchlaufen gewisser Transformationen, eingeführt werden. Dazu gehören Wortart-, Kasus-, Personal- und allgemein alle Kongruenzmerkmale.

Substantive haben das Kategorie-Merkmal [+N] und das Wortklassen-Merkmal [+Subst]. Außerdem werden Präpositions-, Numerus- und Genusmerkmale angezeigt. Präpositionsmerkmale (d.h. [±Präp]) sowie die Anzeige eines spezifischen Präpositionsmerkmals (wie [+i] oder [+om]) sind entweder von morphologischen oder von kontextuellen Merkmalen des Verbs abhängig (s. oben); die Wahl des Merkmals [+i] hängt z.B. davon ab, daß V ein Merkmal [+__+Ort] oder [+__+Raum] hat und außerdem von weiteren semantischen Merkmalen von V, die die Lage eines der Mitspieler im Raum angeben (in diesem Fall [+__+Innen]) sowie von einem semantischen Merkmal des betreffenden N, das mit [+Hohl] oder [-Kompakt] bezeichnet werden kann.

Die Determinansmerkmale hängen von semantischen Merkmalen in N wie [±Zählb], [±Def], [±Ident] usw. ab.[93] Sie bestimmen, ob der

---

91 Vgl. dazu Calbert 1972.

92 Während ursprünglich Präpositionen als TS-Konstituenten durch Aufspaltung einer Präpositionalphrasen-Konstituente PP in Präp und NP (vgl. Chomsky 1965, 129 und Steinitz 1969, 72) generiert wurden, leitet Rosenbaum sie aus semantischen Merkmalen von N ab: "In deep structures prepositions are represented not as constituents but as semantically interpretable features of noun segments generated by the context-free subcategorization rules ...A noun with the generated feature <-P> must be further subcategorized for a particular preposition feature by this rule... Prepositions attain constituent status in surface structure through the application of the preposition segmentalization transformation.." (1968, 32).

93 Die Merkmale [±Zählb] spielen eine große Rolle bei der Setzung von Determinantien. So ist im Dänischen _meget_ nur bei [-Zählb] möglich und die Ø-Form (Abwesenheit eines Determinans) kommt nur bei [-Zählb] oder bei [+Zählb, +Viel] vor.

Endartikel oder andere Determinantien gebildet werden sollen.

Die Numerusmerkmale [±Plural] hängen von den semantischen Merkmalen [±Viel] ab. Diese Unterscheidung ist natürlich nur bei zählbaren N möglich.

Das Genus ist ein rein morphologisches Merkmal. Bei einer Teilklasse, nämlich Nomina, die tierische und menschliche Lebewesen darstellen, ist das natürliche Geschlecht ausschlaggebend für die morphologische Genus-Kennzeichnung, doch nicht immer; im Dänischen sind z.B. _barn_ 'Kind' und _menneske_ 'Mensch' Neutra.[94]

Im Dänischen muß angezeigt werden, ob ein N Genus commune ([+Gcom]) oder Neutrum ([-Gcom]) ist.

Weiterhin gehören zu den morphologischen Merkmalen Kennzeichnungen der Flexionsklasse; z.B. muß die Pluralklasse bei N angezeigt werden (-_er_-Plural, -_e_-Plural oder Ø-Plural) und die Art der Präteritalendung beim Verb (-_ede_ oder -_te_ oder keine Endung, keine Endung und Ablaut usw.).

2.3   Das Tempuselement

Das Tempuselement, das nach Regeln (23) und (23') in Anlehnung an Robinson 1970 als oberstes regierendes Glied in einem Satz angenommen wird, ist bisher noch nicht auf seine semantischen Eigenschaften untersucht worden. Alle T innerhalb einer Satzhierarchie stehen in einer bestimmten semantischen Relation (der Tempus-Relation) zueinander. Welcher Art die Tempus-Relation ist, kann hier nur grob umrissen werden.

Die Ansicht, daß Tempus nichts mit Zeit zu tun habe, ist genau so wenig richtig wie die Ansicht, daß Tempus dasselbe wie Zeit sei.[95]

---

[94] Hier sei auf die ausgezeichnete Darstellung der Beziehung zwischen morphologischen und semantischen Merkmalen in Bierwisch 1967a verwiesen.

[95] In neueren Beschreibungen des deutschen Tempussystems wird vor allem die erstere Ansicht vertreten, so bei Weinrich 1964, Gelhaus 1969a und b und Bartsch 1969. Bei Gelhaus treten Widersprüche auf. Er sagt (1969b, 81): "Eine Deutung, die sich auf den lateinischen Ursprung dieses Namens besinnt und "Tempus" im Sinne von "Zeit" (also in einem andern als dem hier festgelegten) versteht, ist unzulässig", gebraucht aber zur Definition der Tempora Termini wie "Beginn", "Abschluß" und "Sprechzeitpunkt" die sämtlich Zeitbeziehungen darstellen (und daher von Bull 1968 auch als solche behandelt werden).

Tempus ist nicht Zeit, denn es gibt wohl keine Sprache, in der für jeden Zeitabschnitt ein spezielles Tempus zur Verfügung steht.[96] Tempus hat aber insofern mit Zeit zu tun, als Zeitbeziehungen wie "vorher", "nachher" und "simultan" auf eine Achse bezogen werden - nur daß diese Achse nicht ein für allemal gegeben ist (wie beim Kalendersystem, einem System für die Messung offizieller Zeit), sondern ständig wechselt: Jedes Sprechereignis wird als Orientierungsachse benutzt, auf das alle andern Ereignisse bezogen werden; "vorher" ist ein Ereignis, das zeitlich vor dem Sprechereignis, "nachher" eins, das zeitlich danach liegt.[97] "Gleichzeitigkeit" (Simultaneität) ist eigentlich ein Ding der Unmöglichkeit, da immer einige Zeit vergeht, bis ein Ereignis beobachtet und in Worte gefaßt ist. Man kann aber von Gleichzeitigkeit in einem gewissen Sinne dann sprechen, wenn man etwas zum Achsenzeitpunkt noch Andauerndes beschreibt. Man kann zu beschreibende Ereignisse danach einteilen, ob sie in Bezug auf die "Sprechachse" begonnen und beendet, begonnen und nicht beendet oder noch nicht begonnen (und demzufolge noch nicht beendet) sind. Bull nimmt außerdem noch zwei weitere Möglichkeiten an: Ereignisse, die vor dem Sprechzeitpunkt begonnen haben und während des Sprechzeitpunkts enden und solche, die während des Sprechzeitpunkts beginnen und später beendet werden.[98]

Nach Bull zeigen Tempussysteme natürlicher Sprachen entweder

---

96 Gemeint ist hier ein Abschnitt der "offiziellen Zeit" (public time) wie sie in Bull 1968 beschreiben ist, d.h. ein Intervall des Kalenders wie Monat, Woche, Tag, Stunde, Minute usw.

97 Diese Ansicht basiert auf Bull 1968, einem Buch, das wohl als beste Darstellung des Problems, wie Zeitverhältnisse in der Sprache ausgedrückt werden, gelten kann. Bull unterscheidet zwei Zeitsysteme: "public time" und "private time". "Public time" ist in genau festgelegte Intervalle eingeteilt, die zusammen ein System bilden und auf eine feste Achse bezogen sind (im Gregorianischen Kalender ist das Christi Geburt). "Private time" hat Intervalle ohne feste Grenzen (vgl. _jetzt_, _vorher_, _dann_, _damals_ usw.) und eine ständig - von Sprechereignis zu Sprechereignis - wechselnde Achse.

98 Bull geht von einem "point present" (PP) als Hauptachse eines Tempussystems aus. Ein Punkt ist natürlich - zeitlich gesehen - eine Abstraktion, aber so lassen sich am besten die 5 verschiedenen Beziehungen zur Sprechachse beschreiben (er stellt sie als Pfeile in Richtung zur oder von der Sprechachse dar (1968, 18)).

die Sprechachse an oder nicht,[99] und wenn sie die Sprechachse anzeigen, können sie außerdem noch weitere Achsen (z.B. Erinnerungsachse und Antizipationsachse) angeben.

Tempussysteme machen teilweise weit weniger Unterscheidungen als private Zeitsysteme, da z.B. auf der Antizipationsachse nicht alle die Unterschiede durch besondere Tempora bezeichnet werden, die durch die Adverbien sofort, gleich, bald, später, viel später usw. ausgedrückt sind, und ebenso wenig alle Unterschiede auf der Erinnerungsachse, die durch gerade, eben, vorher, einmal, damals ausgedrückt werden; andererseits wird in vielen Tempussystemen spezifiziert, ob ein Ereignis vor dem Zeitpunkt, der als Antizipationsachse gesetzt ist, stattfindet,[100] was im allgemeinen nicht als besondere Zeitspanne der privaten Zeit ausgedrückt werden kann. Das offizielle Zeitsystem kann auf ein Tempussystem abgebildet werden, in dem die Sprechachse zur Kalenderachse wird und ein Tag des Kalendersystems, z.B. der 14. März 1965, zu heute wird (heute = der Tag, der das Sprechereignis mit der Sprechachse einschließt).

Die Frage, ob das Dänische ein, zwei oder drei Temporalachsen unterscheidet, ist eine gesonderte Untersuchung wert. Hier wird als vorläufige Lösung ein System von vier Tempora angenommen, die sich auf zwei Achsen mit jeweils zwei verschiedenen Beziehungen zu diesen Achsen zurückführen lassen. Das Präsens wird dann gebildet, wenn T_x "überlappt" oder "nach"[101] als Relationen zu T (dem Tempuselement des performativen Satzes, das die Sprechzeit-Achse bildet) angibt; das Perfekt entsteht aus der Relation "vor" von

---

99 Das Hawaiische zeigt nach Bull nur Vollendung oder Nicht-Vollendung an, ohne Bezug auf eine Achse. Es wird also kein Unterschied gemacht, ob etwas in der Vergangenheit, während des Sprechaktes oder in der Zukunft vollendet wird.

100 Das gilt z.B. für das "future perfect" im Englischen (I will have read the book by tomorrow); im Deutschen wird diese Art von Beziehung meist durch das Perfekt ausgedrückt (Morgen habe ich das Buch ausgelesen (dann kannst du es kriegen)). Ein Futur II gibt es nur in einigen Grammatik-Büchern, nicht im tatsächlichen Sprachgebrauch. Vgl. dazu Calbert 1971 und Vater 1970b.

101 Diese Relationen wurden von Baumgärtner und Wunderlich 1969 beschrieben (vgl. (11)).

T_x gegenüber T.[102] Das Präteritum ergibt sich, wenn T_x die Relation "überlappt" im Verhältnis zur Präterialachse T_p angibt. Als Präteritalachse wird - nach Bull - ein - gedachter oder (z.B. durch ein Adverb) ausgedrückter - Zeitpunkt in der Vergangenheit (d.h. vor der T-Achse) angenommen, der als Bezugspunkt dient. Das Plusquamperfekt läßt sich dann ableiten, wenn T_x die Beziehung "vor" zu T_p anzeigt.

2.4 Negation

In Übereinstimmung mit den Ergebnissen einiger neuer Arbeiten[103] wird Neg(ation) als fakultatives von T abhängendes Element angesehen, wobei kein Unterschied zwischen sogenannter Satznegation und Satzgliednegation gemacht wird. Wie Bald 1971, aufbauend auf Katz und Postal 1964, überzeugend nachweist, besteht der semantische Effekt der Negierung darin, daß in einem emphatisch hervorgehobenen Element ein Merkmal verneint wird, d.h. ein entgegengesetztes Vorzeichen bekommt.[104]

Darüber hinaus muß angenommen werden, daß Negation auch als Merkmal im Lexikon vorkommt. Ein Verb wie forbyde enthält neben dem Merkmal [+Perm] das Merkmal [+Neg], durch das es mit tillade 'erlauben' kontrastiert; in allen anderen Merkmalen sind sie identisch. Das Verb tvivle 'zweifeln' hat in seiner einen Variante die Merkmale [+Spr, -Ver, +Neg] und verneint vide, in seiner anderen Variante hat es die Merkmale [-Spr, +Ver, +Neg] und verneint tro (vgl. 1.1.4). Werden in einem Satz das Neg-Element und ein V mit dem Merkmal [+Neg] gewählt, dann ist der semantische Effekt die Negierung des Negationsmerkmals des betreffen-

---

102 Im Dänischen bezeichnet das Perfekt - ähnlich dem englischen Perfekt - etwas in der Vergangenheit Begonnenes und noch Andauerndes oder auf die Gegenwart Bezogenes (vgl. Jeg så ham i går - Jeg har set ham i dag).

103 Vgl. insbesondere Katz und Postal 1964, Klima 1964, Kraak 1966, Heidolph 1970, Stickel 1970 und Bald 1971.

104 Das gilt nicht nur für Elemente, die aus einem Formativ bestehen, sondern auch für komplexe Elemente. In He is not a hasty man kann man - nach Weinreich 1966 - hasty man als ungeordnete Menge semantischer Merkmale ansehen; verneint wird dann das Merkmal [+hasty], nicht [+male].

den negativen Verbs. Das entspricht dem logischen Prinzip, daß eine doppelte Verneinung identisch mit einer Bejahung ist. Wenn man etwas nicht verbietet, erlaubt man es (oder genauer: man läßt es zu; tillade kann, wie seine Etymologie vermuten läßt, auch mit "zulassen" übersetzt werden. Der feine Bedeutungsunterschied zwischen "erlauben" und "zulassen" wird im Dänischen nicht gemacht).

Die Realisierungen des Neg-Elements in der OS - z.B. als ikke 'nicht', ingen oder ikke nogen 'niemand' und aldrig 'nie' - können in diesem Rahmen nicht detailliert behandelt werden. Es sei hier auf die ausführliche Arbeit von Stickel verwiesen.[105] Es muß hervorgehoben werden, daß es sich bei den erwähnten Formen um Realisierungen des Elements Neg, nicht des Neg-Merkmals im Lexikon handelt, was sich vor allem daran zeigt, daß sie nicht mit einer anderen negativen Einheit innerhalb des gleichen (einfachen) Satzes kombinierbar sind: Man kann normalerweise nicht Sätze wie (45) äußern, während (46), wo außer dem Neg-Element noch ein lexikalisches Neg-Merkmal (in forbyde) angenommen werden muß, völlig normal ist:

(45)   *Ingen har aldrig set en heks.
       Niemand hat nie gesehen eine Hexe.

(46)   Det har aldrig været forbudt at køre her.
       Es ist niemals gewesen verboten zu fahren hier.

Dem deutschen Satz Niemand hat nie gelogen (den man wohl auch kaum als alltägliches Deutsch bezeichnen kann) entspricht im Dänischen ein komplexer Satz (vgl. Beispiel (47)), der auf jeden Fall auf zwei einfache Sätze zurückgeführt werden muß - was eine ähnliche Ableitung auch des deutschen Satzes glaubhaft erscheinen läßt.

(47)   Der er ingen, der aldrig har løjet.
       Da ist niemand, der nie hat gelogen.

Sätze, in denen die Negation nicht die Umkehrung, sondern einfach die Nicht-Identität eines Merkmals in einem Satzelement zur Folge hat, sind außerhalb des Bereichs dieser Untersuchung; zur Lösung

---

105 Stickel (1970, 13) nennt OS-Formen, die als Realisierungen des Neg-Elements auftreten (wie nicht, nichts, niemand, nie usw.) "Negationsträger".

dieses Problems vergleiche man Bald 1971.[106]

2.5 Das Lexikon

Wie in 2.1 und 2.2 beschrieben wurde, enthält das Lexikon die lexikalischen Einheiten mit ihren Merkmalen. Folgende Merkmaltypen sind zu unterscheiden:

a) inhärente semantische Merkmale,
b) Valenzmerkmale,
c) Ergänzungsmerkmale,
d) morphologische Merkmale,
e) phonologische Merkmale.[107]

Morphologische und phonologische Merkmale brauchen hier nicht behandelt zu werden, da sie keinen Einfluß auf die Struktur von Satzeinbettungen haben. Valenz- und Ergänzungsmerkmale gibt es nur bei V-Einheiten (vgl. 2.2.1.2).

Die folgende Illustration des Lexikons beschränkt sich auf V- und N-Einheiten, wobei zu berücksichtigen ist, daß sowohl Verb- als auch Adjektiv- und Substantivstämme als V-Einheiten der TS auftreten (vgl. 2.1). Der Schwerpunkt liegt auf der Beschreibung der Verba dicendi et sentiendi, da es im wesentlichen diese beiden Verbgruppen sind, die die zu untersuchenden Typen von Satzeinbettungen regieren. Ein Ausschnitt aus dem A-Lexikon (das als Mitspieler von V auftretende Adjektive umfaßt) wird

---

106 Bald (1971, 11ff.) behandelt Fälle wie The apostles are not great men, but men filled with the Holy Spirit und gibt dafür eine Regel, die er "some kind of reverse identity deletion rule" nennt.

107 Nach Chomsky 1965 kann eine lexikalische Einheit als eine Menge phonologischer und syntaktischer Merkmale dargestellt werden. Danach ist z.B. die Lexikoneinheit bee eine Abkürzung für eine Matrix phonologischer Merkmale, die den zwei Segmenten [b] und [i] zugeordnet sind: "Thus the two-column matrix representing the formative bee can be regarded as consisting of the features [+consonantal$_1$, -vocalic$_1$, -continuant$_1$,...,-consonantal$_2$, +vocalic$_2$, -grave$_2$,...]." (1965, 213f.). Ebenso kann die dänische Lexikoneinheit stå im hier gegebenen Lexikon als eine Abkürzung für die Merkmale [+consonantal$_1$, -vocalic$_1$, -voiced$_1$, +continuant$_1$,..,-consonantal$_2$ -vocalic$_2$, -voiced$_2$, -continuant$_2$,..., -consonantal$_3$, +vocalic$_3$,...] angesehen werden.

nicht gegeben. A kommt jedoch - als Alternative zu N-Mitspielern - im Valenzmerkmal einiger Verben (z.B. bei stå) vor.
V- und N-Lexikon sind in Gruppen unterteilt, die sich aus den Kombinationen der inhärenten Merkmale ergeben.

Tabelle 3. Ausschnitt aus dem V-Lexikon[108]

(1)   V mit [-Kom]   (nicht-kommunikative V)

(1.1) V mit [-Beweg] (Zustands-V)

hænge 'hängen' [+__N,N] $\left[+\_\_\dfrac{+Fest}{+Objekt}, +\_\_+Ort\right]$. [109]

høj 'hoch' [+__N] [+__+Objekt].

sove 'schlafen' [+__N] $\left[+\_\_\dfrac{-Pflanze}{+Objekt}\right]$.

stå 'stehen' [+__N,N/A] $\left[+\_\_\dfrac{-Konkr/+Fest}{+Objekt}, +\_\_+Ort/ +\_\_+Zustd\right]$. [110]

(1.2) V mit [-Akt] (Bewegungs-V)

brænde 'brennen' [+__N,N] $\left[+\_\_\dfrac{+Konkr}{+Objekt}, \left(+\_\_\dfrac{-Leb}{+Produkt}\right)\right]$ [111]

---

108 Anordnung und Schreibung der Lexikoneinheiten richten sich im wesentlichen nach den in Chomsky 1965 etablierten Konventionen. Redundante Merkmale werden auf Grund allgemeiner Redundanzregeln weggelassen (vgl. Chomsky 1965, 165f.). Inhärente Merkmale beziehen sich jeweils auf die ganze Gruppe, brauchen daher nicht bei jeder einzelnen Einheit angegeben zu werden. "X/Y" bedeutet "X oder Y". Einige Merkmale sind abgekürzt: "Betr" steht für "Betroffener", "Gesch" für "Geschehen", "Instr" für "Instrument", "Pfl" für "Pflanze"; sonstige Merkmal-Abkürzungen s. 2.2. Die Ergänzungsmerkmale erscheinen in der gleichen Reihenfolge wie die Valenzmerkmale, auf die sie sich beziehen. Das erste Klammerpaar schließt die Valenzmerkmale, das zweite die Ergänzungsmerkmale ein.

109 Es handelt sich hier um intransitives hænge (mit Präteritum hang gegenüber transitivem hænge mit Prät. hængte).

110 Für den Ort von stå gibt es keinerlei Beschränkungen. Stå kommt mit statischen Adjektiven wie tom 'leer' oder åben 'offen' vor (die hier durch das Ergänzungsmerkmal [+__+Zustd] charakterisiert werden), wenn es nicht mit einer Ortsangabe verbunden ist.

111 brænde kann Vorgangs- oder Aktionsverb sein. Hier ist es nur als Vorgangsverb aufgeführt. In einem großen Lexikon ist es besser, die Einheiten nicht so wie hier nach Gruppen, sondern alphabetisch zu ordnen; dann würde brænde die Merkmale [+Akt] bekommen und hätte bei [+Akt] ein Agens als zusätzlichen Mitspieler.

flyde 'fließen' [+__N,(N(N(N)]
$$\begin{bmatrix} +\underline{\quad}\dfrac{+Fst/+Lqu}{+Objekt} , \left(+\underline{\quad}\dfrac{+Lqu}{+Raum} \right)\!\!\left(+\underline{\quad}\dfrac{+Konkr}{+Ziel} \right)\!\!\left(+\underline{\quad}\dfrac{+Konkr}{+Start} \right) \end{bmatrix}.\ {}^{112}$$

regne 'regnen' [+__].[113]

(1.3) V mit [-Kaus] (nicht-kausative Aktionsverben)

løbe 'laufen' [+__N(N(N(N)]
$$\begin{bmatrix} +\underline{\quad}\dfrac{-Pfl/+Lqu}{+Agens} \left(+\underline{\quad}\dfrac{+Konkr}{+Start} \right)\!\!\left(+\underline{\quad}\dfrac{+Konkr}{+Raum} \right)\!\!\left(+\underline{\quad}\dfrac{+Konkr}{+Ziel} \right) \end{bmatrix}.\ {}^{114}$$

svømme 'schwimmen' [+__N,N(N)] $\begin{bmatrix} +\underline{\quad}\dfrac{-Pfl}{+Agens}, +\underline{\quad}\dfrac{+Lqu}{+Raum} \left(+\underline{\quad}\dfrac{+Konkr}{+Ziel} \right) \end{bmatrix}$.

(1.4) V mit [+Kaus] (Kausative Aktionsverben)

bevirke 'bewirken' [+__N,T] $\begin{bmatrix} +\underline{\quad}\dfrac{-Konkr/-Tier}{+Agens} , +\underline{\quad}+Geschehen \end{bmatrix}$.

brænde 'verbrennen' [+__N,N(N)] $\begin{bmatrix} +\underline{\quad}\dfrac{-Tier}{+Agens}, +\underline{\quad}\dfrac{+Konkr}{+Objekt} \left(+\underline{\quad}\dfrac{-Leb}{+Produkt} \right) \end{bmatrix}$

bygge 'bauen' [+__N,N(N(N)]
$$\begin{bmatrix} +\underline{\quad}\dfrac{-Pfl}{+Agens}, +\underline{\quad}\dfrac{+Fest}{+Produkt} \left(+\underline{\quad}\dfrac{+Fest}{+Quelle} \right)\!\!\left(+\underline{\quad}+Instr \right) \end{bmatrix}.$$

(2) V mit [-Akt, -Ling] (Nicht-aktive V der nicht-sprachlichen Kommunikation

(2.1) V mit [-Urteil]

huske '(sich)erinnern' [+__N,N/T] $\begin{bmatrix} +\underline{\quad}\dfrac{-Pfl}{+Betr}, +\underline{\quad}+Objekt / +\underline{\quad}+Gesch \end{bmatrix}$.

---

112 "Start" bezeichnet den Ausgangspunkt

113 Regne wird als 0-wertig angenommen: Der Ort, an dem es regnet, ist kein distinktives Merkmal. Er kann hinzugefügt werden (als freie Angabe) wie er bei jedem Vorgang hinzugefügt werden kann (auch ein Geben, Lachen oder Nehmen findet immer an einem Ort statt, der aber keineswegs distinktives Merkmal dieser Vorgänge oder Handlungen ist).

114 "Raum" steht für ein Volumen (oder Gelände) und entspricht "path" bei Fillmore 1971a. "Ort" bezieht sich auf statische, "Raum" auf dynamische Verben.

kende 'kennen' [+__N,N] $\left[+\underline{}\begin{smallmatrix}-\text{Pfl}\\+\text{Betr}\end{smallmatrix}, +\underline{}+\text{Objekt}\right]$.

lugte 'riechen' [+__N,N/T] $\left[+\underline{}\begin{smallmatrix}-\text{Pfl}\\+\text{Betr}\end{smallmatrix}, +\underline{}\begin{smallmatrix}+\text{Konkr}\\+\text{Objekt}\end{smallmatrix} \big/ +\underline{}+\text{Gesch}\right]$.

se 'sehen' [+__N,N/T] $\left[+\underline{}\begin{smallmatrix}-\text{Pfl}\\+\text{Betr}\end{smallmatrix}, +\underline{}+\text{Objekt} \big/ +\underline{}+\text{Gesch}\right]$.

(2.2) V mit [-Spr, -Ver]   (leer)

(2.3) V mit [-Spr, +Ver]   (leer)

(2.4) V mit [+Spr, -Ver]

se [+__N,T] $\left[+\underline{}\begin{smallmatrix}-\text{Pfl}\\+\text{Betr}\end{smallmatrix}, +\underline{}+\text{Gesch}\right]$.[115]

tvivlsom 'zweifelhaft' [+__N/T] $\left[+\underline{}\begin{smallmatrix}-\text{Konkr}\\+\text{Objekt}\end{smallmatrix} \big/ +\underline{}+\text{Gesch}\right]$.

vide 'wissen' [+__N,T] $\left[+\underline{}\begin{smallmatrix}-\text{Tier}\\+\text{Betr}\end{smallmatrix}, +\underline{}+\text{Gesch}\right]$.[115]

(2.5) V mit [+Spr, +Ver]

forstå 'verstehen' [+__N,T] $\left[+\underline{}\begin{smallmatrix}-\text{Pfl}\\+\text{Betr}\end{smallmatrix}, +\underline{}+\text{Gesch}\right]$.[116]

god[117] 'gut' [+__+N/T] [+__+Objekt/+__+Gesch].

kendsgerning 'Tatsache' [+__T] [+__+Gesch].

---

115 In Verbindung mit om- oder hv-Satz (vgl. 1.1.4).

116 Forstå hat die Merkmale [+Ling] (da man etwas Gesprochenes, aber auch einen Vorfall verstehen kann) und [±Urteil]; bei [-Urteil] hat es immer [+Ling] (und ist nicht bei tierischem Agens möglich) und bedeutet dann so viel wie "auffassen" (=in einem bestimmten Sinn verstehen). Es kann aber auch ein Urteil ausdrücken, wobei impliziert ist, daß der Sprecher die Aussage für wahr hält (vgl. forstå unter (3.1)).

117 Alle Adjektive werden hier in der Genus-commune-Form gegeben; wenn sie einen Satz regieren, stehen sie immer im Neutrum.

overse 'übersehen' [+__N,T] $\begin{bmatrix} -Tier \\ +\_\_+Betr, +\_\_+Gesch \end{bmatrix}$.

vide [+__N,T] $\begin{bmatrix} -Pfl \\ +\_\_+Betr, +\_\_+Gesch \end{bmatrix}$.

(3) V mit [-Akt, +Ling] (nicht-aktive V der sprachlichen Kommunikation)

(3.1) V mit [-Urteil]

forstå [+__N(N)T)] $\begin{bmatrix} -Tier \\ +\_\_+Betr\ (+\_\_+Objekt)(+\_\_+Gesch) \end{bmatrix}$.

høre 'hören' [+__+N,(N)N/T] $\begin{bmatrix} -Tier & \left(\begin{array}{c}-Tier\\+Quelle\end{array}\right) & \\ +\_\_+Betr & +\_\_+Obj/+\_\_+Gesch \end{bmatrix}$.[118]

(3.2) V mit [-Spr, -Ver] (leer)

(3.3) V mit [-Spr, +Ver] (leer)

(3.4) V mit [+Spr, -Ver]

erfare 'erfahren' [+__N,N,N/T] $\begin{bmatrix} -Tier & -Tier & -Konk \\ +\_\_+Betr, & +\_\_+Quelle, & +\_\_+Obj/+\_\_+Gesch \end{bmatrix}$.

(3.5) V mit [+Spr, +Ver]

erfare [+__N,N,N/T] $\begin{bmatrix} -Tier & -Tier & -Konk \\ +\_\_+Betr, & +\_\_+Quelle, & +\_\_+Obj/+\_\_+Gesch \end{bmatrix}$.[119]

forstå [+__N,T] $\begin{bmatrix} -Pfl \\ +\_\_+Betr, +\_\_+Gesch \end{bmatrix}$.

(4) V mit [-Kaus, -Ling] (nicht-kausale V der nicht-sprachlichen Kommunikation)

(4.1) V mit [-Urteil]

håbe 'hoffen' [+__N,N/T] $\begin{bmatrix} -Tier & -Konkr \\ +\_\_+Agens, & +\_\_+Objekt/+\_\_Gesch \end{bmatrix}$.

---
[118] Høre hat - wie forstå - [+Ling].
[119] Erfare hat [+Ver]; in Verbindung mit om- oder hv-Sätzen drückt es [-Ver] aus, mit at-Sätzen [+Ver], immer für den Sprecher.

regne 'rechnen (mit)' [+__N,N/T] $\begin{bmatrix} +__\overline{\text{-Tier}}_{+\text{Agens}}, +__\overline{\text{+Obj}}^{\text{-Tier/-Konk}}, +__\text{+Gesch} \end{bmatrix}$.

synes '(gut) leiden können' [+__N,N(A)/T]

$\begin{bmatrix} +__\overline{\text{-Tier}}_{+\text{Agens}}, +__\text{+Obj}(+__\text{+Bewertg})/+__\text{+Gesch} \end{bmatrix}$.

(4.2)   V mit [-Spr, -Ver]

prøve 'versuchen' [+__N,N/T] $\begin{bmatrix} +__\overline{\text{-Pfl}}_{+\text{Agens}}, +__\text{+Obj}/+__\text{+Gesch} \end{bmatrix}$.

undersøge 'untersuchen' [+__N,N/T] $\begin{bmatrix} +__\overline{\text{-Pfl}}_{+\text{Agens}}, +__\text{+Obj}/+__\text{+Gesch} \end{bmatrix}$.

overveje 'überlegen' [+__N,T] $\begin{bmatrix} +__\overline{\text{-Tier}}_{+\text{Agens}}, +__\text{+Gesch} \end{bmatrix}$.

(4.3)   V mit [-Spr, +Ver]

formode 'vermuten' [+__N,T] $\begin{bmatrix} +__\overline{\text{-Tier}}_{+\text{Agens}}, +__\text{+Gesch} \end{bmatrix}$.

tro 'glauben' [+__N,N/T] $\begin{bmatrix} +__\overline{\text{-Pfl}}_{+\text{Agens}}, +__\text{+Obj}/+__\text{+Gesch} \end{bmatrix}$.

(4.4)   V mit [+Spr, -Ver]   (leer)

(4.5)   V mit [+Spr, +Ver]

indse 'einsehen' [+__N,N/T] $\begin{bmatrix} +__\overline{\text{-Tier}}_{+\text{Agens}}, +__\overline{\text{+Obj}}^{\text{-Konkr}}/+__\text{+Gesch} \end{bmatrix}$.

(5)   V mit [-Kaus, +Ling] (nicht-kausale V der sprachlichen Kommunikation)

(5.1)   V mit [-Urteil]

fortælle 'erzählen' [+__N,N,N/T]

$\begin{bmatrix} +__\overline{\text{-Tier}}_{+\text{Agens}}, +__\overline{\text{-Tier}}_{+\text{Betr}}, +__\overline{\text{+Produkt}}^{\text{-Konkr}}/+__\text{+Gesch} \end{bmatrix}$.[120]

---

[120] Fortælle setzt - ebenso wie sige - einen Betroffenen (den Angesprochenen) voraus (vgl. Boeder 1968b und Wunderlich 1969).

påstå 'behaupten' [+__N,N/T] $\left[+\underline{}\begin{array}{c}\text{-Tier}\\\text{+Agens}\end{array}, +\underline{}\begin{array}{c}\text{-Konkr}\\\text{+Produkt}\end{array}\bigg/+\underline{}\text{+Gesch}\right]$.[121]

sige 'sagen' [+__N,N(N)/T]

$\left[+\underline{}\begin{array}{c}\text{-Tier}\\\text{+Agens}\end{array}, +\underline{}\begin{array}{c}\text{-Tier}\\\text{+Betr}\end{array}(+\underline{}\text{+Obj})+\underline{}\begin{array}{c}\text{-Konkr}\\\text{+Prod}\end{array}\bigg/+\underline{}\text{+Gesch}\right]$.[122]

tale 'sprechen' [+__N,N,N/T] $\left[+\underline{}\begin{array}{c}\text{-Tier}\\\text{+Agens}\end{array}, +\underline{}\begin{array}{c}\text{-Tier}\\\text{+Betr}\end{array}, +\underline{}\text{+Obj}/+\underline{}\text{+Gesch}\right]$.

(5.2)   V mit [-Spr, -Ver]

spørge [+__N,N,N/T] $\left[+\underline{}\begin{array}{c}\text{-Tier}\\\text{+Agens}\end{array}, +\underline{}\begin{array}{c}\text{-Tier}\\\text{+Betr}\end{array}, +\underline{}\text{+Obj}/+\underline{}\text{+Gesch}\right]$.

(5.3)   V mit [-Spr, +Ver] (leer)

(5.4)   V mit [+Spr, -Ver]

sige' [+__N,N(N)T] $\left[+\underline{}\begin{array}{c}\text{-Tier}\\\text{+Agens}\end{array}, +\underline{}\begin{array}{c}\text{-Tier}\\\text{+Betr}\end{array}(+\underline{}\text{+Obj})+\underline{}\text{+Gesch}\right]$.[123]

(5.5)   V mit [+Spr, +Ver]

beklage [+__N,N/T] $\left[+\underline{}\begin{array}{c}\text{-Tier}\\\text{+Agens}\end{array}, +\underline{}\text{+Obj}/+\underline{}\text{+Gesch}\right]$.[124]

---

121 Die Wahl der möglichen N-Objekte von påstå ist sehr beschränkt.

122 Sige kann - wie auch andere verba dicendi - zusätzlich zu dem Produkt (z.B. et løgn = eine Lüge) oder dem berichteten Geschehen noch ein Objekt, über das etwas berichtet wird, haben. Falls ein T von sige abhängt, muß das N mit [+Objekt] in diesem noch einmal enthalten sein. Vgl. dazu A. Meyer-Ingwersen's deutsches Beispiel Er sagte uns über Peter, daß er unzuverlässig ist (1968, 61). Diese Feststellung gilt für dänische wie für deutsche verba dicendi.

123 Sige drückt zusammen mit einem om-Satz aus, daß der Sprecher den Wahrheitsgehalt des abhängigen Satzes nicht kennt (oder nicht beurteilen will), während es mit at-Sätzen sprecherneutral und nicht-beurteilend ist (vgl. 1.1.4).

124 Nicht-reflexives beklage (=bedauern) setzt voraus, daß der Sprecher den Gegenstand des Bedauerns für wahr hält, während reflexives beklage (sich über etwas beklagen) nicht das Urteil des Sprechers erkennen läßt. Vgl. auch Kiparskys Feststellungen über das englische to regret (P. und C. Kiparsky 1970).

tilstå [+__N,N,N/T] $\left[+\underline{\quad}\begin{array}{c}\text{-Tier}\\\text{+Agens}\end{array}, +\underline{\quad}\begin{array}{c}\text{-Tier}\\\text{+Betr}\end{array}, +\underline{\quad}\begin{array}{c}\text{-Konkr}\\\text{+Obj}\end{array}, +\underline{\quad}\text{+Gesch}\right]$.

(6)   V mit [+Kaus, +Kom]   (kausale Kommunikationsverben)

(6.1) V mit [-Ling]

huske [+__N,N/T] $\left[+\underline{\quad}\begin{array}{c}\text{-Tier}\\\text{+Agens}\end{array}, +\underline{\quad}\text{+Produkt}/+\underline{\quad}\text{+Gesch}\right]$.[125]

(6.2) V mit [-Vol, -Perm]   (leer)

(6.3) V mit [-Vol, +Perm]   (Erlaubnisverben)

forbyde 'verbieten' [+__N,N,T] $\left[+\underline{\quad}\begin{array}{c}\text{-Tier}\\\text{+Agens}\end{array}, +\underline{\quad}\begin{array}{c}\text{-Tier}\\\text{+Betr}\end{array}, +\underline{\quad}\text{+Gesch}\right]$.

tillade 'erlauben' [+__N,N,T] $\left[+\underline{\quad}\begin{array}{c}\text{-Tier}\\\text{+Agens}\end{array}, +\underline{\quad}\begin{array}{c}\text{-Tier}\\\text{+Betr}\end{array}, +\underline{\quad}\text{+Gesch}\right]$.[126]

(6.4) V mit [-Vol, +Infl]   (Beeinflussungsverben)

få (til) '(dazu) bringen (daß)'

   [+__N,N,T] $\left[+\underline{\quad}\begin{array}{c}\text{-Tier}\\\text{+Agens}\end{array}, +\underline{\quad}\begin{array}{c}\text{-Tier}\\\text{+Betr}\end{array}, +\underline{\quad}\text{+Gesch}\right]$.

overbevise 'überzeugen' [+__N,N,T] $\left[+\underline{\quad}\begin{array}{c}\text{-Tier}\\\text{+Agens}\end{array}, +\underline{\quad}\begin{array}{c}\text{-Tier}\\\text{+Betr}\end{array}, +\underline{\quad}\text{+Gesch}\right]$.

overtale [+__N,N,T] $\left[+\underline{\quad}\begin{array}{c}\text{Tier}\\\text{+Agens}\end{array}, +\underline{\quad}\begin{array}{c}\text{-Tier}\\\text{+Betr}\end{array}\right]$

(6.5) V mit [+Vol, -Befehl]   (Wunschverben)

ville 'wollen' [+__N,N/T] $\left[+\underline{\quad}\begin{array}{c}\text{-Tier}\\\text{+Agens}\end{array}, +\underline{\quad}\text{+Objekt}/+\underline{\quad}\text{+Gesch}\right]$.[127]

---

125 Hier handelt es sich - im Gegensatz zu huske in (2.1) - um huske in aktiver Bedeutung (=sich etwas ins Gedächtnis zurückrufen).

126 Für tillade und forbyde gilt zusätzlich, daß das Subjekt des abhängigen Satzes mit dem durch [+__+Betr] gekennzeichneten Mitspieler identisch ist (vgl. A. Meyer-Ingwersen 1968).

127 In der OS kommt ville ohne abhängigen Satz vor: Hvor vil du hen? Hier muß Tilgung eines Satzes mit Bewegungsverb angenommen werden (vgl. Hvor vil du gå hen?).

ønske 'wünschen' [+__N,T] $\begin{bmatrix} +\_\_\begin{smallmatrix}-Tier\\+Agens\end{smallmatrix}, +\_\_+Gesch \end{bmatrix}$.

(6.6)   V mit [+Vol, +Befehl]   (Befehlsverben)

befale 'befehlen' [+__N,N,T] $\begin{bmatrix} +\_\_\begin{smallmatrix}-Tier\\+Agens\end{smallmatrix}, +\_\_\begin{smallmatrix}-Tier\\+Betr\end{smallmatrix}, +\_\_+Gesch \end{bmatrix}$.

forlange 'verlangen' [+__N,N,T] $\begin{bmatrix} +\_\_\begin{smallmatrix}-Tier\\+Agens\end{smallmatrix}, +\_\_\begin{smallmatrix}-Tier\\+Betr\end{smallmatrix}, +\_\_+Gesch \end{bmatrix}$.

Das V-Lexikon bildet den zentralen Teil des Lexikons. Die Beispiele wurden hier in Gruppen geordnet, deren jede eine besondere Merkmalkombination darstellt. Die Merkmalkombinationen ergeben sich aus der Anwendung der Merkmalregeln (35). Nach diesen Regeln können z.B. die Kombinationen [-Akt, +Kom, +Ling, +Urteil] und [+Akt, -Kaus, +Kom, +Ling, +Urteil] gebildet werden, nicht aber [+Akt, +Kaus, +Kom, +Ling, +Urteil]. Ebenso sind Verbindungen von [+Vol] und [-Vol] mit [-Kaus] ausgeschlossen, da [±Vol] nur in Verbindung mit [+Kaus] auftritt (vgl. (35vi)). Einige der Gruppen sind leer, d.h. es konnten keine Beispiele für die betreffenden Merkmalkombinationen gefunden werden. Da in der Tabelle 3 redundante Merkmale nicht angegeben wurden und auch Merkmale der Obergruppe nicht noch einmal bei allen Untergruppen wiederholt wurden, sei hier noch einmal eine Übersicht der vorhandenen Merkmalkombinationen (in gleicher Ordnung wie in Tabelle 3 gegeben.

Tabelle 4. Merkmalgruppen des V-Lexikons

    (1)   V mit [-Kom]
    (1.1)   [-Bew]
    (1.2)   [+Bew, -Akt, -Kom]
    (1.3)   [+Bew, +Akt, -Kaus, -Kom]
    (1.4)   [+Bew, +Akt, +Kaus, -Kom]

    (2)   V mit [-Akt, -Ling]
    (2.1)   [+Bew, -Akt, +Kom, -Ling, -Urt]
    (2.2)   [+Bew, -Akt, +Kom, -Ling, +Urt, -Spr, -Ver]   (leer)
    (2.3)   [+Bew, -Akt, +Kom, -Ling, +Urt, -Spr, +Ver]   (leer)
    (2.4)   [+Bew, -Akt, +Kom, -Ling, +Urt, +Spr, -Ver]
    (2.5)   [+Bew, -Akt, +Kom, -Ling, +Urt, +Spr, +Ver]

(3)   V mit [-Akt, +Ling]
(3.1) [+Bew, -Akt, +Kom, +Ling, -Urt]
(3.2) [+Bew, -Akt, +Kom, +Ling, +Urt, -Spr, -Ver] (leer)
(3.3) [+Bew, -Akt, +Kom, +Ling, +Urt, -Spr, +Ver] (leer)
(3.4) [+Bew, -Akt, +Kom, +Ling, +Urt, +Spr, -Ver]
(3.5) [+Bew, -Akt, +Kom, +Ling, +Urt, +Spr, +Ver]

(4)   V mit [-Kaus, -Ling]
(4.1) [+Bew, +Akt, -Kaus, +Kom, -Ling, -Urt]
(4.2) [+Bew, +Akt, -Kaus, +Kom, -Ling, +Urt, -Spr, -Ver]
(4.3) [+Bew, +Akt, -Kaus, +Kom, -Ling, +Urt, -Spr, +Ver]
(4.4) [+Bew, +Akt, -Kaus, +Kom, -Ling, +Urt, +Spr, -Ver] (leer)
(4.5) [+Bew, +Akt, -Kaus, +Kom, -Ling, +Urt, +Spr, +Ver]

(5)   V mit [-Kaus, +Ling]
(5.1) [+Bew, +Akt, -Kaus, +Kom, +Ling, -Urt]
(5.2) [+Bew, +Akt, -Kaus, +Kom, +Ling, +Urt, -Spr, -Ver]
(5.3) [+Bew, +Akt, -Kaus, +Kom, +Ling, +Urt, -Spr, +Ver] (leer)
(5.4) [+Bew, +Akt, -Kaus, +Kom, +Ling, +Urt, +Spr, -Ver]
(5.5) [+Bew, +Akt, -Kaus, +Kom, +Ling, +Urt, +Spr, +Ver]

(6)   V mit [+Kaus, +Kom]
(6.1) [+Bew, +Akt, +Kaus, +Kom, -Ling]
(6.2) [+Bew, +Akt, +Kaus, +Kom, +Ling, -Vol, -Infl, -Perm] (leer)
(6.3) [+Bew, +Akt, +Kaus, +Kom, +Ling, -Vol, -Infl, +Perm]
(6.4) [+Bew, +Akt, +Kaus, +Kom, +Ling, -Vol, +Infl]
(6.5) [+Bew, +Akt, +Kaus, +Kom, +Ling, +Vol, -Befehl]
(6.6) [+Bew, +Akt, +Kaus, +Kom, +Ling, +Vol, +Befehl]

Die Gruppe (1) umfaßt Zustands- und Bewegungsverben, die keine Kommunikationsübermittlung ausdrücken. Gruppen (2) - (4) fallen ungefähr mit der traditionellen Gruppe der Verba sentiendi zusammen, wobei hier unterschieden wurde, ob eine Aktion ausgedrückt wird oder nicht und ob die Wahrnehmung sprachlicher oder nicht-sprachlicher Art ist. Gruppe (5) enthält Verba dicendi, Gruppe (6) Wunsch- und Befehlsverben sowie Verben des Erlaubens und Beeinflussens und Verben der aktiven, kausalen nicht-sprachlichen Kommunikation. Es wäre möglich gewesen, (6.1) als eine Gruppe den Gruppen (6.2) - (6.6) gegenüberzustellen (die dann

Gruppe (7) heißen könnten); sie wurden hier zusammengefaßt, da es sich in allen Fällen um Kausalität handelt: Wir haben es mit kausalen Kommunikationsverben zu tun, von denen die Wunsch- und Befehlsverben und die Verben des Erlaubens und Beeinflussens sprachliche Kommunikation voraussetzen, während in der Gruppe (6.1) die Kommunikation nicht-sprachlicher Art ist.

Aus der Nicht-Besetzung der Untergruppen (2.2), (2.3), (3.2) und (3.3) kann man schließen, daß bei nicht-aktiven Verba sentiendi grundsätzlich nicht das Urteil des Sprechers ausgedrückt wird, wohl aber das Urteil des Betroffenen (d.h. des Subjekts in der OS). Die Nicht-Besetzung der Untergruppen (4.4), (5.3) und (6.2) scheint zufällig zu sein. In allen drei Fällen wäre es wohl möglich, zwar nicht ein einfaches Verb, Adjektiv oder Substantiv, aber eine längere Paraphrase zu gebrauchen, so z.B. have ikke noget imod (nichts dagegen haben) in (6.2). In (4.4) wäre es außerdem denkbar, daß se in aktiver Bedeutung (se efter 'nachsehen')so verwendet wird, daß die Person, die etwas nachgesehen hat, informiert ist, der Sprecher aber nicht: Karin har set efter, om Ole er kommet (Karin hat nachgesehen, ob Ole gekommen ist - aber ich weiß es (noch) nicht).

Aus dem N-Lexikon wird nur ein kleiner Ausschnitt angeführt. Die N-Einheiten des Lexikons interessieren in dieser Untersuchung nur so weit, wie sie als Mitspieler der zu behandelnden Gruppen von V in Frage kommen. Die N-Einheiten des Lexikons[128] können in eine durch D- oder D-PS-Regeln abgeleitete Struktur eingesetzt werden, wenn ihre Merkmale mit den kontextuellen Merkmalen des gewählten V übereinstimmen. Für jede mögliche Merkmalkombination wurde ein Beispiel ausgewählt.[129]

---

[128] Substantive können auch als V-Einheiten im Lexikon auftreten (vgl. (48)). Dabei wird vorausgesetzt, daß es Substantive gibt, die im Lexikon sowohl das Kategorie-Merkmal [+N] als auch das Kategorie-Merkmal [+V] haben. Die Bedingungen, unter denen ein Substantiv das Kategorie-Merkmal [+V] haben kann, wurden hier nicht untersucht, jedoch ist es z.B. offensichtlich, daß Eigennamen nicht prädikativ auftreten und dadurch nicht [+V] haben können.

[129] Nicht angegeben wurden die Kombinationen, die sich durch Einbeziehung von Merkmalen wie [±Viel] oder [±Gener] ergeben [±Gener] tritt bei N mit [-EN] auf (ebenso wie [±Def] usw.); [±Viel] ist bei allen N mit [+Zählb] möglich.

Tabelle 5. Ausschnitt aus dem N-Lexikon

mod 'Mut'	[-EN, -Zählb, -Konkr]
luft 'Luft'	[-EN, -Zählb, +Konkr, -Fest, -Liqu]
vand 'Wasser'	[-EN, -Zählb, +Konkr, -Fest, +Liqu]
sand 'Sand'	[-EN, -Zählb, +Konkr, +Fest]
bevægelse 'Bewegung'	[-EN, +Zählb, -Konkr]
vind 'Wind'	[-EN, +Zählb, +Konkr, -Fest, -Liqu]
å 'Bach'	[-EN, +Zählb, +Konkr, -Fest, +Liqu]
bord 'Tisch'	[-EN, +Zählb, +Konkr, -Leb, +Fest]
bonde 'Bauer'	[-EN, +Zählb, +Konkr, +Leb, -Pflanze, -Tier]
kat 'Katze'	[-EN, +Zählb, +Konkr, +Leb, -Pflanze, +Tier]
træ 'Baum'	[-EN, +Zählb, +Konkr, +Leb, +Pflanze][130]
Politiken	[+EN, -Konkr]
Danmark	[+EN, +Konkr, -Leb]
Jens	[+EN, +Konkr, +Leb, -Pflanze, -Tier]
Fido	[+EN, +Konkr, +Leb, -Pflanze, +Tier]

---

130 Træ 'Holz' hat [-Zählb] und [-Leb].

2.6 Strukturdiagramme

Jetzt ist es möglich, Baumdiagramme abgeleiteter Strukturen mit den wesentlichen Merkmalen darzustellen. Es werden zwei Beispiele in Form von D-Diagrammen gegeben. Die D-PS-Diagramme lassen sich leicht davon ableiten (vgl. (25) und (27)).[131]

(48) Peter skar skibe i bordpladen (Peter schnitzte Schiffe in die Tischplatte)

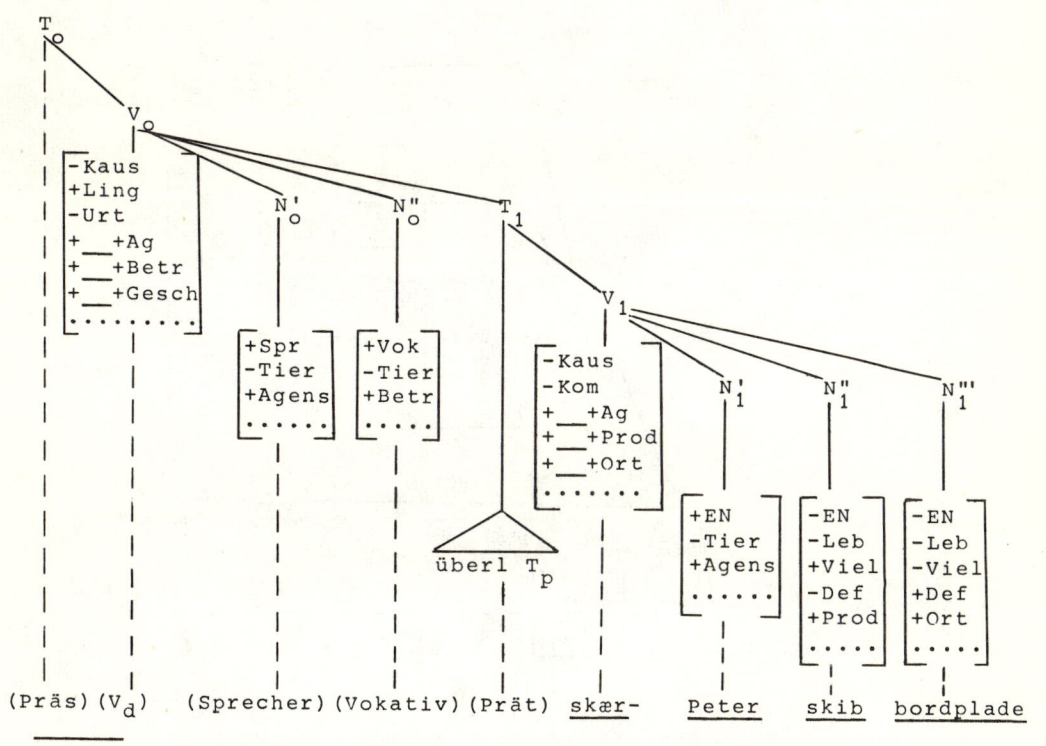

$$
\begin{array}{c}
T_0 \\
\downarrow \\
V_0 \\
\end{array}
\quad
\begin{bmatrix}
-\text{Kaus} \\
+\text{Ling} \\
-\text{Urt} \\
+\_\_+\text{Ag} \\
+\_\_+\text{Betr} \\
+\_\_+\text{Gesch} \\
\cdots
\end{bmatrix}
\quad
N'_0
\begin{bmatrix}
+\text{Spr} \\
-\text{Tier} \\
+\text{Agens} \\
\cdots
\end{bmatrix}
\quad
N''_0
\begin{bmatrix}
+\text{Vok} \\
-\text{Tier} \\
+\text{Betr} \\
\cdots
\end{bmatrix}
\quad
T_1
\begin{bmatrix}
-\text{Kaus} \\
-\text{Kom} \\
+\_\_+\text{Ag} \\
+\_\_+\text{Prod} \\
+\_\_+\text{Ort} \\
\cdots
\end{bmatrix}
$$

überl T_p

V_1

N'_1
$\begin{bmatrix} +\text{EN} \\ -\text{Tier} \\ +\text{Agens} \\ \cdots \end{bmatrix}$

N''_1
$\begin{bmatrix} -\text{EN} \\ -\text{Leb} \\ +\text{Viel} \\ -\text{Def} \\ +\text{Prod} \\ \cdots \end{bmatrix}$

N'''_1
$\begin{bmatrix} -\text{EN} \\ -\text{Leb} \\ -\text{Viel} \\ +\text{Def} \\ +\text{Ort} \\ \cdots \end{bmatrix}$

(Präs) (V_d) (Sprecher) (Vokativ) (Prät) <u>skær-</u> <u>Peter</u> <u>skib</u> <u>bordplade</u>

---

[131] In den Diagrammen bekommen die Kategorien des performativen Satzes den Index 0, die Kategorien im davon abhängigen Satz (einschließlich T, das zwar Mitspieler des übergeordneten V ist, aber gleichzeitig den abhängigen Satz repräsentiert) den Index 1 (ein weiterer abhängiger Satz bekommt den Index 2 usw). Mehrere N, die vom gleichen V abhängen, werden durch ', " und "' unterscheiden. Die beiden N, die Sprecher und Angesprochenen bezeichnen, werden später zu Pronomina (der ersten bzw. zweiten Person) pronominalisiert, falls der performative Satz nicht getilgt wird. Bei mehreren Personen als Sprecher bzw. als Angeredete kann man wohl eine Koordination mehrerer N annehmen (vgl. dazu Boeder 1968b). Die Sterne der Kategorien wurden weggelassen, da sie zusammen mit der Indizierung zu Unübersichtlichkeiten geführt hätten.

158

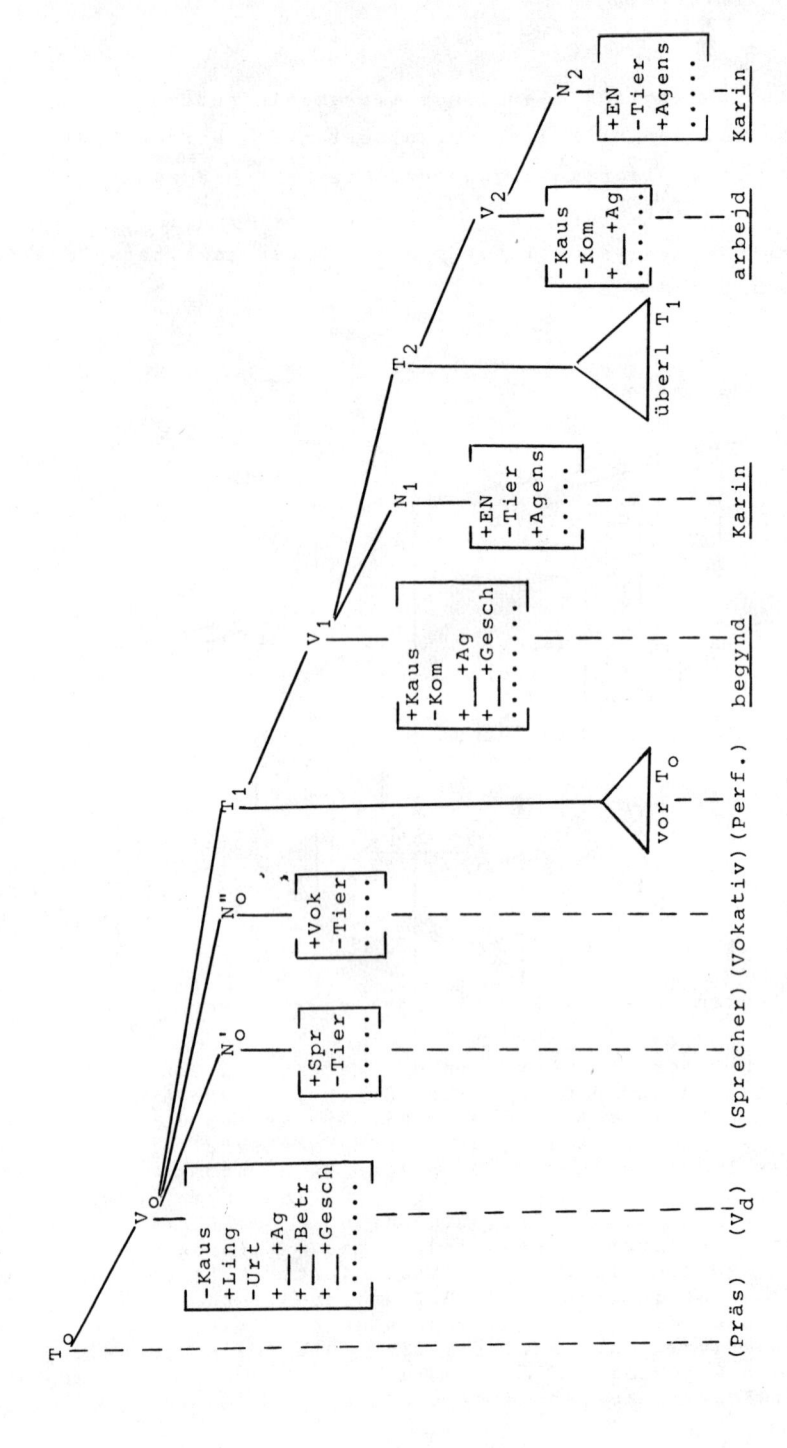

(49) Karin er begyndt at arbejde (Karin hat angefangen zu arbeiten)

3.   TRANSFORMATIONEN

3.0   Vorbemerkungen

Daß es grundsätzlich möglich ist, Transformationen auch auf D-Strukturen aufzubauen, hat Robinson (1970a, 275ff.) gezeigt, im sechsten Abschnitt ihres Artikels, der "Conventions for Dependency Transformations" betitelt ist. Sie sagt auf S. 275:
> "The fact that a dependency grammar can be represented as a phrase structure grammar with added informaion means that all of the previously established conventions for defining and constraining transformations of phrase structures are also available for dependency structures, if we need them."

Darüber hinaus können einige Transformationen oder Bedingungen für ihre Anwendung jetzt genauer formuliert werden, wie z.B. Ross' "Complex NP Constraint". Robinson gibt dafür die neue Formulierung (1970a, 275):
> If an occurrence of a distinguished initial category is governed by a lexical noun, neither it nor any of its dependents may be assigned as dependents of any occurrence not dependent on that noun."

Wenn man D-Strukturen in D-PS-Strukturen umformt oder einfach durch D-Regeln erzeugte Stammbäume als D-PS-Strukturen uminterpretiert (indem man die nicht mit Sternchen versehenen Symbole als nichtterminale Kategorien ansieht, deren ICs in den nächst tieferen Klammern genannt sind, vgl. Robinson 1970a, 276), kann man Transformationen in der üblichen Form formulieren, wie z.B. in (1) (= (28) bei Robinson 1970a):

(1)   (A* B X)
       1 2 3 → 2 1 3

Nach den bekannten Konventionen für Transformationen bezeichnet die linke Seite die strukturelle Beschreibung, auf die die Transformation anwendbar ist, die rechte Seite die strukturelle Veränderung. Die Einheiten sind indiziert und die strukturelle Ver-

änderung wird mit Hilfe der Indizes beschrieben. Daneben gibt
es natürlich auch die Möglichkeit, ohne Indizes auszukommen und
statt dessen die Einheiten bei der strukturellen Veränderung
noch einmal aufzuführen.[1] Die alternative Formulierung zu (1)
ist dann (2):

(2)   (A* B X) → (B A* X)

Der einzige Unterschied gegenüber den Konventionen für Transformationen, die auf PS-Strukturen aufbauen, besteht im Gebrauch des Sternchens: Eine Einheit mit Sternchen bezeichnet eine regierende Kategorie, eine Einheit ohne Sternchen (die das gleiche Kategoriesymbol hat wie die dazugehörige besternte Kategorie) eine Phrase. Variable (die auch O sein können) werden, wie üblich, durch X, Y und Z bezeichnet.

Robinson beschreibt Regel (1) folgendermaßen (1970a, 277):

> "The rule applies to any string analysable into three
> sub-strings of which the first is a single occurrence
> of category A, the second is a B-phrase whose governor,
> B*, depends directly on the A*, and the third is a va-
> riable sub-string either null or governed by occurrences
> which depend directly on the A*. The structural change
> shifts the position of the B-phrase, attaching its go-
> vernor, B*, as a direct left dependent of A*."

Da - nach Robinson - das Transform einer auf D-Strukturen aufbauenden Transformation auch wieder D-Strukturen enthalten muß, ergeben sich einige Probleme, besonders in dem Fall, wo ein regierendes Element getilgt wird. Solche Transformationen schaffen z.B. im Englischen NPs ohne N wie the brave, the very brave, these brave usw. Auch fürs Dänische muß man solche Transformationen annehmen und im Deutschen, wo substantivierte Adjektive ohne die Beschränkungen auftreten, die dafür im Englischen und Dänischen gelten, werden sie anscheinend besonders oft angewandt.[2]

---

[1] So verfährt z.B. Boeder (vgl. 1971, 23).

[2] Englisch ist hierin am meisten beschränkt; nur im Plural reiner Adjektive ist Gebrauch ohne regierendes Substantiv (oder Pronomen one) ohne weiteres möglich: the poor, the dead, the old, aber *the poor 'der Arme', *the come 'der Gekommene, die Gekommenen'; ebenfalls ungrammatisch sind Substantivierungen von präsentischen Partizipien im Singular, vgl. *the coming 'der Kommende'. Möglich, mit besonderem Stilwert, sind pluralische Substantivierungen in The customs official was strict with those immigrating und The incoming were required to memorize the charter. Das Dänische steht etwa in der Mitte zwischen Deutsch

Robinson gibt folgende vorläufige Lösung (1970a, 280):

> "Pending further study...we define a notation and a convention for instances of governor deletion which leaves dependents. A generalized example of the structural description and transformation for such deletion is:
> (32) A(B$_A$ A* X)
>   1 2   3 4 → 1 2* ∅ 4
> where B$_A$ is a category especially related to A, because it occurs as an obligatory dependent of A in the base categorial rules, or because it was introduced by a transformation which 'spelled it out' from a feature of its governor, as Postal 1966 proposes. By convention, the parentheses and their original label A are retained; the element whose index number is starred on the right is elevated and attached to the governor of A*...If a governor is deleted and leaves behind one or more dependents of categories not especially related to it, we assume - again pending further study - that each dependent is separately attached to the governor of the deleted governor. A general form of the rule is
> (33)   B (A B* C)
>   1 2 3 4 → ∅ 2* ∅ 4*
> in which dependents are raised, and the other parentheses erased."

Für den speziellen erwähnten Fall heißt das, daß in the very brave der Artikel zum regierenden Glied gemacht wird.[3]

Ein anderes Problem ist die "complete revolution", wo das regierende Glied einem früheren abhängigen Glied untergeordnet wird. Robinson sieht keine Notwendigkeit für eine solche Transformation und formuliert (1970a, 281) "the 'Revolutionary' Constraint", wonach keine Transformation ein Glied B zum regierenden Glied von A machen kann, wenn A vorher B regiert hatte.

Die im folgenden dargestellten Transformationen bauen im wesentlichen auf den von Robinson erörterten Prinzipien auf. Die Subjektbildungs-Transformationen lehnen sich eng an Fillmore 1968a an, unter Berücksichtigung der Verschiedenheiten, die sich aus der Zugrundelegung einer Dependenz-Tiefenstruktur ergeben.

---

und Englisch. Man kann Substantivierungen von Partizipien vornehmen und Adjektive kommen im Singular und Plural substantiviert (d.h. ohne regierendes Glied) vor: den syge 'der Kranke', den dumme, den intelligente, det forsømte 'das Versäumte', de tilstedeværende 'die Anwesenden', die fraværende 'die Abwesenden'. Andrerseits gibt es keine Entsprechung zu deutsch der Gegangene, der Gekommene, der Gehende, der Kommende, die Weinende, die Liegende u.a.

3 Robinson stützt sich hier auf die Feststellung Chomskys (1970,210), nach der der Artikel "specifier" einer NP ($\overline{N}$ bei Chomsky) ist.

3.1 Subjektbildung und Passivierung

3.1.1 Subjektbildung durch Anhebung eines N

Der Vorgang der Subjektbildung besteht nach Fillmore "normalerweise" darin, daß eines der N von V gelöst und an einen höheren Knoten gehängt wird.[4] Gleichzeitig wird ein etwaiges in dem betreffenden N enthaltenes Präpositionsmerkmal getilgt.[5]
Welches N zum Subjekt gemacht wird, ist nicht beliebig; es gelten bestimmte Restriktionen. Fillmores Regel, nach der ein N zum Subjekt gemacht wird, wenn es der einzige Mitspieler von V ist (1968a, 40), gilt für das Dänische nicht uneingeschränkt.[6] Im Dänischen trifft sie ohne Einschränkung nur dann zu, wenn das betreffende N als Agens oder Betroffener zu einem V fungiert (d.h., wenn es das kontextuelle V-Merkmal [+__+Agens] oder [+__+Betr] übertragen bekommen hat, vgl. 2.2.1.2). Auf diese Weise wird N in (3) zum Subjekt:

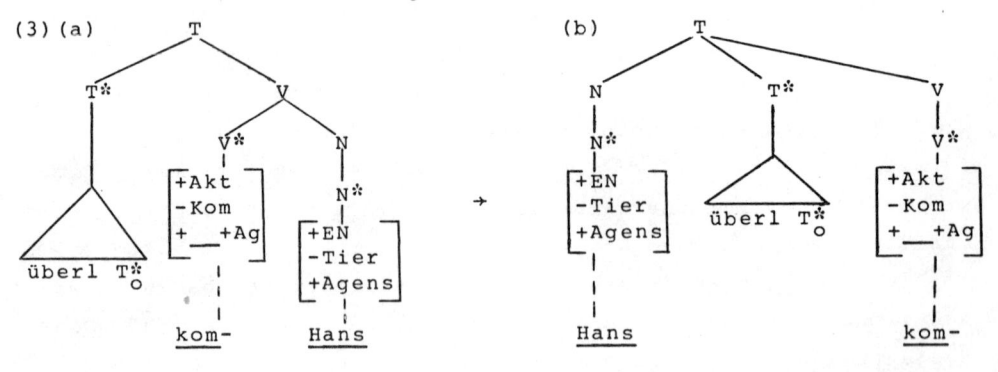

(3)(a) [Baumdiagramm] (b) [Baumdiagramm]

---

[4] Bei Fillmore wird der betreffende "case" (A, I, O usw.) von dem dominierenden Knoten Prop gelöst, vor Prop gebracht und direkt S unterstellt.

[5] Es wird daran erinnert, daß Präpositionen hier - anders als bei Fillmore - nicht TS-Kategorien bilden, sondern aus Merkmalen von N durch Segmentierungs-Transformationen abgeleitet werden (vgl. 2.2.2).

[6] Ebensowenig gilt die Regel uneingeschränkt fürs Deutsche, wo sogar OS-Sätze ohne Subjekt (auch ohne das formale Subjekt es) vorkommen wie Mir ist schlecht, kalt, schwindlig, mich schaudert usw.

Ähnlich wäre es bei einem N mit dem (übertragenen) Merkmal
[+Betr] z.B. einem N, das von træt 'müde' abhängt. Auch hier
wird N zum Subjekt; da V ein Adjektiv ist, wird später eine Kopula eingesetzt. Das vorher von V abhängige N wird durch die
Subjektbildungs-Transformation "angehoben" (raised) und T untergeordnet.

Ist das einzige N-Argument ein Objekt oder Produkt mit dem
übertragenen Merkmal [+Objekt] oder [+Produkt], dann gibt es im
Dänischen drei Möglichkeiten. Entweder wird das betreffende N
durch Anhebung T unterstellt und dadurch zum Subjekt gemacht
(wie in (3)) oder es durchläuft die Subjektkopierungstransformation (vgl. 3.1.2), die dann entweder die Einsetzung einer Proform nach sich zieht oder Reflexivierung des an seinem Platz gebliebenen N. Dadurch ergeben sich Oberflächenstrukturen wie
(4i, ii und iii).

(4)(i)   En sten er faldet ned.
   (ii) Der er faldet ned en sten.
   (iii) Døren åbnede sig.

Ortsangaben können nicht subjektiviert werden, wenn sie den einzigen Mitspieler von V darstellen. Ein als Ortsangabe dienendes N
wird in diesem Fall normalerweise kopiert und dann pronominalisiert (vgl. 3.1.2).

Ein als Instrumentangabe dienendes N kommt als einziger Mitspieler nicht vor, sondern nur zusammen mit einem als Agens dienenden N. In der TS von Sätzen wie Kniven skærer godt muß man
ein indefinites Agens annehmen, das dann getilgt wurde.

Sind mehrere Mitspieler vorhanden, dann gilt Fillmores Regel,
daß das Agens zum Subjekt wird, falls der Satz nicht die Passivierungs-Transformation durchläuft (vgl. 3.1.3). Ist kein Agens
vorhanden, dann wird gewöhnlich das N, das den Betroffenen angibt, Subjekt. In (5) ist das Subjekt der OS Agens, in (6) Betroffener:

(5) Peter gav Hans bogen.
(6) Ole kender huset.

Um eine Instrumentangabe, die Subjekt wurde, handelt es sich bei
dem schon erwähnten Satz Kniven skærer godt oder bei Satz (7), bei
dem ebenfalls ein getilgtes Agens vorausgesetzt werden muß (vgl.

Med denne nøgle kan man åbne alle døre).

(7) Denne nögle åbner alle döre.   Mik 389

Eine Ortsangabe kann zum Subjekt werden, wenn noch mindestens ein weiterer Mitspieler vorhanden ist, anscheinend besonders dann, wenn das Verb ein Enthaltensein ausdrückt. Man vergleiche (8i) und (ii):

(8)(i)   Der er en halv liter vin i flasken.
   (ii) Flasken rummer en halv liter vin.
         Flasche-die enthält einen halben Liter Wein.

Ein eingebetteter Satz wird Subjekt, wenn er einziger Mitspieler ist:

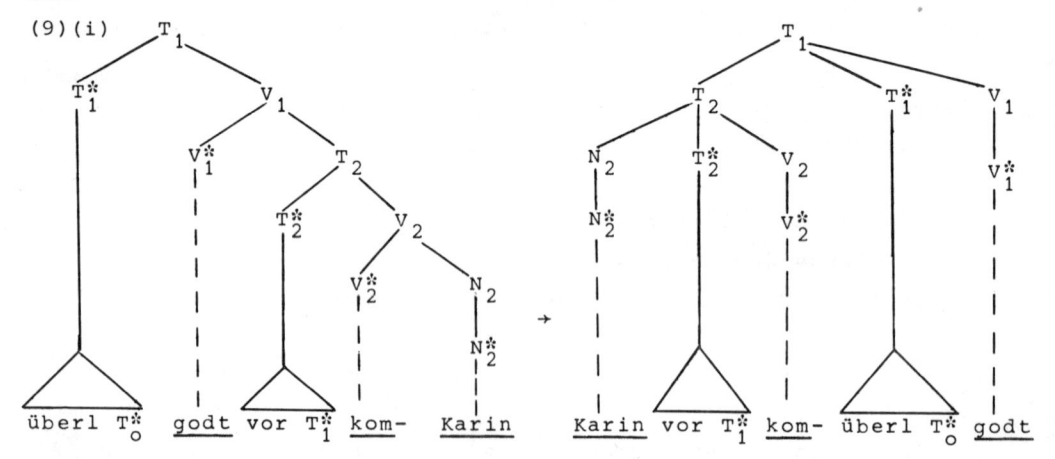

(9)(i)

überl T_o^* godt vor T_1^* kom- Karin   →   Karin vor T_1^* kom- überl T_o^* godt

Nach Durchlaufen weiterer Transformationen wird daraus (9ii).

(9ii)   At Karin er kommet, er godt.

Als Alternative besteht die Möglichkeit der Subjektkopierung, die den Satz Det er godt, at Karin er kommet ergibt (vgl. 3.1.2).

Ein eingebetteter Satz kann auch Subjekt werden, wenn noch andere Mitspieler vorhanden sind:

(10)   At Ellen ikke er kommet, undrer mig.

Die Subjektbildungs-Transformation kann folgendermaßen formuliert werden:[7]

---

[7] Für die Formulierung der Transformationsbedingungen werden logische und mengentheoretische Zeichen benutzt. Logische Konjunktion wird durch "∧", Disjunktion (logische Summe) durch "∨", Implikation durch "→" bezeichnet (vgl. Klaus 1964, 48, 57 und 71). "∪" gibt die Vereinigungsmenge zweier Klassen an, "ε" die Beziehung "Element von" und "∉" die Negation dieser Be-

(T_{sub}) $T\ (T^* \lor (V^* \ x^i \ x^k \ x^m)) \rightarrow T\ (x^k \ T^* \lor (V^* \ x^i \ x^m))$

wenn a): $(x^i \cup x^m = \emptyset) \land (x^k cN) \land \exists x ((x \varepsilon N) \land ([+Ort] \not\varepsilon f(x)))$,

oder b): $(x^k cN) \land \exists x ((x \varepsilon N) \land ([+Agens] \varepsilon f(x)))$,

oder c): $(x^k cN) \land \exists x ((x \varepsilon N) \land ([+Betr] \varepsilon f(x))) \land \overline{\exists} x ((x \varepsilon x^i \cup x^m)$

$\land (x^i \cup x^m cN) \land ([+Agens] \varepsilon f(x)))$,

oder d): $(x^k cN) \land \exists x ((x \varepsilon N) \land ([+Objekt] \varepsilon f(x))) \land \overline{\exists} x ((x \varepsilon x^i \cup x^m)$

$\land (x^i \cup x^m cN) \land ([+Agens] \lor [+Betr] \varepsilon f(x)))$,

oder e): $(x^k cT) \land \exists x ((x \varepsilon x^i \cup x^m) \land (x^i \cup x^m cN) \land ([+Betr] \varepsilon f(x))) \land \overline{\exists} x$

$((x \varepsilon x^i \cup x^m) \land (x^i \cup x^m cN) \land ([+Agens] \varepsilon f(x)))$.

Durch T_{sub} wird ein Mitspieler von V, hier als x^k bezeichnet, von V gelöst und T untergeordnet, wenn eine der folgenden Bedingungen erfüllt wird:

a) wenn x^k ein N ist (d.h. zur Klasse der N gehört), das nicht das Merkmal [+Ort] hat, und keine weiteren Mitspieler auftreten,

b) wenn x^k ein N ist und das Merkmal [+Agens] hat,

c) wenn x^k ein N mit dem Merkmal [+Betr] ist und sich kein Agens unter den weiteren Mitspielern (d.h. in der Vereinigungsmenge $x^i \cup x^m$) befindet,

d) wenn x^k ein N mit dem Merkmal [+Objekt] ist und kein N mit dem Merkmal [+Agens] oder [+Betr] unter den weiteren Mitspielern ist,

e) wenn x^k ein T (d.h. ein eingebetteter Satz) ist und ein N unter

---

ziehung, "nicht Element von" (vgl. Haupt 1966, 24 und 11); das Symbol "c" zeigt die (echte) Teilmenge einer Menge an (vgl. Reichenbach 1947, 198). "$\exists$" bezeichnet den Existentialoperator. "$\overline{\exists}$" die Negation dieses Operators, "$\forall$" den Alloperator (vgl. Klaus 1964, 160). Je ein Paar Klammern umschließt immer genau eine Aussage. Die Merkmale eines Elements werden als Funktion dieses Elements charakterisiert, formalisiert "f(x)". N, V und T werden als Klassen angesehen, ebenso die Variablen x^n (wobei n für einen beliebigen Index steht). Mit den kleinen Buchstaben x, y und z werden Elemente bezeichnet. Definitionsgleichheit wird durch das Zeichen "=Df" ausgedrückt (vgl. Reichenbach 1947, 21).
Die folgenden Konventionen werden festgesetzt:
(a) $\alpha F \land \beta G \ldots \varepsilon f(x) =Df\ \alpha F\ \varepsilon f(x) \land \beta G\ \varepsilon f(x) \ldots$,
(b) $\alpha F \lor \beta G \ldots \varepsilon f(x) =Df\ \alpha F\ \varepsilon f(x) \lor \beta G\ \varepsilon f(x) \ldots$,
wobei nach den in der Generativen Grammatik geltenden Konventionen (vgl. z.B. Chomsky/Halle 1968) F und G Merkmale und α und β eins der beiden Vorzeichen + oder - bezeichnen; durch "..." wird ausgedrückt, daß die Konvention auch für die Konjunktion oder Disjunktion weiterer Merkmale gilt.

den weiteren Mitspielern das Merkmal [+Betr] hat (wie mig
in (1)); außerdem darf in diesem Fall kein Agens unter den
weiteren Mitspielern sein.

X^i bezeichnet die vor X^k stehenden Mitspieler, X^m die hinter
X^k stehenden. X^i und X^m können jeweils ein bis drei Mitspieler
enthalten oder leer sein. Da insgesamt nie mehr als 4 Mitspieler
vorkommen, können X^i und X^m zusammen nie mehr als drei Mitspieler
umfassen.

T_{sub} ist eine zyklische Transformation. Zuerst wird sie auf
den niedrigsten eingebetteten Satz angewandt, zuletzt auf den
obersten Satz der Satzhierarchie (d.h. den performativen Satz).
T_{sub} ist nur obligatorisch, wenn die erste Bedingung gegeben
ist. In allen andern Fällen kann der Satz wahlweise T_{sub} oder
eine der im folgenden beschriebenen Transformationen der Subjektkopierung oder Passivierung durchlaufen.

3.1.2 Subjektkopierung

Außer der "normalen" Subjektbildung, bei der ein N permutiert
und dem höchsten Knoten untergeordnet wird (durch T_{sub}), gibt
es noch eine andere - ebenfalls von Fillmore beschriebene -
Form der Subjektbildung: Ein Mitspieler bleibt an seinem Platz,
wird aber dupliziert; das Duplikat (die Kopie) kommt in die Subjektposition.
(11)   Der er varmt i Italien.
(12)   Det er godt, at Karin er kommet.
In (11) wurde eine Ortsangabe (i Italien) kopiert, in (12) der
eingebettete Satz. Die Kopien wurden durch die Proformen der
oder det ersetzt.

Diese Transformation erklärt die Ableitung von Sätzen wie
(11) und (12) besser als die ursprüngliche Annahme, nach der in
der TS der eingebettete Satz schon zusammen mit seiner Proform
erzeugt wurde (fürs Englische it + S), und eine Extrapositions-
Transformation das eingebettete S an das Ende des Gesamtsatzes
schiftete.[8] Wie McCawley (1970, 179) nachweist, hat diese Lösung

---

8 Vgl. Rosenbaum 1967 und Langendoen 1966 (insbesondere die Formulierung der Transformation bei Langendoen 1966, 207).

den entscheidenden Nachteil, daß sie in der TS ein Element voraussetzt, das nur als Ergebnis einer Pronominalisierung verstanden werden kann. Auf diese Weise kann man nicht erklären, daß es sich z.B. im Englischen um das gleiche it handelt, daß auch in (13) vorliegt.

(13) That John killed his wife bothers Frank, but it doesn't bother me.

McCawley schlägt folgende Lösung vor (1970, 180):

> "...extraposition can be formulated as a transformation which optionally puts a "propositional" noun phrase at the end of a clause containing the corresponding index. If this option is not carried out, the proposition will be substituted for the index, thus yielding sentences such as (44), whereas if the option is carried out, that index will remain by itself and will thus be realized as a pronoun, giving sentences such as (43)."[9]

Es ist zu erwähnen, daß McCawley keine Tiefenstruktur im Sinne Chomskys und Fillmores kennt[10] und daß bei ihm syntaktische und semantische Information eines Satzes getrennt sind: S regiert eine Prop, die ein Verb und zum Verb gehörige indizierte Variable enthält, sowie eine Liste von NP-Elementen, die den in Prop vorkommenden Indizes zugeordnet sind und lexikalische Einheiten (optional auch eine weitere Prop) regieren. Satz (14) ist von der Struktur (15) abgeleitet (bei McCawley 1970 Beispiel (46), p. 180).

(14) It surprises John that it bothers Frank that Harry killed his wife.

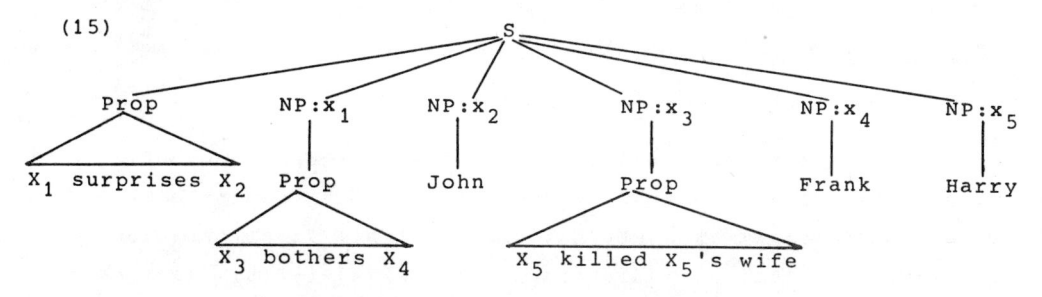

(15)

```
                                    S
         ┌──────────┬────────┬────────┬────────┬────────┐
        Prop       NP:x₁    NP:x₂    NP:x₃    NP:x₄    NP:x₅
         │          │        │        │        │        │
   X₁ surprises X₂  Prop    John     Prop     Frank    Harry
                    │                │
               X₃ bothers X₄    X₅ killed X₅'s wife
```

---

9 Satz (43) heißt It surprises me that John beats his wife und Satz (44) That John beats his wife surprises me.

10 McCawley verwirft den Begriff "Tiefenstruktur" (1970, 167), hat aber mindesten etwas, was man "underlying structure" nennen kann, wie Beispiel (15) zeigt.

Die einzelnen NP werden für die entsprechenden Variablen eingesetzt oder - und darin besteht bei McCawley die Pronominalisierung - die indizierten Variablen bleiben erhalten (wenn mehrere NP der gleichen Variablen zugeordnet sind, wird gewöhnlich NP nur einmal eingesetzt) und später durch Pronomina ersetzt. Im Fall der Extraposition wird eine (eingebettete) Prop an das Ende der Prop gesetzt, die den Index der Einbettung enthält. Der Index bleibt dabei erhalten, muß also später durch eine Proform ersetzt werden. Auf diese Weise ergeben sich die beiden it in (14).

Da bei Fillmore die Mitspieler ("cases") dem Verb folgen, geschicht die Kopierung eines Mitspielers in Subjektposition (die McCawleys Extraposition entspricht) in umgekehrter Richtung: vom Ende der Proposition (die Fillmore P nennt) zur Anfangsposition. Fillmore erklärt die Transformation folgendermaßen (1968a, 41):

> "Sometimes subjects are created not by moving one of the case elements into the 'subject' position, but by copying a particular element into that position. This seems to be related...to the use of purely formal subjects."

Hier wird wie bei Fillmore verfahren, wenn man von den Unterschieden absieht, die sich daraus ergeben, daß T, nicht S das höchste dominierende Symbol ist und daß keine Aufspaltung in eine Proposition und ein weiteres Element (z.B. Fillmores M) stattfindet. Die Subjektkopierungs-Transformation (T_{cop}) läßt sich folgendermaßen formulieren:

(T_{cop}) $T (T^* V (V^* x^i x^k x^m)) \rightarrow T (x^k T^* V (V^* x^i x^k x^m))$
  wenn: $(x^k \in N) \land \exists x ((x \in N) \land ([+Ort] \lor [+Objekt] \lor [+Produkt] \varepsilon f(x)))$
  oder: $x^k \in T$.

T_{cop} kopiert einen Mitspieler in Subjektposition, wenn er entweder eine Ortsangabe oder ein Objekt oder ein Produkt oder ein eingebetteter Satz ist. Obligatorisch ist die Transformation nur für Mitspieler mit dem (übertragenen) Merkmal [+Ort], wenn kein weiterer Mitspieler vorhanden ist.[11] In allen anderen Fällen,

---

[11] Diese Differenzierung wurde bei der Formalisierung der Bedingungen für T_{cop} nicht berücksichtigt, ließe sich aber - wenn auch etwas umständlich - ohne weiteres einbauen.

also wenn eine Ortsangabe nicht einziger Mitspieler ist, bei einem Mitspieler, der als Objekt oder Produkt fungiert oder bei eingebetteten Sätzen, ist die Kopierung optional. Durch T_{cop} ergeben sich (unter Anwendung weiterer Transformationen) OS-Sätze wie die folgenden:

(16) Der er varmt i Italien.   (Ortsangabe als einziger Mitsp.)
(17) Der er en halv liter vin i flasken. (Ortsangabe bei weiterem vorhandenem Mitspieler)

(18) Der er faldet ned en sten.   (Objekt als einziger Mitsp.)
(19) Der er børn på gaden.   (Objekt bei weiterem Mitsp.)
(20) Der er sket et ulykke.   (Produkt als einziger Mitsp.)
(21) Det er godt, at Karin er kommet. (Satz als einziger Mitsp.)
(22) Det undrer mig, at Ellen ikke er kommet.
                                (Satz-Mitspieler und weiterer Mitspieler)

In all diesen Fällen zieht die Subjektkopierungs-Transformation die Pronominalisierung der Kopie nach sich. Die Proform für Orts-, Objekts- und Produktangaben ist der, für eingebettete Sätze det. Eine andere Möglichkeit besteht in der Pronominalisierung der zweiten Kopie (d.h. des Mitspielers in seiner ursprünglichen Stellung); in diesem Fall tritt das Reflexivpronomen ein, vgl. (23). Die genaueren Bedingungen für diese Art der Reflexivierung (als Folge einer Subjektkopierung) müßten noch gründlich untersucht werden, was im Rahmen dieser Arbeit nicht möglich ist. Kopierung mit folgender Reflexivierung scheint - in den Fällen, wo nur ein Mitspieler auftritt - im Dänischen (und auch im Deutschen) eine Alternative für eine Passivkonstruktion ohne explizites Agens zu sein. Man vergleiche (23) mit (24). Allerdings läßt (23) zwei Interpretationen zu (nämlich daß die Tür entweder von selbst aufging oder von jemand, der nicht genannt wird, geöffnet wurde), während (24) allein die zweite Interpretation erlaubt.

(23) Døren åbnede sig.
(24) Døren blev åbnet.

Im Gegensatz zu Fillmore wird hier nicht angenommen, daß Sätze wie At Karin er kommet, er godt durch Subjekt-Kopierung mit folgender Tilgung des Originals zustandekommen (vgl. Fillmore 1968a, 42). Statt dessen wird Subjektbildung durch T_{sub} als der einfachere und einleuchtendere Weg vorgeschlagen (vgl. (9) in 3.1.1).

3.1.3 Passivierung

Der Vorgang der Passivierung läßt sich - ähnlich wie die Subjektkopierung - als eine Sonderform der Subjektbildung und damit als Alternative zur eigentlichen Subjektbildung T_{sub} auffassen.[12] Durch die Passivierungs-Transformation kann ein N mit dem Merkmal [+Betr], [+Objekt] oder [+Produkt] zum Subjekt gemacht werden, unter der Voraussetzung, daß unter den restlichen Mitspielern ein N mit dem Merkmal [+Agens] vorhanden ist (vgl. (25), (26) und (27)). Gleichzeitig bekommt V das Merkmal [+Pas(siv)], das spätere Umwandlung von V in seine Partizipialform bewirkt, wobei zusätzlich aus T* eine Form des Verbums blive (werden) entwickelt wird.[13] Außerdem bekommt das N mit dem Merkmal [+Agens] durch die Passivtransformation das Merkmal [+Präposition] (falls es dies Merkmal nicht schon hat) und das Merkmal [+af], das eine Segmentbildungs-Transformation auslöst, die die Bildung der Präposition af bewirkt (vgl. 2.2.2). Fillmore interpretiert die Einführung des Merkmals [+Pas] in V als Registrierung einer nicht-normalen Art der Subjektbildung, nicht-normal deshalb, weil normalerweise das N, das in Agens-Beziehung zum Verb steht, zum Subjekt gemacht wird.

Passivierung ist auch möglich, wenn der Mitspieler, der zum Subjekt gemacht wird, T (also ein eingebetteter Satz) ist. In diesem Fall ist nicht unbedingt das Vorhandensein eines Agens als Bedingung für die Transformation erforderlich; auch wenn ein

---

12 Diese Erkenntnis findet sich auch in nicht-transformationellen Arbeiten, so in Isačenko 1962: "Die genera verbi unterscheiden sich lediglich durch eine verschiedene grammatische Regelung des Subjekt-Verb-Verhältnisses." (1962, 447).

13 Dieser Vorgang ist der Einsetzung einer Kopula in Fällen, wo V das morphologische Merkmal [+Adj] oder [+Subst] hat, parallel. Neben der Passivierung des Verbs mit Hilfe von blive gibt es im Dänischen noch als zweite Möglichkeit die Passivierung durch Hinzufügung eines s-Suffixes wie in der danses 'es wird getanzt'. Die Bedingungen für die Einführung der einen oder anderen Passivart - sehr oft sind beide ohne semantischen Unterschied möglich - können hier nicht untersucht werden.

"Betroffener" vorhanden ist (z.B. bei Verben wie se 'sehen', vgl. (33)), kann ein T Subjekt werden.

Ein N mit dem Merkmal [+Instrument] kann unter gewissen Umständen Passivierung auslösen; Bedingung ist, daß ein ursprünglich vorhandenes Agens - als indefinite Proform - getilgt wurde.[14] In diesem Fall kann die Instrument-Angabe - genau wie ein Agens - durch T_{sub} Subjekt werden oder aber Passivierung auslösen; im letzteren Fall kann sie - ebenfalls genau wie ein Agens - die Präposition af bekommen, kann jedoch auch ihre - ihr normalerweise zugeordnete - Präposition med behalten (vgl. (28)).[15]

Ortsangaben können nicht durch Passivierung Subjekt werden. Enthält die TS eines Satzes neben dem Agens einen Betroffenen und eine Objektangabe, dann können - wie im Englischen - sowohl Betroffener als auch Objektangabe zum Subjekt gemacht werden (vgl. (29)). Oft wird jedoch einer der beiden Mitspieler als Subjekt bevorzugt. In (30) und (31) ist die Objektangabe als Subjekt höchst ungebräuchlich, in (32) ist der Betroffene als Subjekt sogar ungrammatisch.

(25)(i)   Peter kyssede Ingrid.
   (ii) Ingrid blev kysset af Peter.
(26)(i)   Peter læste bogen.
   (ii) Bogen blev læst af Peter.
(27)(i)   Kirsten har bagt brødet.
   (ii) Brødet er blevet bagt af Kirsten.
(28)(i)   Man åbner alle døre med denne nøgle.   Mik 389
   (ii) Denne nøgle åbner alle døre.   Mik 389
   (iii) Alle døre åbnes med denne nøgle.   Mik 389

---

14 Offensichtlich muß man annehmen, daß indefinite Proformen von N schon vor Subjektbildung, Kopierung oder Passivierung getilgt werden können, da man sonst Sätze wie (28ii und iii) nicht erklären könnte. Die Alternative, nämlich die Annahme, daß von Anfang an kein Agens vorhanden war, scheidet aus, da die semantische Interpretation von Sätzen wie (28ii) ein Agens voraussetzt und da (28i und ii) bedeutungsgleich sind, was schon Mikkelsen 1911 festgestellt hat (vgl. Anm. 15).

15 "Når grundleddet i den handleartede sætning egentlig betegner redskabet eller midlet, tilføjes undertiden i den lideartede sætning det oprindelige grundled ikke ved af, men henholdsvis ved med og ved, f.eks. Denne nøgle åbner alle døre - Alle døre åbnes med denne nøgle (der egentlig svarer til Man åbner alle døre med denne nøgle)." (Mikkelsen 1911, 389).

(29)(i)   En ukendt gav blomsterne til Karin.
          Ein Unbekannter gab Blumen-die [an] Karin.
   (i')   En ukendt gav Karin blomsterne.
   (ii)   Blomsterne blev givet til Karin af en ukendt.
   (iii) Karin blev givet blomsterne af en ukendt.
(30)(i)   Peter gav Hans bogen.
   (ii)   ?Bogen blev givet til Hans af Peter.
   (iii) Hans blev givet bogen af Peter.
(31)(i)   Man idømte Hr. Møller en bøde.
          Man auferlegte Herrn M. eine Strafe.
   (ii)   ??En bøde blev idømt Hr. Møller.
   (iii) Hr. Møller blev idømt en bøde.
(32)(i)   Man stjal et lommeur fra Peter.
          Man stahl eine Taschenuhr von Peter.
   (ii)   Et lommeur blev stjålet fra Peter.
   (iii) *Peter blev stjålet et lommeur.
(33)(i)   En lille dreng så, at Peter kyssede Kirsten.
          Ein kleiner Junge sah, daß Peter küßte Kirsten.
   (ii)   At Peter kyssede Kirsten, blev set af en lille dreng.
   (iii) Det blev set af en lille dreng, af Peter kyssede Kirsten.

Für Fälle wie (33iii) muß man gleichzeitig Passivierung und Kopierung annehmen: V erhält das Merkmal [+Pas], ein N mit dem Merkmal [+Agens] oder [+Betr] erhält die Merkmale [+Präp] und [+af] und T wird in Subjektposition kopiert und dort später pronominalisiert.

In Fällen wie (32), wo normales Passiv nicht möglich ist, wenn ein N mit dem Merkmal [+Betr] Subjekt wird, gibt es eine im Dänischen oft verwendete Ersatzmöglichkeit, die man auch als Passiv ansehen kann und die mit dem Verb _få_ gebildet wird:

(34)(i)   Peter fik stjålet et lommeur.
   (ii)   Peter fik stjålet sit lommeur.

(34i) ist doppeldeutig: Neben der Bedeutung "Peter wurde eine Uhr gestohlen", wo _fik stjålet_ eine Art Passiv bildet, ist auch die Interpretation "Peter brachte es fertig, eine Taschenuhr zu stehlen" möglich. (34ii) kann zwar seiner Struktur nach ebenfalls auf zwei verschiedene Weisen interpretiert werden; aus semantischen Gesichtspunkten scheidet aber die Bedeutung "Peter brachte es fertig, seine Uhr zu stehlen" aus, da man sich normalerweise nicht selbst bestehlen kann, so daß (34ii) nur als Passivkonstruktion interpretiert wird.

Die Passivtransformation und ihre Bedingungen lassen sich folgendermaßen formalisieren:

(T_{pas}) $\quad T\ (T^* \ V\ (V^*\ x^i\ x^k\ x^l\ x^m))\ \to$
$\qquad T\ (x^k\ T^*\ V\ (V^*[+Pas]\ x^i\ x^l\ \begin{bmatrix} +Präp \\ +af \end{bmatrix}\ x^m))$

wenn: $\exists x((x \varepsilon V) \wedge ([+Verb]\varepsilon f(x))) \wedge (x^k c N) \wedge \exists x((x \varepsilon N) \wedge ([+Betr]$
$\quad v\ [+Objekt]v[+Produkt]\varepsilon f(x))) \wedge (x^l c N) \wedge \exists y((y \varepsilon N)$
$\quad \wedge ([+Agens]\varepsilon f(y)) v(([+Instr]\varepsilon f(y)) \wedge \exists z((z \varepsilon N)$
$\quad \wedge (z \varepsilon x^i \cup x^m) \wedge ([+Agens]\varepsilon f(z))))$

oder: $\exists x((x \varepsilon V) \wedge ([+Verb]\varepsilon f(x))) \wedge (x^k c T) \wedge \exists x((x \varepsilon N) \wedge (x \varepsilon x^l)$
$\quad \wedge ([+Agens]v[+Betr]\varepsilon f(x)))$.

Die Bedingungen besagen, daß V in jedem Fall das Wortklassenmerkmal [+Verb] haben muß (d.h. es darf kein Adjektiv oder Substantiv sein), daß ein Agens vorhanden sein muß, wenn ein N mit dem Merkmal [+Betr] oder [+Objekt] oder [+Produkt] zum Subjekt gemacht wird und daß entweder ein Agens oder ein Betroffener anwesend sein muß, wenn ein eingebetteter Satz zum Subjekt gemacht wird. Statt des Agens ist auch eine Instrumentangabe möglich, wenn ein N, kein T, zum Subjekt gemacht wird.

T_{pas} bewirkt Strukturwandlungen, die sich - an Hand des Beispielsatzes (25ii) - als Diagramm (35) zeigen lassen.

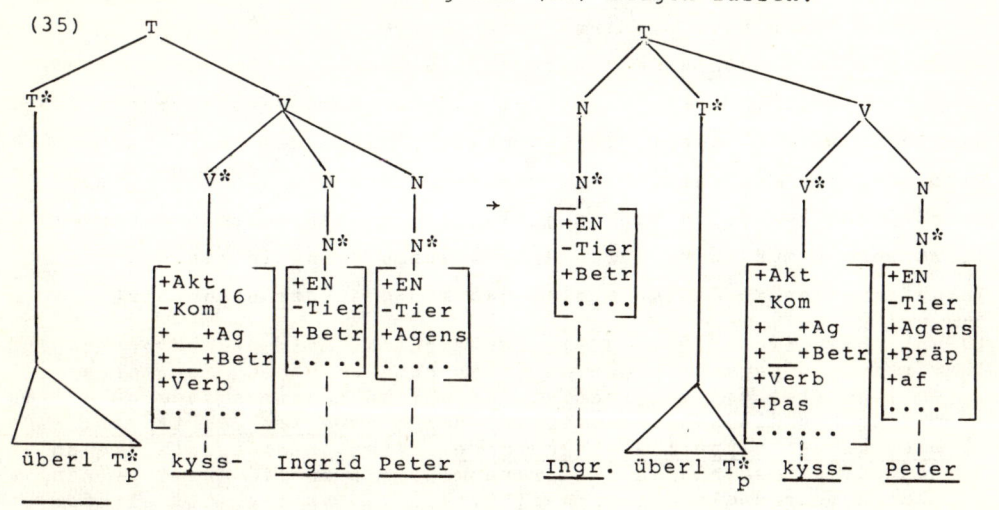

(35)

[Tree diagrams showing the passive transformation with nodes T, T*, V, V*, N, N* and feature matrices, transforming "überl T_p^* kyss- Ingrid Peter" to "Ingr. überl T_p^* kyss- Peter"]

---

16 Faßt man den Begriff "Kommunikation" weiter, als es hier getan wird, dann könnte kysse 'küssen' als Kommunikationsverb aufgefaßt werden.

Sowohl in der Transformationsregel als auch im Strukturdiagramm wurden nur die Merkmale spezifiziert, die bei der Transformation eine Rolle spielen. Im Diagramm ist das Vorhandensein weiterer Merkmale durch "..." gekennzeichnet.

Für die Transformationen T_{sub} und T_{cop} ist die Stellung der einzelnen Mitspieler in der strukturellen Beschreibung irrelevant. Da X^i und X^m leer sein können, kann X^k sowohl in Anfangs- als auch Mittel- oder Endstellung vorkommen. Für T_{pas} ist im Grunde genommen die Stellung des Mitspielers, der Subjekt wird und des andern Mitspielers, der eine Präposition bekommt, ebenfalls irrelevant. Man kann jedoch eine spätere Permutation einsparen, wenn das N, das später die Präposition bekommt, in der strukturellen Beschreibung von T_{pas} dem Mitspieler folgt, der zum Subjekt gemacht wird; wie die Beispiele (29) und (30) zeigen, steht das mit der Präposition af angeschlossene N immer am Schluß. Stünde das Agens vor dem N, das zum Subjekt gemacht wird, dann müßte es durch eine spätere Transformation in Endstellung permutiert werden, denn Sätze mit präpositionalem Agens in Mittelstellung sind nicht akzeptabel wie (29iv) oder gar ungrammatisch (wie (29v) und (30iv)).

(29)(iv) ??Blomsterne blev givet af en ukendt til Karin.

    (v) *Karin blev givet af en ukendt blomsterne.

(30)(iv) *Hans blev givet af Peter bogen.

Neben T_{pas} muß noch eine zweite Passivtransformation $T_{pas'}$ angenommen werden. Dabei handelt es sich um eine Passivierung, bei der kein Mitspieler zum Subjekt gemacht wird, das (intransitive) Verb aber das Merkmal [+Pas] erhält und ein Agens die Merkmale [+Präp] und [+af]. Da die Subjektstelle im Dänischen immer besetzt werden muß, wird durch eine spätere Pronominalisierungs-Transformation in dieser Stelle das Pronomen der eingesetzt.[17]

---

17 Vgl. Mikkelsen (1911, 389): "En sætning, hvis omsagn er et uindvirkende udsagnsord, der betegner en virksomhed, forandres til en lideartet sætning, ved at det ubestemte der sættes på det manglende grundleds plads...f.eks. Begge hære kæmpede tappert - Der blev kæmpet tappert af begge hære. Betegner omsagnet ikke en virksomhed, kan sætningen ikke forandres til en lideartet sætning..., medmindre grundleddet er man, f.eks. ...Man tier til alt for meget - Der ties til alt for meget. Man hörte straks op med arbejdet - Der blev straks hört op med arbejdet." Vgl. auch Aa. Hansen 1967 III, 49.

Diese Art des Passivs scheint Aktivsätzen mit nullwertigem (unpersönlichem) Verb parallel zu sein, wo kein Mitspieler da ist, der zum Subjekt gemacht werden kann und wo durch spätere Pronominalisierung das Pronomen det eingesetzt wird (z.B. in Det regner 'Es regnet').

Obwohl die durch T_{pas}, gebildeten Transforme in der OS oft ohne Agens und überhaupt ohne belebten Mitspieler auftreten (vgl. (36) - (39)), dazu im allgemeinen nur in der dritten Person, handelt es sich doch nicht ausschließlich um unpersönliche Konstruktionen, wie Mikkelsens Beispiel (40) zeigt, wo ein Agens auftritt.

(36)   Der danses.
(37)   Der danses i haven.
       Es getanzt-wird in Garten-dem.
(38)   Der ties.
(39)   Der ties til alt for meget.
       Es geschwiegen-wird zu all zu vielem.   Mik 389
(40)   Der blev kæmpet tappert af begge hære.
       Es wurde gekämpft tapfer von beiden Heeren. Mik 389

In (36) und (37) muß jeweils ein Agens vorausgesetzt werden, in (38) und (39) ein Betroffener (derjenige, der schweigt); in allen diesen Fällen handelt es sich um indefinite Proformen, also unspezifizierte Formen, die - nach Durchlaufen von T_{pas}, - getilgt worden sind. Selbstverständlich kommt diese Tilgungs-Transformation ebenso für Transforme von T_{pas} in Frage, in denen sich unspezifizierte Agens- oder Betroffener-Bezeichnungen befinden.

Wie Mikkelsen feststellt, ist das Auftreten einer unspezifizierten Form - die später getilgt wird -, Bedingung, wenn es sich nicht um einen Handlungssatz dreht ("betegner omsagnet ikke en virksomhed..."). Das erklärt das Nicht-Auftreten von Sätzen wie Der ties af alle tilstedeværende 'Es wird von allen Anwesenden geschwiegen' oder Der blev hørt op med arbejdet af Peter 'Es wurde von Peter mit der Arbeit aufgehört'.

Es folgt die Transformationsregel $T_{pas'}$:

$(T_{pas'})\quad T\ (T^* \ V(V^*\ x^i\ x^l\ x^m))\ \rightarrow\ T\ (T^*\ V\ (V^*[+Pas]\ x^i\ x^l \begin{bmatrix}+Prp\\+af\end{bmatrix} x^m))$

wenn: $\overline{\exists}x((x\varepsilon N)\wedge(x\varepsilon x^i \cup x^m)\wedge([+Betr]v[+Objekt]v[+Produkt]$
$\varepsilon f(x)))\wedge(x^l cN)\wedge \exists x((x\varepsilon N)\wedge([+Agens]\varepsilon f(x))v$
$([+Betr]\wedge[+Pro]\wedge[-Def]\varepsilon f(x)))$.

T_{pas}, trifft also dann zu, wenn zwar ein Agens oder statt des Agens ein (unspezifizierter) Betroffener vorhanden ist, aber kein Mitspieler, der zum Subjekt gemacht werden kann, nämlich kein Betroffener, keine Objekts- und keine Produktangabe. Das heißt, daß T_{pas}, das Vorhandensein eines (in traditioneller Terminologie) intransitiven Verbs voraussetzt, das jedoch ein Handlungsverb sein kann (wie danse und kæmpe).

Eine dritte Art der Passivierung schließt Kopierung eines Mitspielers in Subjektposition ein, ist also praktisch eine Kombination aus T_{sub} und T_{pas}. Die Beispiele in den Grammatiken enthalten gewöhnlich keine präpositionale Agensbezeichnung; daß ein Agens jedoch vorkommen kann, zeigen die von Informanten anerkannten Sätze (47) und (52). Beispiele von Sätzen mit Nicht-Aktionsverb, die die Passivkopierungs-Transformation durchlaufen haben und bei denen die Betroffenenangabe erhalten blieb, scheinen äußerst selten vorzukommen; immerhin wurde Satz (53) von Informanten gebilligt.[18]

(41) Der bages brød.

(42) Der graves med muddermaskinen på gaden.

(43) Efter middag gaas der Tur.   Did 121
      Nach (dem) Mittag(essen) gegangen-wird [es] Spaziergang.
      (=Nach dem Mittagessen wird spazieren gegangen.)

(44) Nu skydes der ude over Sundet.
      Nun geschossen-wird da draußen über Sund-dem. Did 121

(45) Nu skal der pudses Vinduer og vaskes Gulv.   Did 121
      Nun soll [es] geputzt-werden Fenster (Pl.) und gewaschen-
      werden Fußboden.

(46) Der blev skænket Peter en kop kaffe.[19]

---

18 Die Proform det füllt normalerweise die Subjektposition bei folgendem eingebettetem Subjektsatz, der steht in allen andern Fällen; Ausnahmen kommen vor (z.B. der in (51)). Det und der wurden beide als es übersetzt. Blive-Passiv wird durch dt. Partizip mit folgendem werden, s-Passiv durch dt. Partizip mit folgendem (durch Bindestrich angeschlossenem) werden übersetzt. Die Beispiele (48) und (50) sind mit den Beispielen (18) und (15) in 1.1.1 identisch.

19 Beispiel (46) wurde leicht abgewandelt von Diderichsen (1946, 173) übernommen. Diderichsen hat ham statt Peter.

(47) Der blev skænket Peter en kop kaffe af værtinden.
      Es wurde eingeschenkt Peter eine Tasse Kaffee von Wirtin-der.

(48) ..det kan knap nok siges om dem, at de kan skrive.
      ..es kann kaum wohl gesagt-werden von ihnen, daß sie
        können schreiben.   KBF 66

(49) Det mærkes ikke..., at Natten vokser lidt for hver ny Nat.
      Es gemerkt-wird nicht..., daß Nacht-die wächst etwas für
      jede neue Nacht.   Han III, 462

      (=Man merkt nicht, daß die Nacht jede Nacht etwas zunimmt).

(50) Det blev betragtet som en stor Ære for Farmen, at de gamle
      Es wurde betrachtet als eine große Ehre für Farm-die, daß

      Mænds Dans skulde holdes der.
      der alten Männer Tanz sollte gehalten-werden dort. KBF 291

(51) Der fortælles i indviede kredse, at vor sikkerhed er truet.
      Es erzählt-wird in eingeweihten Kreisen, daß unsere Sicherheit ist bedroht.   Bys 92

(52) Det fortæltes af Tacitus, af Germanerne var meget krigeriske.

(53) Det blev set af en lille dreng, at Peter kyssede Kirsten.

Die kombinierte Passivierung und Subjektkopierung wird als T_{pascop} formuliert.

(T_{pascop}) $T\ (T^* \ V \ (V^* \ x^i \ x^k \ x^l \ x^m)) \rightarrow$

$T\ (X^k \ T^* \ V \ (V^*[+Pas] \ x^i \ x^k \ x^l \begin{bmatrix}+Präp\\+af\end{bmatrix} x^m))$.

Bedingungen wie bei T_{pas}.

Die Transforme der drei Passivtransformationen T_{pas}, $T_{pas'}$ und T_{pascop} müssen noch eine Transformation T_{pasdel} durchlaufen, wenn in ihnen eine unspezifizierte Agens-, Instrument- oder Betroffenen-Angabe vorkommt, die das Merkmal [+af] hat.

(T_{pasdel}) $T\ (X^k \ T^* \ V \ (V^* \ x^i \ x^k \ x^l \ x^m)) \rightarrow$

$T\ (X^k \ T^* \ V \ (V^* \ x^i \ x^k \ x^m))$

wenn: $(X^l \subset N) \land \exists x((x \in N) \land ([+Pro] \land [-Def] \land [-Q] \land [-Neg]$
$\land [+af] \varepsilon f(x)))$.

Es braucht nur angegeben zu werden, daß einer der Mitspieler eine indefinite Proform ist, die nicht die Merkmale [+Q] und [+Neg] enthält und daß sie das Präpositionsmerkmal [+af] hat (die Angabe von [+Präp] ist redundant); die Angabe der Merkmale [+Agens] oder [+Instrument] oder [+Betr] ist nicht notwendig, da nur ein N mit einem dieser Merkmale durch eine der Passivtransformationen das Merkmal [+af] erhalten haben kann. Durch T_{pasdel} wird ein

Mitspieler mit den angegebenen Merkmalen getilgt.

3.2   Subjekttilgung und Infinitivierung

3.2.1 Subjekttilgung

Das Subjekt eines eingebetteten Satzes (fortan "ES" abgekürzt) kann - und muß oft - getilgt werden, wenn es mit dem Subjekt des Matrixsatzes (MS) oder einem anderen N im MS referenz-identisch ist. "Referenz-identisch" bedeutet "sich auf den gleichen Referenten beziehend", wobei der Referent außersprachlich gegeben oder doch zum mindesten in der Anschauung des Sprechers vorhanden ist.[20] Da das zu tilgende Element immer Subjekt ist, setzt die Tilgungs-Transformation die in 3.1 besprochenen Transformationen der Subjektbildung voraus, d.h. die Subjektbildungs-Transformationen müssen schon auf alle Teilsätze eines Satzkomplexes angewandt worden sein, ehe die Subjekttilgungs-Transformation einsetzen kann.

Die Bedingungen für diese Transformation sind ziemlich komplex.

---

[20] Das Problem der referentiellen Identität, das nicht nur bei der hier behandelten "equi-NP deletion" (vgl. Robin Lakoff 1968, 29) eine Rolle spielt, sondern auch bei Pronominalisierung (einschließlich Reflexivierung und Relativisierung), diskutieren unter anderem Chomsky (1965, 138, 144ff., 179 und 222 (Anmerkung 1.)), Lees und Klima 1963, Rosenbaum 1967 und 1970, A. Meyer-Ingwersen 1968, Bach 1968, McCawley 1967 und 1970 und Karttunen 1968. Chomsky schlägt vor, referentielle Identität durch gleiche Indizes auszudrücken: "Suppose that certain lexical items are designated as 'referential' and that by a general convention, each occurrence of a referential item is assigned a marker, say, an integer, as a feature ... The semantic component will then interpret two referential items as having the same reference just in case they are strictly identical - in particular, in case they have been assigned the same integer in the deep structure." (1965, 145f.). McCawley 1967 (mir nicht zugänglich) greift Chomskys Vorschlag auf und ergänzt ihn dahingehend, daß der durch einen Index gekennzeichnete Referent etwas in der realen Welt oder im Geist des Sprechers Vorhandenes kennzeichnet (nach Karttunen 1968, 1). Demgegenüber weist Karttunen nach, daß es sinnvoller ist, nur von einem 'discourse referent' zu sprechen, der nicht unbedingt eine außersprachliche Entsprechung haben muß. Unter 'discourse referent' versteht er "an entity that - once it has been established - can be referred to by a pronoun or revived by a definite description" (1968, 8).

Rosenbaum (1967, 6 und 1970, 27f.) schlägt ein "principle of minimal distance" vor: Die NP, die der Subjekt-NP eines ES am nächsten steht, bewirkt die Tilgung:

> "The generalization that determines which of the two noun phrases in the main sentence must be identical to the initial noun phrase of the complement can be expressed in terms of a principle of minimal distance (henceforth PMD). In the underlying phrase structure diagram (5), one observes that the noun phrase in the main sentence which is relevant, i.e., the object noun phrase, is also that noun phrase which is least distant from the initial noun phrase of the complement. Distance here naturally can be defined in terms of the underlying phrase structure itself by making reference to the number of branches in the path which separates the NP nodes in the main sentence from the initial NP node in the complement." (1970, 26).

Diese Lösung wirkt zunächst wegen ihrer Einfachheit und ihrer eindeutigen formalen Charakterisierung bestechend. Wie A. Meyer-Ingwersen (1968, 59) jedoch nachweist, führt Rosenbaums "erasure principle" in einige Fällen zu falschen Ergebnissen:

> "So kann z.B. die Infinitiveinbettung des Verbs to promise nur erklärt werden im Falle von
> > I promise to leave.
> Für den Satz
> > I promise you to leave
> rekonstruiert T_{IE} eine falsche Tiefenstruktur, nämlich
> > I promise you it. You leave.
> Das Verb promise ist - im Gegensatz zu Rosenbaums Auffassung - nicht die einzige Ausnahme. Es gibt eine Reihe von Verben, wie
> > versichern, geloben, gestehen...
> die eine Infinitivergänzung nehmen können, bei denen aber zwischen Infinitiv und Subjekt des Matrixsatzes noch ein Dativobjekt tritt, das entgegen dem Prinzip der minimalen Distanz nicht identisch ist mit dem Subjekt des Konstituentensatzes. Die Liste ließe sich sicher noch erweitern und damit ist das Prinzip der minimalen Distanz in Frage gestellt."

Es läßt sich leicht zeigen, daß A. Meyer-Ingwersens Feststellung auch fürs Dänische gilt. In den folgenden Beispielsätzen ist das getilgte Subjekt der Infinitivkonstruktion mit dem Subjekt des MS identisch. Zwischen ihnen steht jedoch noch das Objekt des MS, das entgegen Rosenbaums Prinzip der minimalen Distanz nicht mit dem Subjekt des ES identisch ist.

(54) Peter forlangte af lægen at blive udskrevet.
Peter verlangte von Arzt-dem zu werden entlassen.

(55)   Faderen lovede barnet at bringe ham noget.
       Vater-der versprach Kind-dem zu bringen ihm etwas.

(56)   Jens indrømmede overfor dommeren at kende noget til sagen.
       Jens gestand [gegenüber] Richter-dem zu wissen etwas zu
       Sache-der.

(57)   Jens forsikrede overfor dommeren ikke at kende noget til
       Jens versicherte [gegenüber] Richter-dem nicht zu wissen

       sagen.
       etwas zu Sache-der.

Ob das Subjekt des ES mit dem Subjekt oder einem der Objekte des MS identisch ist, scheint allein von der semantischen Struktur des Verbs im MS abzuhängen, worauf auch A. Meyer-Ingwersen hingewiesen hat (1968, 60). Es gibt Verben, die - auf Grund ihrer semantischen Struktur - grundsätzlich Identität des ES-Subjekts mit dem MS-Subjekt fordern. Dazu gehören die Verben forlange 'verlangen', love 'versprechen', indrømme 'einräumen, gestehen' und forsikre 'versichern', wie die Beispiele (54) bis (57) zeigen. Dazu gehören aber auch Verben wie begynde, fortsætte und holde op 'aufhören', bei denen - im Unterschied zu den erstgenannten Verben - außer der Infinitivkonstruktion kein weiteres Objekt auftritt (weshalb Rosenbaum auf Sätze mit diesen Verben sein Prinzip der minimalen Distanz anwenden kann).

(58)   Han begyndte (forsatte med, holdte op med) at læse.
       Er begann (setzte fort[mit], hörte auf[mit]) zu lesen.

Andere Verben fordern Identität des ES-Subjekts mit einem der MS-Objekte. Dazu gehören praktisch alle Verben des Beeinflussens, Erlaubens, Veranlassens und Befehlens. Eine Ausnahme bildet das Verb lade 'lassen', bei dem außer der AcI-Konstruktion kein weiteres Objekt auftritt, so daß Identität des ES-Subjekts mit einem MS-Objekt nicht möglich ist. Da lade auch Identität des ES-Subjekts mit dem MS-Subjekt nicht zuläßt (seiner Semantik nach wäre das unmöglich), kann das von lade abhängende ES-Subjekt nie getilgt werden.

   Als Beispiele für Verben des Beeinflussens, Erlaubens und Veranlassens (bzw. Befehlens) stehen få til '(jemd.) dazu bekommen' tillade 'erlauben' und befale 'befehlen' in den folgenden Sätzen.

(59)   Peter fik Lise til at køre med ham i bilen.
       P. brachte L. (da)zu zu fahren mit ihm in Auto-dem.

(60)   Peter tillod Lise at køre i hans bil.
       P. erlaubte Lise zu fahren in seinem Auto.

(61)   Kommandanten befalede tropperne at rykke frem.
       Kommandant-der befahl Truppen-den zu rücken vor.

Von den Verben des Befehlens unterscheiden sich die Verben des
Wollens (die die Merkmale [+Vol, -Befehl] haben) dadurch, daß
sie a) kein Objekt außer dem ES haben, b) Identität des ES-Subjekts mit dem MS-Subjekt zulassen (nicht fordern, wie die Beispiele (62ii) und (63ii) zeigen):

(62)(i)   Jens vil komme.

   (ii)   Jens vil, at jeg kommer.

(63)(i)   Damen ønskede at spise.

   (ii)   Damen ønskede, at vi spiste med hende.
          Dame-die wünschte, daß wir aßen mit ihr.

A. Meyer-Ingwersen schlägt vor, Verben, die einen eingebetteten
Satz regieren, und dabei Identität des ES-Subjekts mit dem MS-
Subjekt oder einem der MS-Objekte fordern, im Lexikon entsprechend
zu charakterisieren. Verben, die Identität des ES-Subjekts mit
einer NP im MS nur zulassen, bleiben unspezifiziert.[21] Diese
Lösung kann hier nicht übernommen werden, da es in unserer TS
noch nicht die Begriffe "Subjekt" und "Objekt" gibt, Lexikoneinheiten aber schon in der TS spezifiziert werden.[22] Im übrigen
wäre diese Spezifizierung nicht einfach; sie könnte z.B. nicht
als Merkmal behandelt werden, da es sich weder um eine inhärente
Eigenschaft von V noch um die Eigenschaft eines Mitspielers von
V handelt, sondern um eine Beziehung zwischen zwei von V abhängigen Elementen (von denen das eine direkt, das andere indirekt von
V abhängt).

Da die Identität des ES-Subjekts von bestimmten semantischen
Merkmalen des regierenden V abhängt (z.B. von den Merkmalen [+Infl],
[+Perm] und [+Befehl]), scheint die einfachste Lösung die zu sein,

---

21 "Verben dieses Typs befehlen, verbieten usw. sollten also im
   Lexikon so spezifiziert werden, daß sie grundsätzlich nur in
   Satzverbindung einsetzbar sind, bei denen Dativobjekt des MS
   und Subjekt des ES identisch sind. Verben der Gruppe gestehen,
   bekennen usw. sollten dagegen nur in Satzverbindungen mit gleichem Subjekt eingesetzt werden. Die Verben wie hoffen, wünschen
   usw. bleiben unspezifiziert." (A. Meyer-Ingwersen 1968, 60).

22 Nach den Markiertheits-Konventionen in Chomsky und Halle 1968
   können Lexikoneinheiten allerdings ihre volle (und redundante)
   phonologische Spezifizierung auf einer späteren Stufe der Ableitung erhalten.

die Identitätsbedingungen als Bedingungen für eine Transformation zu formulieren, nämlich für die Transformation, die ein ES-Subjekt auf Grund seiner Identität mit einem N des MS tilgt ("equi-NP deletion").[23] Nur, wenn die Identität mit Elementen des MS zur Tilgung führt, wird sie grammatisch relevant. Wo sie nicht zur Tilgung führt, wie in (64i) und (65i), brauchen die Identitätsbeziehungen gar nicht erklärt zu werden, denn sie bewirken keine andere OS als in den Fällen, wo keine Identitätsbeziehungen zwischen ES- und MS-Elementen auftreten (vgl. (64iii) und (65ii)).

Gleichzeitig wird damit auch erklärt, warum in A. Meyer-Ingwersens Satz (64ii) keine Tilgung eintritt, obwohl das Dativobjekt als logisches Subjekt des ES aufgefaßt werden muß (vgl. A. Meyer-Ingwersen 1968, 64): Die Tilgung erfaßt grundsätzlich nur das grammatische Subjekt des ES, erfolgt also erst nach der Subjektbildung.

(64) (i) Ich gestehe, daß ich Kleinarbeit hasse.
    (i') Ich gestehe, Kleinarbeit zu hassen.
    (ii) Ich gestehe, daß mir Kleinarbeit zuwider ist
                                     (A. Meyer-Ingwersen 1968, 64)
    (iii) Ich gestehe, daß der Mord mein Werk war.
(65) (i) Ich gebe zu, daß ich viel esse.
    (i') Ich gebe zu, viel zu essen.
    (ii) Ich gebe zu, daß Herr Billig ein schlechter Politiker ist.

Die Transformation T_{subdel}, die ein ES-Subjekt tilgt, wenn es mit dem Subjekt oder einem der Objekte des MS identisch ist, wird folgendermaßen formuliert:

(T_{subdel}) $\quad T(N\ X^i\ (V^*\ X^j\ T'\ (N'\ X^k)\ X^m)) \rightarrow$

$\qquad\qquad T(N\ X^i\ (V^*\ X^j\ T'\ (X^k)\ X^m))$

wenn: $\exists x((x \varepsilon V^*) \wedge ([+\text{Infl}] v [+\text{Perm}] v [+\text{Befehl}] \varepsilon f(x))) \wedge$

$\qquad \exists x((x \varepsilon N) \wedge (x \varepsilon X^j \cup X^m)) \wedge \exists y((y \varepsilon N') \wedge (x=y))$,

oder: $\exists x(x \varepsilon N) \wedge \exists y(y \varepsilon N') \wedge (x=y)$.

---

23 Für Pronominalisierungs-Transformationen müssen besondere - weniger eingeschränkte - Bedingungen formuliert werden, da z.B. bei Relativierung Identität mit einem beliebigen N des MS Voraussetzung ist und bei Pronominalisierung im engeren Sinne (Einsetzung eines Personalpronomens) sogar Identität mit einem beliebig weit entfernten vorerwähnten N.

T_{subdel} tilgt das Subjekt eines ES, wenn es entweder mit einem der Objekte des MS identisch ist und das MS-Verb eines der Merkmale [+Infl], [+Perm] oder [+Befehl] enthält, oder wenn es mit dem Subjekt des MS identisch ist. Die beiden Bedingungen sind so formuliert, daß nur in dem Fall, wo das ES-Subjekt mit einem MS-Objekt identisch ist, zusätzliche Bedingungen für Merkmale des Verbs spezifiziert werden. Mit anderen Worten: Nur wenn das Verb eines der spezifizierten Merkmale hat, kommt Identität von ES-Subjekt mit einem MS-Objekt in Frage. Bei Identität der beiden Subjekte (ES-Subjekt und MS-Subjekt) brauchen keine besonderen Bedingungen mehr angegeben zu werden; sie tritt in allen anderen Fällen auf, also wenn das Verb nicht zur Gruppe der Verben des Beeinflussens, Erlaubens oder Befehlens gehört. Das heißt, daß die beiden Bedingungen konjunktiv geordnet sein müssen. Zunächst muß die erste abgefragt werden und nur, wenn sie nicht zutrifft, kommt die zweite, der "Sonstfall", an die Reihe.

3.2.2 Infinitivierung

Infinitivierung ist nicht als ein besonderer Prozeß, der sich etwa als Transformation formulieren ließe, zu verstehen. Infinitivierung läßt sich nach P. und C. Kiparsky 1970 rein negativ als die Nicht-Bildung einer finiten Verbform auffassen. Die Bildung einer finiten Verbform geschieht durch eine Kongruenz-Transformation, die das Personal-Merkmal des Subjekts (1., 2. oder 3. Person) auf das Verb überträgt. Durch eine sogenannte "readjustment rule" (Ausgleichsregel) wird dann ein besonderes, dem Verbstamm folgendes Segment gebildet, das dieses Merkmal übernimmt.[24] Ist kein Subjekt vorhanden, dann kann auch keine Kongruenz-Transformation stattfinden; das Verb erscheint dann nicht in einer Personalform, sondern in seiner neutralen, nicht

---

24 Die Einführung des Personalsuffixes beim Verb durch eine morphologische Transformation schildern Bechert, Clément, Thümmel und Wagner 1970, 150f.

person-markierten Form, dem Infinitiv:[25]

> "Basic to our treatment of infinitives is the assumption that nonfinite verb forms in all languages are the basic, unmarked forms. Finite verbs, then, are always the result of person and number agreement between subject and verb, and non-finite verbs, in particular infinitives, come about when agreement does not apply. Infinitives arise regularly when the subject of an embedded sentence is removed by a transformation, or else placed into an oblique case, so that in either case agreement between subject and verb cannot take place."
> (P. und C. Kiparsky 1970, 160f.).

Neben der Subjekttilgung wird von P. und C. Kiparsky noch eine andere Ursache für Infinitivierung erwähnt: Der Fall, wo das ES-Subjekt in eine oblique Kasusform umgewandelt wird, wie z.B. in einer AcI-Konstruktion (vgl. 1.2.1.1). Erklären läßt sich das Zustandekommen des AcI dadurch, daß im Anschluß an die Subjektbildungstransformation eine T-Tilgungs-Transformation T_{Tdel} durchlaufen wird, die zur Folge hat, daß N und V jetzt nicht mehr von T abhängen, sondern direkt vom V des MS. Mit anderen Worten: Der ES wird vollständig in den MS integriert. Das erklärt gleichzeitig, warum das ursprüngliche ES-Subjekt jetzt als Objekt des MS-Verbs aufgefaßt werden kann (vgl. 1.2.1.1) und bei Passivierung des MS sogar dessen Subjekt wird, T_{Tdel} ist im Dänischen nur bei einer beschränkten Anzahl von MS-Verben möglich, nämlich bei høre, se, føle, finde und lade.[26] Nach lade ist T_{Tdel} obligatorisch, nach den anderen vier Verben fakultativ. Zu erörtern bleibt die Frage, was aus T* wird, wenn durch T_{subdel} oder T_{Tdel} die Kongruenztransformation blockiert wird.

---

25 Die infiniten Formen des Verbs sind auch nicht nach Tempus, Aktionsart und Modus bestimmt, wie Bartsch (1969, 96) zeigt, der sie als "Nullstellen des Verbsystems" bezeichnet (1969, 97). Bartsch baut auf Brinkmann 1962 auf, übernimmt jedoch nicht dessen unrichtige Feststellung (p.265), daß die infiniten Formen kein Subjekt-Prädikats-Verhältnis begründen. Brinkmann gibt das Beispiel Ich höre singen, das jedoch nur durch Ergänzung eines unbestimmten Agens (etwa Ich höre jemanden singen) grammatisch vollständig interpretiert werden kann, wobei sich klar zeigt, daß der Infinitiv in einem Prädikatsverhältnis zu einem Subjekt (im Akkusativ) steht; vgl. auch Ich höre Hans singen.

26 AcI nach den Verben vise, mærke und opdage trat schon zu Beginn des Jahrhunderts selten auf oder war auf literarische Ausdrucksweisen beschränkt (vgl. Mikkelsen 1911, 109).

Es kann angenommen werden, daß T* (oder genauer: seine Relation zum nächsthöheren T*) in ein Tempusmerkmal von V umgewandelt wird, wobei natürlich die Frage, welches Tempus (z.B. [+Präsens] oder [+Futur]) gebildet wird, sprachspezifisch beantwortet werden muß. Mit anderen Worten: Während die Relation (T*$_1$ nach T*$_0$) universellen Charakter hat (sie drückt Nachzeitigkeit gegenüber der Sprechzeit aus), ist die Umwandlung in ein bestimmtes Tempus nicht mehr universell, sondern sprachspezifisch. Ebenso ist die Schaffung eines speziellen Tempus-Suffixes (durch eine morphologische Transformation) sprachspezifisch. Man denke an den Unterschied zwischen starken und schwachen Verben in den germanischen Sprachen, wo z.B. [+Präteritum] sowohl durch ein Suffix als auch - bei einer Minderheit von Verben - durch Veränderungen am Verbstamm (nämlich durch Ablaut) ausgedrückt werden kann.[27]

In dem Fall, wo T (und mit ihm T*) getilgt wurde, wird nun statt des Tempusmerkmals ein Merkmal [+Inf(initiv)] in V eingetragen. In diesem Fall stellt eine morphologische Transformation für das Dänische das Infinitiv-Segment -e her.[28]

Damit wäre die Einsetzung einer Infinitivform aber zunächst nur für AcI-Konstruktionen erklärt, nicht für die - viel zahlreicheren - Fälle, wo das Ausbleiben der Kongruenz-Transformation

---

[27] Zur Behandlung morphologischer Prozesse in der generativen Grammatik vgl. Bierwisch 1967b, 18ff. und Wurzel 1970, 15ff.; speziell zur Behandlung des Ablauts vgl. Ross 1967, Wurzel 1970, 63ff. und Bechert, Clément, Thümmel und Wagner 1970, 42ff.

[28] An Verbstämme, die auf Vokal ausgehen wie gå- 'geh-', le- 'lach' und gø- 'bell' wird jedoch kein -e angehängt; sie bleiben im Infinitiv endungslos bzw. erhalten ein Ø-Suffix (das dann unter anderem das Merkmal [+Inf] hat). Auf die Problematik von Null-Suffixen kann hier nicht eingegangen werden. Bemerkenswert ist die Tatsache, daß endungsloser Infinitiv im Dänischen umgangssprachlich auch bei auf Konsonant auslautenden Stämmen vorkommt, z.B. gør (statt gøre) 'tun', vækk (statt vække) 'wecken', vask (statt vaske) 'waschen'. Die Distribution e-loser Infinitive in der dänischen Umgangssprache ist anscheinend noch nicht erforscht; z.B. erwähnt Aa. Hansen (1967 III, 66) nur Ausfall des -e nach vokalisch auslautenden Verbstämmen und (durch Ausfall von [v] oder [ð]) verkürzten Stämmen, z.B. ha (statt have) und be (statt bede).

durch Subjekttilgung verursacht wurde. Die einfachste und angemessenste Lösung ergibt sich, wenn man annimmt, daß Transforme von T_{subdel} obligatorisch T_{Tdel} durchlaufen. Das erleichtert nicht nur die Formulierung der Eingabebedingungen für die Transformation, die das Merkmal [+Inf] in V einführt, sondern erklärt zugleich auch, warum alle Infinitivkonstruktionen - nicht nur der AcI - in der OS ihren Satzcharakter verloren haben.

Die Stammbaumveränderungen, die die Entstehung von subjektlosen Infinitivkonstruktionen wie (69) zur Folge haben, zeigen die Diagramme (66) - (69).

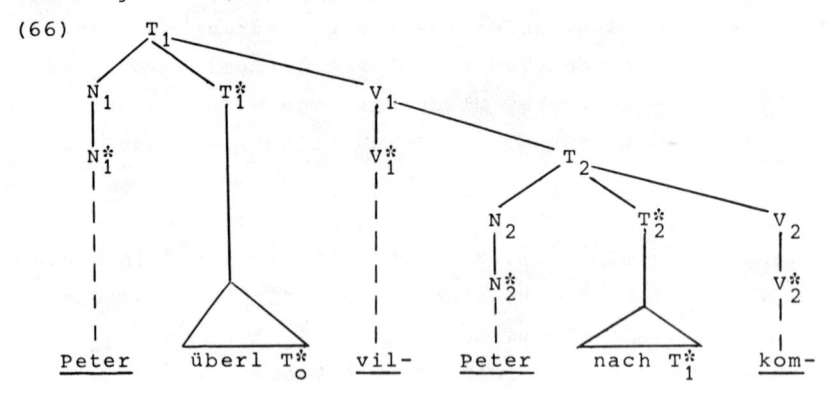

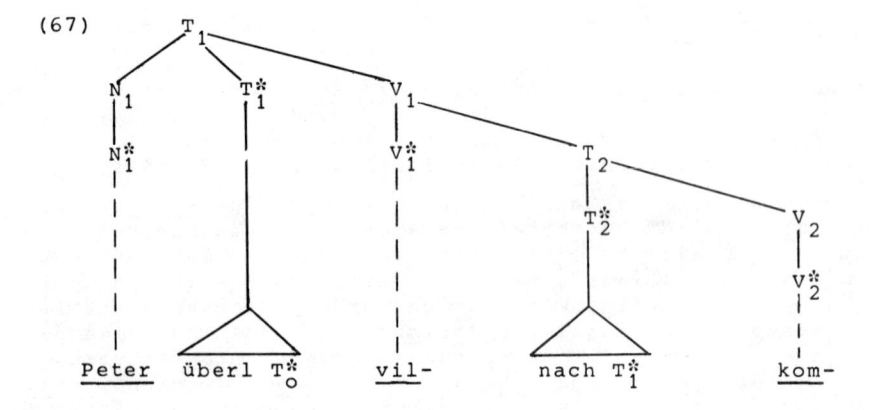

(66)

(67)

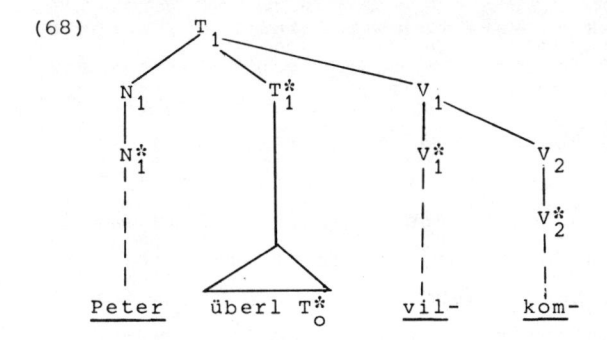

(68) [Baumdiagramm mit Knoten T₁, N₁, T*₁, V₁, N*₁, V*₁, V₂, V*₂, und den Endknoten: Peter, überl T*₀, vil-, kom-]

(69)   Peter vil komme.

Stammbaum (66) stellt die Ableitungsstufe des komplexen Satzes (ohne übergeordneten performativen Satz und ohne Merkmale) nach Durchlaufen von T_{sub} im MS und ES dar. Durch T_{subdel} (auf Grund der Identität von ES-Subjekt und MS-Subjekt) entsteht (67), durch die folgende, für Transforme von T_{subdel} obligatorische, Transformation T_{Tdel} ergibt sich (68); nach Durchlaufen der Transformation, die das Merkmal [+Inf] in V einträgt und nach Anwendung der morphologischen Transformationen entsteht (69).[29]

Die Ableitung von AcI-Konstruktionen muß den Zusammenhang mit dem NcI (vgl. 1.2.1.2) berücksichtigen. AcI und NcI haben gemeinsam, daß sie auf einen ES zurückgehen, der durch T_{Tdel} in den MS integriert worden ist. Der AcI entsteht dann, wenn der MS die Transformation T_{sub} durchläuft, der NcI, wenn der MS passiviert wird. Man kann das Zustandekommen des NcI nur erklären, wenn man berücksichtigt, daß das ES-Subjekt, bevor es zum MS-Subjekt wird, in einer Zwischenstufe (nämlich als Ergebnis von T_{Tdel}) zum Mitspieler des MS-Verbs umgedeutet wurde. Das heißt, die T-Tilgung im ES muß der Passivierung des MS vorangehen. Andernfalls (bei vorangehender Passivierung des MS) müßte zunächst der gesamte ES zum Subjekt des MS gemacht werden. Wenn dann T-Tilgung eintritt (die ja Subjekt und Verb des ES des gemeinsamen Knotens beraubt), hängen die Teile des ehemaligen ES in der Luft. Man könnte zwar in diesem Fall annehmen, daß V von N abhängig gemacht wird, aber

---

[29] Von der Beschreibung der phonologischen Regeln, die die phonetische Repräsentation herstellen (vgl. Chomsky und Halle 1968) wird hier abgesehen.

das wäre nicht nur im höchsten Maße "counterintuitive", sondern würde auch nicht die nachfolgende Permutation von V (hinter das V des MS) motivieren.

Die hier vorgeschlagene Reihenfolge trägt nicht nur der Parallelität von AcI und NcI (durch Ableitung beider vermittelst T-Tilgung im ES) Rechnung, sondern auch der Parallelität mit der normalen Passivierungs-Transformation, die ja einschließt, daß einer der Mitspieler von V zum Subjekt wird. Durch T_{Tdel} aber kann das ehemalige ES-Subjekt eine Mitspieler-Rolle im MS übernehmen. Die Diagramme (70) - (77) stellen die Ableitung eines AcI und des entsprechenden NcI dar. Ausgangspunkt für beide Konstruktionen ist die TS (70).

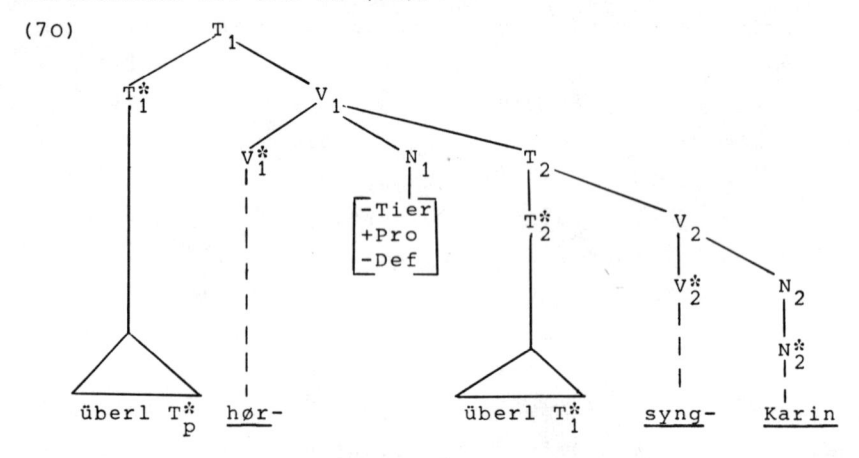

(70)

T_{sub} macht N_2 zum Subjekt des eingebetteten Satzes, so daß (71) entsteht.

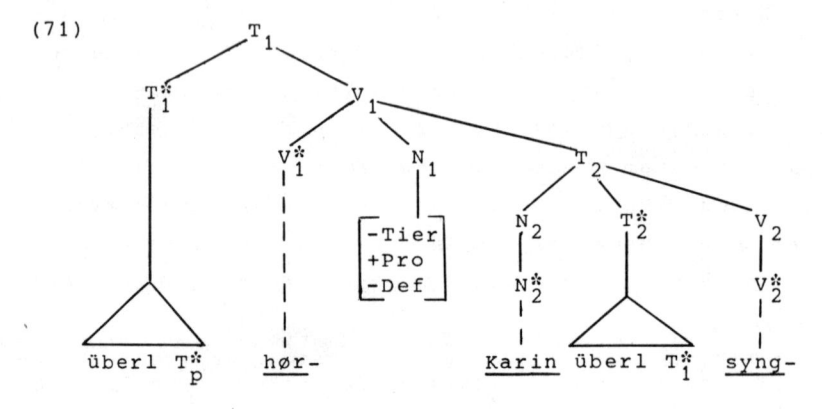

(71)

Durch T_{Tdel} werden die Elemente des ES in den MS integriert.

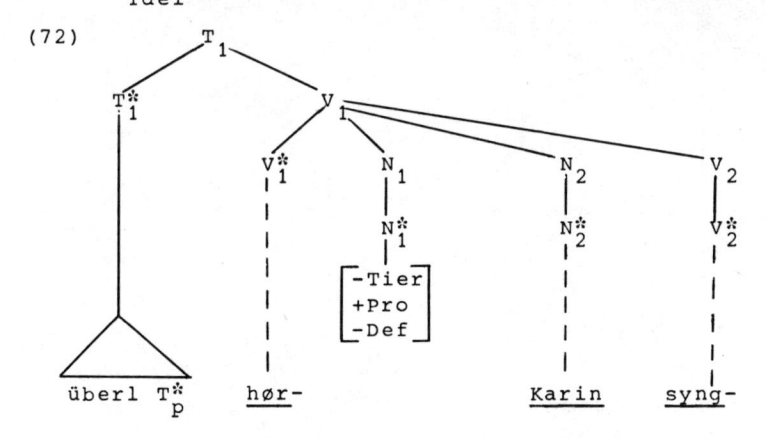

(72)

```
                    T₁
           ╱         ╲
         T*₁          V₁
          │      ╱  │  │  ╲
          │     V*₁ N₁ N₂  V₂
          │      │  │  │   │
          │      │  N*₁ N*₂ V*₂
          │      │  │  │   │
          │      │ ⎡-Tier⎤ │
          │      │ ⎢+Pro ⎥ │
          │      │ ⎣-Def ⎦ │
        überl T*ₚ  hør-   Karin  syng-
```

Durchläuft nun der MS die Transformation T_{sub}, dann wird die (mittlerweile integrierte) Einbettung zum AcI. In diesem Fall wird die indefinite Proform N_1 als <u>man</u> realisiert.

(73)

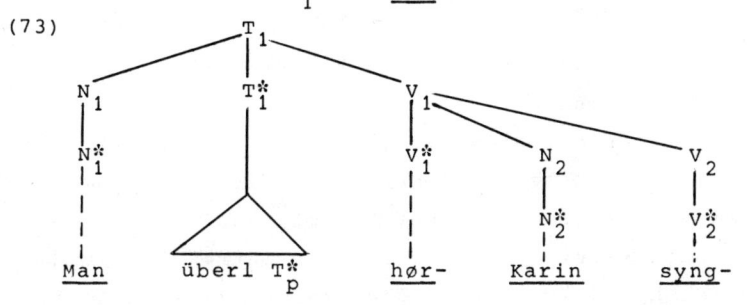

```
              T₁
         ╱    │    ╲
        N₁   T*₁    V₁
        │    │   ╱  │  ╲
        N*₁  │  V*₁ N₂  V₂
        │    │   │  │   │
        │    │   │  N*₂ V*₂
        │    │   │  │   │
       Man überl T*ₚ hør- Karin syng-
```

Als Endprodukt ergibt sich (74)

(74) Man hørte Karin synge.

Passivierung des MS ergibt statt (73) die Struktur (75).

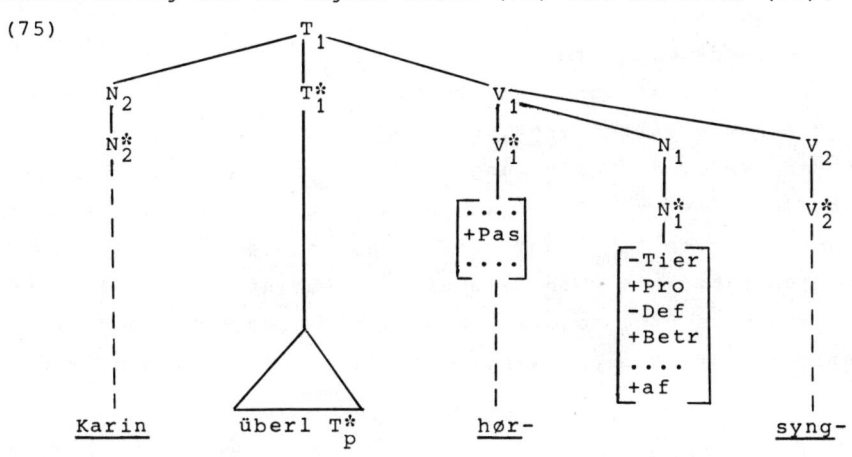

(75)

```
                T₁
         ╱      │      ╲
        N₂     T*₁      V₁
        │      │    ╱  │  ╲
        N*₂    │   V*₁ N₁  V₂
        │      │   │   │   │
        │      │  ⎡····⎤  N*₁ V*₂
        │      │  ⎢+Pas⎥  │   │
        │      │  ⎣····⎦ ⎡-Tier⎤
        │      │         ⎢+Pro ⎥
        │      │         ⎢-Def ⎥
        │      │         ⎢+Betr⎥
        │      │         ⎢···· ⎥
        │      │         ⎣+af  ⎦
       Karin überl T*ₚ  hør-       syng-
```

Durch T_{pasdel} wird N_1 getilgt und es entsteht (76).

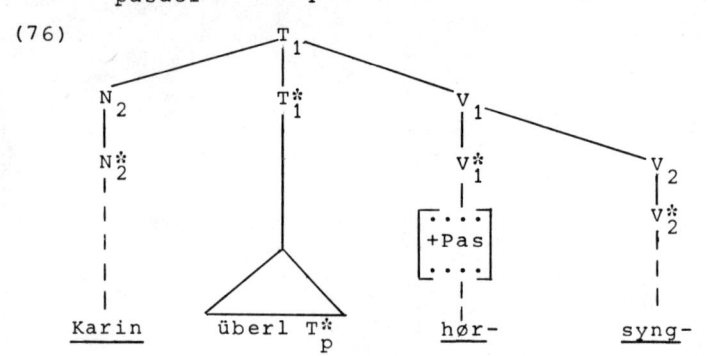

(76)

```
              T₁
      ┌───────┼───────┐
      N₂      T*₁     V₁
      │       │      ┌─┴─┐
      N*₂     │      V*₁  V₂
      │       │      │    │
      │       │    [+Pas] V*₂
      │       │      │    │
    Karin  überl T*ₚ hør- syng-
```

Daraus resultiert schließlich der NcI (77).
(77)   Karin blev hørt synge.

3.2.3 Die Ableitung von Objekt-Prädikativ-Konstruktionen

Die Parallelität von AcI und Objekt-Prädikativ-Konstruktion wurde schon von Jespersen gesehen (vgl. Jespersen 1913, 88 und 1921, 8). Praktisch ist die Objekt-Prädikativ-Konstruktion ein AcI ohne I, oder anders gesagt, ein AcI, bei dem der Infinitiv være 'sein' nicht ausgedrückt ist, aber mitgedacht werden kann. Paraphrasierung durch at-Satz macht das deutlich: Die Sätze (78i) und(ii) sind bedeutungsgleich und können auf die gleiche TS zurückgeführt werden ((78i) ist eine Wiederholung von Beispiel (247) in Kap.1.3). Da die Einbettung in (78ii) als at-Satz realisiert ist, d.h. mit finiter Verbform, tritt die Kopula være auf. (78i) und (78ii) sind also genau so parallel wie (79i) und (79ii).
(78)(i)   Jeg fandt buret tomt.
   (ii)   Jeg fandt, at buret var tomt.
(79)(i)   Man hørte Karin synge.
   (ii)   Man hørte, at Karin sang.
Sätze wie (78i) finden daher eine angemessene Erklärung, wenn man sie als Resultat von T_{Tdel} auffaßt, genau so wie (79i). Ist V im eingebetteten Satz kein Verb, sondern ein Adjektiv oder ein Substantiv, dann wird eine Kopula genau dann eingesetzt, wenn die Kongruenz-Transformation notwendig wird (vgl. 3.2.2). Wenn man –

mit P. und C. Kiparsky - annimmt, daß finite Verbformen das Resultat der Kongruenz zwischen Subjekt und Verb in Person und Numerus sind, dann muß in dem Fall, wo V kein eigentliches Verb, sondern ein Substantiv, Adjektiv oder Adverb ist, ein Element hinzugefügt werden, das Person und Numerus ausdrücken kann. Ein solches Element ist die Kopula (vgl. 3.6). Gleichzeitig wird klar, warum - im Dänischen wie auch in anderen Sprachen - die Kopula nicht gesetzt zu werden braucht, wenn Kongruenz nicht in Frage kommt, also zum Beispiel in Fällen, wo das Subjekt getilgt oder - wie in (78i) - in ein Objekt des MS verwandelt wurde.

3.3   Nominalisierung

In 1.4 wurden verschiedene Stufen der Nominalisierung vorgestellt. Stufe (a) stellen die Infinitivkonstruktionen dar, die zwar nicht als reine Nominalisierungen bezeichnet werden können, ihnen aber nahe stehen, da sie innerhalb eines MS in allen Positionen vorkommen, in denen ein N mit seinen abhängigen Gliedern vorkommen kann. Andrerseits haben sie die meisten verbalsyntaktischen Eigenschaften bewahrt; sie können mit Objekten und - in der AcI-Konstruktion - sogar mit einem Subjekt (das im Objektskasus steht) vorkommen. Die wichtigsten Beispiele aus 1.4 seien hier wiederholt:
(80)   At forstå alt er at tilgive alt.
(81)   Jeg så Peter læse en bog.
(82)   Peter bad mig om at bringe bogen.
Die Infinitivkonstruktionen stehen in (80) als Subjekt und Prädikat, in (81) als Objekt, in (82) als präpositionales Objekt. Stufe (b) bilden die Verbalsubstantive auf -en. Sie kommen ebenfalls mit Objekt vor. Ein zugrundeliegendes Subjekt wurde jedoch in ein Genitivattribut umgewandelt (Beispiel (188iii) aus 1.2.1.1 wird als (83) wiederzitiert).
(83)   Hans evindelige læsen knaldromaner ærgrer mig.
Stufe (c) wird durch Nominalisierungen repräsentiert, deren Kern ein Verbalsubstantiv auf -(n)ing, -else, -ende, -eri, -sel oder ein endungsloses Verbalsubstantiv wie løb (zu løbe 'laufen') bildet.

(84) Hans evindelige læsning af knaldromaner ærgrer mig.
(85) Oles hurtige kørsel foruroligede mig.
      Oles schnelles Fahren beunruhigte mich.

Satz (84) (in 1.2.1.1 als (188iv) zitiert) drückt genau den gleichen Tatbestand aus wie (83). Während jedoch in (83) ein Objekt zum Verbalsubstantiv _læsen_ auftritt - wie bei einem reinen Verb - ist es in (84) in ein präpositionales Attribut umgewandelt worden.

Chomsky 1970 schlägt vor, Nominalisierungen des Typs (b) - die im Englischen durch Verbalsubstantive auf -_ing_ ("gerundive nominals") repräsentiert werden - durch Transformationen aus zugrundeliegenden Sätzen abzuleiten, wie es schon Lees 1960 getan hatte, die "derived nominals" vom Typ (c) jedoch schon in der Basis, durch zusätzliche Angaben im Lexikon. Er nennt die Position, die er im Hinblick auf die Erzeugung der "derived nominals" einnimmt, "lexicalist position". Das Lexikon wird dahingehend modifiziert, daß viele Eintragungen nicht mehr als Substantiv, Verb usw. spezifiziert werden, sondern in der Hinsicht neutral bleiben. Morphologische Regeln bestimmen die spätere Gestalt einer Lexikon-Einheit, z.B. daß sie als Substantiv _refusal_ realisiert werden soll, nicht als Verb _refuse_. Die kontextuelle Subkategorisierung ist davon unabhängig, ob die Lexikoneinheit als Substantiv oder Verb realisiert wird (vgl. Chomsky 1970, 190):

> "We can enter _refuse_ in the lexicon as an item with certain fixed selectional and strict subcategorization features, which is free with respect to the categorial features [noun] and [verb]. Fairly idiosyncratic morphological rules will determine the phonological form of _refuse_, _destroy_, etc., when these items appear in the noun position. The fact that _refuse_ takes a noun phrase complement or a reduced sentential complement and _destroy_ only a noun phrase complement, either as a noun or as a verb, is expressed by the feature structure of the "neutral" lexical entry, as are selectional properties. ... Let us propose, then, as a tentative hypothesis, that a great many items appear in the lexicon with fixed selectional and strict subcategorization features, but with a choice as to the features associated with the lexical categories noun, verb, adjective."

Chomsky führt mehrere Argumente gegen die Ableitung von Verbalsubstantiven aus Verben in zugrundeliegenden Sätzen an. So seien die Beziehungen zwischen einem Verbalsubstantiv und dem damit assoziierten Verb idiosynkratisch, was sich darin äußere, daß die Verbalsubstantive (wie laughter, marriage, belief usw.) Bedeutungsschattierungen haben, die ziemlich weit von der Bedeutung der "base forms"[30] entfernt seien. Transformationen können der semantischen Variation nur Rechnung tragen, wenn man der Basisform eine Skala von Bedeutungen zuschreibt, "stipulating that with certain semantic features the form must nominalize and with others it cannot." (Chomsky 1970, 189).

Es ist jedoch nicht einzusehen, warum der transformationelle Ansatz dieses Problem schlechter lösen könne als der lexikalistische. Wenn eine Nominalisierung Bedeutungen hat, die das entsprechende Verb nicht hat und wenn man, wie Chomsky vorschlägt, wortartneutrale Eintragungen im Lexikon vornimmt, dann müssen für diese neutrale Form ja alle Bedeutungsschattierungen notiert werden, die sie in der einen oder andern Realisierung, als Verb oder Substantiv, haben kann.

Ein anderes Argument Chomskys trifft zwar für das Englische zu, nicht jedoch für das Dänische (und ebenso wenig für das Deutsche), kann also zum mindesten nicht für eine universale Bevorzugung des lexikalistischen Ansatzes herangezogen werden. Im Englischen haben, nach Chomsky, nur die Nominalisierungen des Typs (c) (derived nominals) die interne Struktur von Nominalphrasen, nicht aber die Nominalisierungen des Typs (b) (gerundive nominals): John's unmotivated criticism of the book gegenüber *John's unmotivated criticizing the book. Ein Blick auf Beispiele (83) und (84) zeigt, daß im Dänischen hier keinerlei Unterschied zwischen den beiden Typen besteht. Ähnlich ist es im Deutschen, wo man z.B. sowohl die ständige Unterbrechung als auch das ständige Unterbrechen sagen kann.

Andrerseits können im Englischen Nominalisierungen der Stufe (c) nicht Tempus- oder Aspektunterschiede ausdrücken, was die gerundive nominals können. Auch hier handelt es sich durchaus nicht um einen universellen Unterschied: Weder im Dänischen noch

---

30 Interessanterweise benutzt Chomsky die Termini "base form" und "derived nominal", obwohl er ja die lexikalistische Position bezieht, d.h. Substantive wie refusal und laughter gerade nicht von den Verben refuse und laugh ableitet.

im Deutschen kann man eine Konstruktion des Typs John's having criticized the book nachahmen, denn sowohl die (b)- als auch die (c)-Nominalisierungen sind in diesen Sprachen tempusneutral: dän. Johns kritik af bogen, dt. Johns Kritik am Buch.

Im Gegensatz zu Chomsky 1970 wird also angenommen, daß sich alle Typen von Nominalisierungen als Transforme von zugrundeliegenden Sätzen beschreiben lassen. Infinitivkonstruktionen - die hier wegen ihrer Gemeinsamkeiten mit Nominalisierungen noch einmal herangezogen wurden, obwohl sie nicht eigentliche Nominalisierungen sind - wurden bereits in 3.2 als das Resultat der Transformation T_{Tdel} (AcI und NcI) bzw. der Transformationen T_{subdel} und T_{Tdel} (subjektlose Infinitivkonstruktionen) dargestellt. Die eigentlichen Nominalisierungen lassen sich - wie AcI und NcI - als Umwandlungen zugrundeliegender Sätze beschreiben, die durch T_{Tdel} in den MS integriert wurden. Sie durchlaufen außerdem Nominalisierungs-Transformationen (T_{Nom}): Durch Umwandlung des Subjekts in einen Genitiv und Anfügung des Suffixes -en entstehen Nominalisierungen des Typs (b). Durch Umwandlung des Subjekts in einen Genitiv und des Objekts in ein präpositionales Attribut sowie durch Anfügung eines der oben genannten Suffixe entsteht eine Nominalisierung des Typs (c). Welches Suffix gewählt wird - bzw. ob überhaupt eins gewählt wird, denn es gibt ja auch suffixlose Verbalsubstantive wie løb oder leg (zu lege 'spielen') - hängt vom zugrundeliegenden Verb ab; die entsprechende Information muß als Bedingung bei der Suffigierungs-Transformation (die als morphologische Transformation aufgefaßt werden muß, vgl. 3.6) spezifiziert werden. Wurde in dem zugrundeliegenden ES das Subjekt - z.B., weil es unspezifiziert ist wie in (86) (= (270i) in 1.4) - getilgt, dann kann das Objekt genitiviert werden.
(86) Husets ombygning er nødvendig.
Viele wichtige Probleme, die mit Nominalisierungen zusammenhängen, konnten hier nicht erwähnt, geschweige denn geklärt werden; sie müßten in einer selbständigen, umfassenden Untersuchung behandelt werden. Dazu gehören z.B. die Beschränkungen, denen zugrundeliegende Sätze und ihre Elemente unterliegen, wenn sie no-

minalisiert werden sollen,[31] die in Kap. 1 angedeuteten Bedeutungsunterschiede zwischen den Nominalisierungssuffixen -en, -eri, -else usw., ferner der ebenfalls in Kap. 1 gestreifte Gebrauch der Determinantien bei Nominalisierungen usw.

3.4   Hv-Pronominalisierung und Einführung von Satzeinleitern

3.4.1   Hv-Pronominalisierung

Hängt ein ES von einem Verb mit dem Merkmal [-Ver] ab, dann kann er weder in eine Infinitivkonstruktion noch in eine Nominalisierung umgeformt werden. Die folgenden weiteren Entscheidungen bestimmen, welche Transformationen dieser ES nun durchlaufen muß:
(a)   Hat eines der N im betreffenden ES das Merkmal [+Q]?
(b)   Hat das N mit dem Merkmal [+Q] auch das Merkmal [+Pro]?
(c)   Ist das N mit dem Merkmal [+Q] Subjekt des KS?
(d)   Hat das MS-Verb die Merkmale [+Akt] und [+Ling]?

---

31 Fraser (1970, 90ff.) erwähnt die folgenden Beschränkungen fürs Englische (von denen viele auch fürs Dänische gelten): "The sentence being nominalized must be essentially of the form NP-TNS-V-(NP)-X; that is, the sequence consisting of the subject noun phrase, the tense marker, the verb, possibly a direct object noun phrase, and a (possibly empty) string of adverbials. ... No sentence in which a noun phrase has been questioned and moved forward as in an interrogative question or a relative clause meets this general structure. Modals ... as well as any part of the aspect of the verb phrase (e.g., have, being) are also excluded. .. No sentence adverbials (e.g., certainly, surely) can occur... No negation of the verb phrase may occur, although direct object negation seems acceptable in some cases... There are only three constraints we must place on the subject noun phrase. The first...requires that the subject not be the expletive there... The second and third ... require...that the possessivized noun phrase be marked [+animate]...and...that it not be complex. ...The first restriction on the verb requires that it be marked [-stative]... The second requires that if the verb consists of a verb-particle combination, the particle must immediately follow the verb and not the direct object noun phrase." Fürs Dänische gelten zusätzlich mindestens die beiden folgenden Beschränkungen: a. Das Verb sige läßt keine Nominalisierung zu; b. von Befehlsverben abhängige ES können nur nach Subjekttilgung nominalisiert werden.

Wird Frage (a) mit "ja" beantwortet, dann wird ein hv-Formativ eingeführt, wobei die Beantwortung von (b) entscheidet, ob dieses Formativ eine Proform von N oder ein zusätzliches Determinans ist. Wird Frage (b) positiv beantwortet, dann wird für das N mit den Merkmalen [+Q, +Pro] eine hv-Proform eingesetzt (vgl. die Sätze (87) - (91)). Fällt die Antwort negativ aus, dann wird ein hv-Determinans gebildet (vgl. (92) und (93)). Wird Frage (c) positiv beantwortet, dann wird unmittelbar hinter dem Subjekt das Subjektzeichen der (vgl. 1.1.3.1) eingesetzt, wie die Beispielsätze (87) und (88) zeigen. Fällt (c) negativ aus, dann muß das N in Anfangsstellung permutiert werden (vgl. (89) - (91)), denn hv-Formative kommen nur am Satzanfang vor.[32] Bei positiver Beantwortung von (d) kann der S durch T_{dir} in direkte Rede umgewandelt werden (vgl. 3.5).

(87) Jeg ved, hvem der har gjort det.
(88) Hvad der er sket, er mig en gåde.
(89) Det er klart, hvem han mener.
(90) Hvad Helga snakker om, er mig lige meget.
(91) Hvormed Max beskæftiger sig, ved ingen.
(92) Ved du, hvor mange gæster der kommer?
(93) Karin spurgte Jens, hvilken kjole hun skulle tage på.

Wird Frage (a) negativ beantwortet, dann kann kein hv-Formativ eingeführt werden. Der ES wird dann entweder in einen om-Satz (vgl. 3.4.2) oder eine direkte Entscheidungsfrage (vgl. 3.5) umgeformt. Da die Umwandlung in direkte Rede fakultativ ist, kann der ES sowohl bei positiver als auch negativer Beantwortung von Frage (d) in einen hv-Satz transformiert werden.

---

32 (87) - (92) sind wiederaufgenommene Beispiels aus 1.1.3. Hvor mange muß man als ein Determinans auffassen, ähnlich wie hvilken. Die Einsetzung von Determinantien - genauer: die Umwandlung von Merkmalen eines N in selbständige Determinans-Segmente - geschieht durch Segmentbildungs-Transformationen (vgl. 2.1 und 3.6). Das hv-Formativ hvor (das man in diesem Fall weder als Proform noch als Determinans klassifizieren kann) kommt auch mit Adjektiven vor (vgl. hvor let 'wie leicht' in Beispiel (141), 1.1.3.4). Das Adjektiv muß als Mitspieler von V aufgefaßt werden. Wie diese Kombination im einzelnen zustande kommt (soll man beim Adjektiv auch ein Merkmal [+Q] annehmen?), kann hier nicht untersucht werden; die Behandlung adjektivischer Mitspieler mußte ausgeklammert werden, um die sehr komplexe Problematik der Struktur von Satzeinbettungen etwas zu entlasten.

Die für die Erzeugung von hv-Sätzen relevanten Transformationen werden im folgenden formalisiert. Die Transformation T_{hv} ersetzt ein N mit den Merkmalen [+Q] und [+Pro] durch eine Proform, die Transformation $T_{hv'}$ fügt einem N mit den Merkmalen [+Q] und [-Pro] ein Determinans hinzu. Die Merkmale [+Q] und [+Pro] bzw. [-Pro] werden - wie bei Pronominalisierungs- und Segmentbildungstransformationen üblich - auf die Proform bzw. das Determinans vererbt. Das gilt auch für die andern in N enthaltenen Merkmale. Bei Vorhandensein des Merkmals [-Tier] erhält das hv-Pronomen später die Form hvem, bei [-Leb] die Form hvad.[33]

(T_{hv})   T (X N Y) → T (X Pro Y)

   wenn: $\exists x((x\epsilon N)\wedge([+Q]\wedge[+Pro]\epsilon f(x)))$.

($T_{hv'}$)   T (X N Y) → T (X Det+N Y)

   wenn: $\exists x((x\epsilon N)\wedge([+Q]\wedge[-Pro]\epsilon f(x)))$.

Die Transformation T_{qder} führt das Subjektzeichen der ein, wenn das (durch Proform ersetzte oder - im Fall der Det-Adjungierung - N gebliebene) Element mit dem Merkmal [+Q] Subjekt ist; die Subjektsfunktion wird durch die erste Position in der von T regierten Kette identifiziert, denn der ES (bzw. der Gesamtsatz) hat schon eine Subjektbildungstransformation durchgemacht.

(T_{qder})   T ([Det]X T* Y) → T ([Det]X SZ T* Y)

   wenn: $\exists x((x\epsilon X)\wedge([+Q]\epsilon f(x)))$.

---

33 Die Form hvad gilt ebenfalls bei Auftreten des Merkmals [+Pflanze] und höchstwahrscheinlich auch bei [+Tier]. Da bei Tierbezeichnungen im Dänischen oft Personifizierung eintritt (auf Haustiere kann man sich z.B. außer mit den auch mit dem an sich Menschen vorbehaltenen Personalpronomen han bzw. hun beziehen), ist auch hvem für Tiere möglich. Ist es nicht entschieden, ob das zu erfragende Lebewesen ein Tier oder ein Mensch ist, dann wird hvem gebraucht: Hvem har gjort det? (wenn man z.B. nicht weiß, ob ein Mensch oder ein Tier etwas umgeworfen oder zerstört hat). Ist eine hv-Proform präpositionales Objekt oder Adverbial, dann ist statt hvad die Form hvor möglich, die mit der Präposition verschmilzt (vgl. hvormed in (91)). In normalem (d.h. nicht-literarischem und nicht-feierlichem) Dänisch werden jedoch die Formen mit hvad bevorzugt (vgl. hvad om in (90)), wobei - wie im Englischen - hv-Proform und Präposition getrennt sind; mit anderen Worten: Das hv-Pronomen hvad wird ohne seine Präposition permutiert.

Die eckigen Klammern um Det geben Optionalität an (vgl. 2.1); ist Det vorhanden, dann ist X ein N, andernfalls ein hv-Pronomen. Ist das N (bzw. hv-Pronomen) mit dem Merkmal [+Q] nicht Subjekt, dann wird es in Anfangsstellung, also noch vor das Subjekt, permutiert, so daß Oberflächenstrukturen entstehen, wie sie durch (89), (90) und (91) exemplifiziert werden. Das zu permutierende Element wird in der Transformation T_{qperm} durch seine Position als Nicht-Subjekt identifiziert.

(T_{qperm}) T (N X [Det] Y Z) → T ([Det] Y N X Z)

wenn: $\exists x((x\varepsilon Y)\wedge([+Q]\varepsilon f(x)))$.

3.4.2 Om-Adjungierung

Enthält ein ES, der von einem MS-Verb mit dem Merkmal [-Ver] regiert wird, kein N mit dem Merkmal [+Q], dann wird ihm ein om-Einleiter adjungiert, es sei denn, daß er die Transformation T_{dir} durchläuft (vgl. 3.5). Die Transformation T_{om} fügt dem abhängigen Satz T' die Konjunktion om als Einleiter hinzu, wobei om direkt von T' abhängig gemacht wird.

(T_{om}) T (X (V* Y T' (X') Z)) → T (X (V* Y T' (om X') Z))

wenn: $\exists x((x\varepsilon V^*)\wedge([-Ver]\varepsilon f(x)))\wedge\forall x((x\varepsilon N)\wedge(N c X'))\rightarrow$
$([+Q]\not\varepsilon f(x))$.

Durch T_{om} entstehen om-Sätze, wie sie durch folgende Beispiele (die aus 1.1.2 und 1.1.4 wiederzitiert wurden) illustriert werden:[34]

(94) Nu spørger jeg, om De har en anden løsning.
(95) Peter ved, om Hans kommer.
(96) Det er tvivlsomt, om Karin kommer.

---

34 Sätze wie Har Peter sagt, om han har set Hans? (vgl. (177vi) in 1.1.4), wo das MS-Verb nicht ein Merkmal [-Ver] enthält, können nicht durch diese Transformation erzeugt werden. Om wird hier dem ES adjungiert, weil der MS ein Fragesatz ist (also in seiner Ganzheit, nicht durch V allein Ungewißheit über die Realisierung des im ES ausgedrückten Sachverhalts ausdrückt). Es gelang nicht, die Bedingungen für eine solche Transformation zu formulieren, da hier Grundprobleme der Ableitung von Fragesätzen eine Rolle spielen, die noch nicht gelöst sind. Neuere Arbeiten über Fragesätze wie Abraham 1968 und 1969 und Rohrer 1971b behandeln das Problem nicht.

(97) Spørgsmålet er, om det er rigtigt.

Das regierende Verb ist in (94) ein Verbum dicendi, in (95) ein Verbum sentiendi, in (96) ein Adjektiv und in (97) ein Substantiv. Allen V gemeinsam ist, daß sie das Merkmal [-Ver] haben, wobei _vide_ neben [-Ver] auch [+Ver] zuläßt (und dann einen _at_-Satz regiert, vgl. 1.1.4), während die andern drei grundsätzlich [-Ver] als Merkmal haben.

3.4.3 _At_-Adjungierung

Der Satzeinleiter _at_ wird einem ES in all den Fällen adjungiert, wo
(a) das MS-Verb nicht das Merkmal [-Ver] hat,
(b) der ES nicht - infolge Subjekttilgung und/oder Integrierung in den MS - infinitiviert worden ist.

_At_ ist der neutralste Einleiter dänischer Subjekt- und Objektsätze. Es kann an alle ES treten, die von einem V regiert werden, das nicht das Merkmal [-Ver] hat.[35] _At_-Sätze lassen sich daher nicht positiv definieren, etwa als abhängige Aussagesätze, abhängige Wunsch- und Befehlssätze usw., sondern nur negativ, als abhängige Nicht-Fragesätze.[36] In Tabelle 6 werden noch einmal die Verbgruppen aus dem V-Lexikon (Tabelle 3) zusammengestellt, die einen _at_-Satz regieren können. Jede Gruppe wird durch ein Verb exemplifiziert.

---

[35] Eine Ausnahme machen nur Einbettungen, die vom Verb _lade_ regiert werden; sie müssen T_{Tdel} durchlaufen, also in AcI-Konstruktionen umgeformt werden.

[36] Genauer gesagt "Nicht-Ungewißheitssätze", denn _om_- und _hv_-Sätze hängen ja nicht nur von Frageverben ab, sondern allgemein von Verben, die Nicht-Gewißheit über die Realisation des im abhängigen Satz ausgedrückten Sachverhalts ausdrükken (vgl. 1.1.4).

Tabelle 6. Verbgruppen, die at-Sätze regieren können

Gruppen-Nr.	Merkmale[37]	Beispiel
(1.4)	[+Akt, +Kaus, -Kom]	bevirke
(2.1)	[-Akt, -Ling, -Urt]	huske[38]
(2.5)	[-Akt, -Ling, +Spr, +Ver]	vide
(3.1)	[-Akt, +Ling, -Urt]	høre
(3.5)	[-Akt, +Ling, +Spr, +Ver]	erfare
(4.1)	[-Kaus, -Ling, -Urt]	håbe
(4.3)	[-Kaus, -Ling, -Spr, +Ver]	tro
(4.5)	[-Kaus, -Ling, +Spr, +Ver]	indse
(5.1)	[-Kaus, +Ling, -Urt]	fortælle
(5.5)	[-Kaus, -Ling, +Spr, +Ver]	tilstå
(6.1)	[+Kaus, -Ling]	huske[39]
(6.3)	[+Kaus, +Ling, -Vol, +Perm]	tillade
(6.4)	[+Kaus, +Ling, -Vol, +Infl]	få til
(6.5)	[+Kaus, +Ling, +Vol, -Bef]	ønske
(6.6)	[+Kaus, +Ling, +Vol, +Bef]	befale

Bei den meisten Verben dieser Gruppen kann der abhängige Satz alternativ andere Transformationen durchlaufen, so daß at-Adjungierung nicht die einzige Möglichekit ist. Das Verb gøre der Gruppe 1.4 erlaubt z.B., daß der ES durch T_{Tdel} in eine Objekt-Prädikativ-Konstruktion umgeformt wird (vgl. (255) in 1.3, Marinus gjorde sig rigtig fin[40]). Huske läßt Tilgung des

---

37 [+Kom] (als redundant für [+Ling]) und [+Urt] (als redundant für [+Spr] und [+Ver], vgl. 2.2.1.1) wurden weggelassen.

38 in passiver Bedeutung, "sich (zufällig) an etwas erinnern".

39 in aktiver Bedeutung, "sich etwas ins Gedächtnis zurückrufen" (engl. to recall).

40 Beim Verb gøre 'machen' (mit regiertem Satz = "machen, daß etwas ist, wird, geschieht") ist Umwandlung des ES in eine Objekt-Prädikativ-Konstruktion weitaus gebräuchlicher und natürlicher als at-Adjunktion. At-Sätze bei gøre sind zwar möglich, wirken aber in den meisten Fällen steif und sind in höchstem Maße ungebräuchlich.

ES-Subjekts zu, wenn dies mit dem MS-Subjekt identisch ist, ebenso ist es bei håbe, tro, indse und anderen Verba sentiendi.[41] Wunschverben (wie ønske und ville) lassen ebenfalls Tilgung des ES-Subjekts auf Grund von Identität mit dem MS-Subjekt zu, während die Verben des Erlaubens, Beeinflussens und Befehlens Tilgung des ES-Subjekts zulassen, wenn es mit dem indirekten Objekt des MS identisch ist. In all diesen Fällen entstehen subjektlose Infinitivkonstruktionen. Høre und se erlauben neben at-Adjungierung auch Umwandlung in AcI und bei allen aktiven Kommunikationsverben (d.h. Verba dicendi) ist außer at-Adjungierung auch Umwandlung in direkte Rede möglich.[42]

Welche Voraussetzungen für die einzelnen Transformationen notwendig sind und in welcher Reihenfolge sie stattfinden, zeigen die Flußdiagramme im Anhang.

Die Transformation T_{at} fügt dem abhängigen Satz T' den Einleiter at als direkt von T' abhängiges Element hinzu. Bedingung ist, daß das regierende Verb nicht [-Ver] enthält und nicht = lade ist.

(T_{at}) T (X V* Y T' (X') Z)) → T (X (V* Y T' (at X') Z))

wenn: $\forall x((x \epsilon V^*) \rightarrow (([-Ver] \notin f(x)) \vee (x \neq lade)))$.

Wie hv- und om-Sätze treten at-Sätze in der OS als Subjektsätze auf, wenn der MS passiviert wird (vgl. (98)) oder wenn das MS-V nicht das morphologische Merkmal [+Verb] hat, d.h., wenn es ein Adjektiv oder Substantiv ist (vgl. (99) und (100)).[43]

---

41 Hier - wie bei den wenigen Verba dicendi, die Tilgung des ES-Subjekts zulassen - ist Infinitivkonstruktion weit weniger gebräuchlich als at-Satz.

42 Außerdem ist statt eines Gefüges mit at-Satz grundsätzlich Koordination möglich. Statt Peter ved, at Hans kommer ist - mit veränderter Reihenfolge der beiden Sätze - auch möglich Hans kommer. Peter ved det. Vgl. dazu Rohrer 1971a, 191, der die beiden Sätze Je sais qu'on me trompe und On me trompe. Je le sais von der gleichen TS ableitet. Voraussetzung für die Koordination ist in diesen Fällen die Kopierung des ES und die Ersetzung der Kopie durch eine Proform (frz. le, dän. det).

43 Die folgenden Beispiele sind Wiederholungen aus 1.1.1.

(98)   Det blev betragtet som en stor Ære for Farmen, at de
       gamle Mænds Dans skulde holdes der.   KBF 291
(99)   Det er godt, at Karin er kommet.
(100) At hun blev forelsket i ham var næsten en Selvfølge.
                                                   JPJac.II.8
In allen andern Fällen erscheinen sie als Objektsätze:
(101) Kamante skriver, at han er arbejdsløs.   KBF 66
(102) Peter tror, at Hans kommer.

Wie in 1.1.1 dargestellt, fällt at oft aus, wenn der at-Satz Objekt ist und nicht in Spitzenstellung steht (vgl. (103) und (104)), wobei die NS-Satzgliedstellung gewöhnlich beibehalten wird (vgl. die Stellung von ikke in (105)). At kann auch ausfallen, wenn der at-Satz von einem Verb mit Präposition abhängt (vgl. (106)).

(103) Jeg tror ikke, han har gjort det.   Did 190
(104) *Han har gjort det, tror jeg ikke.
(105) Du skal se, det ikke går.   HanS 181
(106) Du kan regne med, jeg skal gøre mit bedste. HW 110

In Subjektsätzen wird nach Aa. Hansen at normalerweise nicht ausgelassen,[44] ist jedoch - wie auch Hansens Einschränkung "normalt" (normalerweise) andeutet - zum mindesten in der Umgangssprache (vgl. Aa. Hansen 1967 III, 462) möglich. Während at in den Subjektsätzen von (98) und (100) nicht wegfallen kann, ist (99) ohne at umgangssprachlich möglich. Außer der Stellung des abhängigen Satzes und seiner Funktion als Subjekt oder Objekt, scheinen also noch die Natur des regierenden V (Verb im Passiv gegenüber Substantiv oder Adjektiv) und andere Faktoren (möglicherweise das Tempus des MS) eine Rolle zu spielen.

Vor allem, weil die Satzgliedstellung innerhalb des at-Satzes - die erst durch eine spätere Transformation festgelegt werden kann - eine Rolle spielt, ist es geraten, at-Tilgung durch eine spätere, der Satzgliedpermutation folgende, Transformation anzunehmen, wobei noch besondere Bedingungen formuliert werden müssen, die verhindern, daß at in Subjektsätzen wie (98) und (100) wegfällt. Damit scheidet eine andere Möglichkeit aus, nämlich statt at zu tilgen die Transformation T_{at} so zu formulieren,

---

44 "...udeladelse af at finder normalt ikke sted hvor ledsætningen er subjekt..." (Aa. Hansen 1967 III, 470).

daß at-Adjungierung in einigen Fällen obligatorisch, in anderen fakultativ ist.

Eine Besonderheit unter den at-Sätzen bilden die Befehlssätze, d.h. von einem Befehlsverb regierte at-Sätze. Einbettungen, die von einem Befehlsverb (wie befale oder anordne) abhängen, können T_{at} erst durchlaufen, nachdem sie einer Transformation T_{skal} unterzogen wurden, die ihnen das Modalverb skal hinzufügt.[45] Die Sätze (107i, ii und iii) sind bedeutungsgleich und werden von der gleichen TS abgeleitet. In (i) wird das Subjekt des ES auf Grund seiner Identität mit dem indirekten Objekt des MS getilgt. In (ii) tritt keine Tilgung ein (sie ist bei Befehlsverben optional), der abhängige Satz wird durch Hinzufügung von skal und at in einen at-Satz umgeformt. In (iii) wird der abhängige Satz imperativiert (vgl. 3.5).

(107)(i)   Generalen befalede tropperne at rykke frem.
   (ii)   Generalen befalede tropperne, at de skulle rykke frem.
   (iii) Generalen befalede tropperne: "Ryk frem!"

3.5   Direkte Rede, Frage- und Aussagesatz, Imperativ

Alternativ zur Infinitivierung, Nominalisierung, Adjungierung eines Satzeinleiters und Umwandlung in einen hv-Satz kann ein ES in direkte Rede umgeformt werden, wenn er von einem Verbum dicendi regiert wird.[46]

---

45 Bei den Wunschverben (z.B. ville und ønske) scheint skal-Adjungierung optional zu sein: Peter vil, at jeg skal komme/ Peter vil, at jeg kommer, Peter ønsker, at jeg skal komme/ Peter ønsker, at jeg kommer. Natürlich ist skal-Adjungierung in der vorgeschlagenen Form eine ad-hoc-Lösung; eine systematische Lösung hängt von einer eingehenden Untersuchung der Ableitungsmöglichkeiten von Modalverben ab.

46 Der Vorschlag, direkte Rede als eine OS-Form, also als Ergebnis von Transformationen aufzufassen, ist im Einklang mit Boeder 1968a Wunderlich 1969 nimmt direkte Rede "als die primäre und genaueste Art der Wiedergabe" (1969, 100) an, also als Ausgangspunkt. Mit Recht unterscheidet er mehrere Stufen der indirekten Rede, wobei "schrittweise von der wörtlichen Form der Äußerung abstrahiert werden" kann "bis hin zu einer ganz globalen Inhaltsangabe"(S.100) Der (dreideutige) Satz Hans sagte zu Karl, daß sein Roman leider mißlungen sei sollte jedoch auf Tiefenstrukturen zurückgeführt

Hat das Verbum dicendi gleichzeitig das Merkmal [+Bef], dann geschieht die Umwandlung in direkte Rede durch eine "Imperativierungs-Transformation" T_{imp}. Hat das Verbum dicendi [-Vol], dann kommt die Transformation T_{dir} in Frage, die folgende Veränderungen am ES vornimmt:[47]

(a) Ein N, das mit einem N mit dem Merkmal [+Agens] im MS identisch ist, wird in ein Pronomen der ersten Person umgewandelt (vgl. (108) und (109)).

(b) Ein N, das mit einem MS-N mit [+Betr] identisch ist, wird in ein Pronomen der zweiten Person umgewandelt (vgl. (110) und (111)).

Erfüllt keines der N die Bedingungen (a) und (b), dann durchläuft der ES die Transformation T_{dir} leer, d.h. es findet keinerlei Veränderung statt, wie z.B. in (112).

In den folgenden Beispielen werden jeweils at-Satz und direkte Rede, die von der gleichen TS abgeleitet sind, einander gegenübergestellt.

(108)(i)   Jens sagde til Ole, at han kendte Karin.

(ii)   Jens sagde til Ole: "Jeg kender Karin".

(109)(i)   Jens sagde til Ole, at han ville komme i eftermiddag.

(ii)   Jens sagde til Ole: "Jeg kommer i eftermiddag".

(110)(i)   Jens sagde til Ole, at Peter kendte ham.[48]

(ii)   Jens sagde til Ole: "Peter kender dig".

---

werden, in denen das Subjekt des ES jeweils Hans' Roman, Karls Roman oder Fritz' Roman (als Beispiel für eine dritte Person) heißt, nicht mein Roman, dein Roman oder sein Roman wie bei Wunderlich (1969, 101), da Pronomina erst durch spätere Einsetzung erklärt werden können - eben im Zusammenhang mit einer Transformation wie T_{dir}.

47 Wunschverben (wie ville und ønske), d.h. Verben mit [+Vol,-Bef], kommen anscheinend nicht mit direkter Rede vor.

48 Wie auch Wunderlichs Beispiel (vgl. Anm. 46) zeigt, bestehen in der indirekten Rede mehr Möglichkeiten für Mehrdeutigkeiten als in der direkten, da das Pronomen der dritten Person sowohl auf den Sprecher des MS, als auch den Angeredeten des MS oder eine dritte Person Bezug nehmen kann. In (110i) kann ham - außerhalb des Kontexts - alle drei Bezugsmöglichkeiten haben. Mindestens doppeldeutig sind die Pronomina der dritten Person in (109i) und (111i).

(111)(i)   Jens sagde til Ole, at han ville låne ham bogen.

(ii)   Jens sagde til Ole: "Jeg låner dig bogen".

(112)(i)   Jens sagde til Ole, at Peter så Karin sidste fredag.

(ii)   Jens sagde til Ole: "Peter så Karin sidste fredag".

Die Beispiele zeigen gleichzeitig, daß sich at-Satz und direkte Rede auch im Tempus unterscheiden können: Gleichzeitigkeit mit dem im MS ausgedrückten Redeakt wird beim at-Satz durch das gleiche Tempus wie im MS ausgedrückt (vgl. (108i)), in der direkten Rede jedoch durch das Präsens (vgl. (108ii)). Nachzeitigkeit gegenüber einem in der Vergangenheit liegenden (im MS ausgedrückten) Sprechakt wird beim at-Satz durch die Konstruktion ville + Infinitiv bezeichnet, in der direkten Rede wiederum durch das Präsens. Die Transformation T_{dir} muß also dafür sorgen, daß das T*-Element des ES bei Nachzeitigkeit oder Gleichzeitigkeit mit dem im MS ausgedrückten Sprechakt in das Merkmal [+Präsens] verwandelt wird. Bei Vorzeitigkeit ergibt sich kein Unterschied zwischen direkter Rede und at-Satz, wie (112) zeigt.

Durchläuft ein ES die Transformation T_{dir}, dann bleiben das Negationselement und Adverbien[49] in ihrer ursprünglichen Stellung, während sie bei at-Adjungierung in die Position vor V gebracht werden müssen (vgl. (113) und (114)).

(113)(i)   Jens siger, at Peter ikke kommer.

(ii)   Jens siger: "Peter kommer ikke".

(114)(i)   Jens siger, at Peter snart kommer.

(ii)   Jens siger: "Peter kommer snart".

Die Transformation T_{imp} formt einen ES, der von einem Befehlsverb abhängt, in einen Imperativ um. T_{imp} tilgt das Subjekt des ES - das bei Befehlsverben identisch mit dem indirekten Objekt des MS (d.h. der Bezeichnung des Befehlsempfängers) ist - und sorgt dafür, daß das V im ES weder ein Infinitiv- noch ein Tempus- und Personalsuffix bekommt. Die Objekte im ES werden durch Pronomina der ersten Person ersetzt, wenn sie mit einem MS-N mit [+Agens], durch ein Pronomen der zweiten Person, wenn sie mit einem MS-N mit [+Betr] identisch sind (vgl. (116iii), (118) und (119)).

---

[49] Unterschiedliche Stellung in NS und selbständigem Satz betrifft vor allem die Temporaladverbien und Modaladverbien wie gerne oder hurtigt 'schnell' (vgl. 1.1.1).

Wie T_{dir} ist auch T_{imp} fakultativ, so daß der Imperativ (als eine Form der direkten Rede) eine von mehreren alternativen OS ist, in die ein ES nach einem Verb des Befehlens umgeformt werden kann (vgl. (107) und (115) - (117)). Das Verb bede 'bitten', obwohl seiner Semantik nach mehr Wunsch- als Befehlsverb, verhält sich wie die Befehlsverben: Bede läßt sowohl Umformung des ES in einen Imperativ zu (vgl. (116iii)) als auch Tilgung des ES-Subjekts (vgl. (116i)), wobei das ES-Subjekt mit dem indirekten Objekt des MS identisch ist - wie bei befale und byde - nicht jedoch mit dem MS-Subjekt, wie das bei ville und ønske der Fall ist.

Das Verb sige, als das neutralste Verbum dicendi, hat [±Vol], [±Bef], [±Ver], und kann daher sowohl einen Aussagesatz als auch einen Imperativ (vgl. (117ii)) oder direkten Fragesatz regieren. Es läßt jedoch nicht Tilgung des ES-Subjekts zu.

(115)(i)   Han bød dem komme nærmere.   NDO 134
    (ii)   Han bød dem, at de skulle komme nærmere.
    (iii) Han bød dem: "Kom nærmere!"
(116)(i)   Hun bad ham ikke om at besøge sig.   HT 17
    (ii)   Hun bad ham ikke, at han skulle besøge hende.
    (iii) Hun bad ham ikke: "Besøg mig!"
(117)(i)   Chefen sagde til sekretær, at hun skulle afvise alle,
           der kom.
    (ii)   Chefen sagde til sekretær: "Afvis alle, der kommer!"

Auch andere Verba dicendi, die [+Bef] nicht als Merkmal haben, aber wie sige [+Bef] und [-Bef] zulassen, können einen Imperativ regieren:

(118)   Poul råbte til Peter: "Vask dig!".
(119)   Ellen hviskede til Jens: "Kys mig!".

Der performative Satz kann getilgt werden, wenn der in ihn eingebettete Satz durch T_{dir} oder T_{imp} in direkte Rede umgeformt worden ist. Anders gesehen: Nachdem ein ES T_{dir} oder T_{imp} durchlaufen hat, wird geprüft, ob sein MS mit dem performativen Satz identisch ist. Wenn das der Fall ist, kann der MS - durch eine Transformation $T_{perfdel}$ - getilgt werden. Das Ergebnis ist - je nach den vorangegengenen Transformationen - ein (selbständiger) Aussage- oder Fragesatz oder ein Imperativ.[50] Bei einem ES, der in den performativen Satz eingebettet ist, besteht also die Umformung in einen selbständigen Satz neben den vorher erörterten OS-Formen als zusätzliche Alternative (vgl. (120) - (122) und die Flußdiagramme 6.2.2 - 6.2.4).

(120) (i)   Jeg siger dig, at det bliver regnvejr i morgen.
(ii) Jeg siger dig: "Det bliver regnvejr i morgen".
(iii) Det bliver regnvejr i morgen.
(121) (i)   Jeg spørger dig, om du kommer med.
(ii) Jeg spørger dig: "Kommer du med?"
(iii) Kommer du med?
(122) (i)   Jeg befaler dig at tie stille.
(ii) Jeg befaler dig, at du skal tie stille.
(iii) Jeg befaler dig: "Ti stille!"
(iv) Ti stille!

In fast allen Fällen, wo der performative Satz erhalten bleibt, hat die Konstruktion einen besonderen Stilwert gegenüber dem einfachen Satz, der durch $T_{perfdel}$ entsteht. So ist z.B. (121iii) die neutrale Form der Frage, wogegen (121i und ii) entweder einen sehr förmlichen oder ungeduldig insistierenden Charakter haben. Ähnlich ist es bei Befehlssätzen, während bei Aussagen der Unterschied zwischen Konstruktionen mit erhaltenem und getilgtem MS geringer zu sein scheint (vgl. (120)).

---

50 Vgl. dazu Ross 1970, der Sätze wie Prices slumped durch "performative deletion" ableitet; bei Nicht-Tilgung des performativen Satzes entstehen Sätze wie I tell you that prices slumped. Nicht völlig geklärt ist die Frage, welcher Art das performative Verb bei eingebetteten Frage-und Befehlssätzen ist. Es gibt wohl drei Möglichkeiten: (a) Man nimmt in jedem Fall ein neutrales Verb (wie sige) als performatives Verb an. (b) Man unterscheidet - je nach dem Charakter der Einbettung - Aussage-, Frage- und Befehlsverben unter den performativen Verben; dieser Weg scheint mit dem hier dargestellten System am besten vereinbar zu sein, da performative Sätze dann nur einen Sonderfall von MS mit Verbum dicendi bilden. (c) Man nimmt - zum mindesten bei Fragesätzen - einen zusätzlichen Satz in der TS an; nach Ross 1970 (263, Anm. 19) hat ein Fragesatz S' möglicherweise eine TS der Art I request of you that you tell me S'. Ross kündigt eine eingehende Untersuchung dieser Frage in Lakoff und Ross (noch nicht erschienen) an.

3.6 Sonstige Transformationen

Außer den genannten Transformationen spielen noch die folgenden bei der Ableitung von Oberflächenstrukturen aus den hier behandelten Satzeinbettungen eine Rolle: Proformersetzung[51] tritt obligatorisch nach einer Transformation ein, in der ein N kopiert wurde (also bei Transformen von T_{cop} und T_{pascop}). Als Proform für die erste (in Subjektposition befindliche) Kopie tritt det ein, wenn es sich um einen ES, der oder her, wenn es sich um ein N als Ortsangabe bzw. indefinite Objekts- oder Produktangabe handelt (vgl. (16) - (22) in 3.1.2).[52] In einigen Fällen ist Ersetzung der zweiten Kopie möglich; dann tritt das Reflexivpronomen sig ein (vgl. (23) in 3.1.2).

Außerdem kann ein N - falls es nicht durch T_{subdel} getilgt wurde - durch ein Pronomen ersetzt werden, wenn es mit einem vorerwähnten N identisch ist oder sonst irgendwie durch Kontext oder Situation eindeutig identifiziert werden kann. Dadurch entstehen Personalpronomina der dritten Person wie han (maskulin) und hun (feminin) samt ihren Objektformen ham und hende bei Bezeichnungen für Menschen (vgl. Beispiele (108) - (117)); Bezeichnungen für Nicht-Lebewesen, Tiere und Pflanzen erhalten die Proform den, wenn sie Genus commune und det, wenn sie Neutrum als Genus haben.[53] Um Proform-Einsetzung handelt es sich wohl auch in Sätzen mit nullwertigem Verb, in denen kein Mitspieler da ist, der zum Subjekt gemacht werden kann. In solchen Fällen wird det in Subjekt-

---

51 Zum Begriff "Proform", einer Verallgemeinerung des Begriffs "Pronomen", der neben dem Pronomen auch Proverb, Proadjektiv, Proadverbial und Prosatz umfaßt, vgl. Harris 1957, Hartung 1964, Chomsky 1964 und 1965, Isačenko 1965b, Vater 1968 und Steinitz 1969.

52 Her bezeichnet Nah-Deixis, der Fern-Deixis oder die neutrale Form der Deixis: Her er varmt i Italien kann man nur sagen, wenn man sich in Italien befindet, während Der er varmt i Italien immer möglich ist. Zur Syntax der Proform der vgl. vor allem Diderichsen 1937 und 1946, Jespersen 1943 und Aa. Hansen 1967.

53 Personalpronomina der ersten und zweiten Person wurden bereits durch T_{dir} und T_{imp} eingeführt. Zur Pronominalisierung vgl. vor allem Jakobson 1957, Lees und Klima 1963, Johansen 1965, Postal 1966, Boeder 1968b und McCawley 1970.

position eingesetzt, so daß Sätze wie Det regner oder Det er koldt entstehen.[54] Permutations-Transformationen stellen in selbständigen Sätzen (d.h. Transformen von $T_{perfdel}$) fakultativ ein Objekt oder Adverbial an den Satzanfang; obligatorisch werden Negationselemente und gewisse Adverbialtypen (vor allem Temporal- und Modaladverbiale, die aus einem einfachen Adverb bestehen, also nicht N als Kern enthalten) vor V gestellt (vgl. (113i) und (114i) in 3.5)).

Eine Kongruenz-Transformation überträgt das Numerus- und das Personalmerkmal des Subjekts auf V. Diese Transformation muß den Pronominalisierungstransformationen und T_{dir} folgen, da durch sie die Personalform von Pronomina festgelegt wird. Transforme von T_{subdel} und T_{imp} können natürlich keine Kongruenz-Transformation durchlaufen (vgl. 3.2.2 und 3.5).

Tempus-Transformationen wandeln die Tempus-Relation zwischen T_n^* und T_{n-1}^* (d.h. zwischen einem Tempuselement und dem Tempuselement des nächsthöheren Satzes) in ein Tempusmerkmal von V um. Bei Transformen von T_{Tdel} wird in V das Merkmal [+Inf] eingetragen (vgl. 3.2.2).

Zum Schluß - d.h. bevor phonologische Regeln die phonetische Gestalt eines Satzes herstellen - sind morphologische Transformationen notwendig, die in erster Linie aus gewissen Merkmalen und Merkmalkombinationen besondere Segmente schaffen (Suffixe, Determinantien, Präpositionen).[55] Hierzu gehört auch die Einsetzung einer Kopula in all den Fällen, wo V nicht das morphologische Merkmal [+Verb] hat (also bei prädikativen Substan-

---

54 Die Einsetzung von det in det regner kann nicht durch eine morphologische Segmentbildungstransformation erfolgen, da sie dann den syntaktischen Transformationen folgen müßte; das Vorhandensein von det ist aber schon Voraussetzung für einige syntaktische Transformationen (z.B. die Kongruenz-Transformation).

55 Die morphologischen Segmentbildungs-Transformationen bilden als "readjustment rules" (Chomsky und Halle 1968) bzw. "Ausgleichsregeln" (Bierwisch 1967b, Wurzel 1970) das Bindeglied zwischen syntaktischer und phonologischer Komponente. Segmentbildungs-Transformationen wurden - zunächst im Rahmen der syntaktischen Komponente - schon von Rosenbaum 1968, Postal 1966 und Bach 1967 vorgeschlagen, für die Bildung von Präpositionen, Determinantien und der Kopula.

tiven, Adjektiven und Adverbien) und das Subjekt des betreffenden Satzes nicht getilgt bzw. (im AcI und in Nominalisierungen) in ein Objekt oder einen Genitiv umgewandelt wurde. Die Einsetzung einer Form des Verbs være 'sein' oder have 'haben' im Perfekt und Plusquamperfekt läßt sich dadurch erklären, daß in V, wenn es durch die oben beschriebene Tempus-Transformation das Merkmal [+Perfekt] oder [+Plusquamperfekt] bekommen hat, das morphologische Merkmal [+Verb] in [+Adjektiv] geändert wird; das bedeutet, daß die Partizipalform des Verbs (eine adjektivische Form) gebildet wird und eine Kopula eingesetzt werden muß.[56]

---

[56] Diesen Vorschlag verdanke ich einem Hinweis von W. Boeder, Oldenburg.

4. SUMMARY

4.0 The following constructions of Modern Danish provide the topic of the present investigation:
(a) Subordinate clauses introduced by the conjunctions <u>at</u> and <u>om</u> and by <u>hv</u>-proforms,
(b) infinitive clauses (with and without overt subjects),
(c) object-predicate constructions of the type <u>Jeg fandt buret tomt</u> 'I found the cage empty',
(d) nominalizations.

All of these constructions were considered only in their functions as subject or object clauses; in the case of <u>hv</u>-clauses, a preliminary investigation was necessary to separate those <u>hv</u>-clauses that can be interpreted as indirect question clauses (forming the subject or object of the main clause) from relative clauses (functioning as modifiers rather than subjects or objects).

The investigation had the following results:

4.1 The fact that the same relation expressed by a complete sentence can also be expressed by a subordinate clause and even by a construction without a finite verb (like a nominalization, an accusative with an infinitive or an object-predicate construction) has already been recognized by Jespersen (1921 and 1924):

> "...the relation between the last two words in <u>he painted the door red</u> is evidently parallel to that in <u>the door is red</u>..., and the two ideas "the Doctor" and "arrive" are connected in essentially the same way in the four combinations (1) the Doctor arrived, (2) I saw that the Doctor arrived, (3) I saw the Doctor arrive, (4) I saw the Doctor's arrival. What is common to these, and to some more combinations to be considered..., is what I term a nexus" (Jespersen 1924, 115).

But Jespersen did not distinguish between different levels of syntactic analysis and, thus, was not able to draw the conclusion from his observations that the above mentioned constructions are identical at a certain stage of their derivation.

Transformational grammar, with its distinction of deep and surface structure, provides an explanation of the relationships between the constructions under consideration in a systematic way by deriving them from the same deep structure by means of different transformations.

4.2 There is no 1:1 correspondence between deep structure and surface structure types. One special kind of deep structure corresponds usually to various types of surface structures and vice versa. Thus, e.g. embedded sentences depending on verbs of active communication can occur in surface structure as _at-_ clauses, infinitive clauses without overt subjects or as direct discourse. _At_-clauses, on the other hand, can be traced to different kinds of deep structures, as e.g. embeddings depending on volition verbs or factive verbs (which determine the contents of the embedding as a true fact) or neutral verbs (which do not express volition nor judgement about the truth value of the embedded sentence). _At_-clauses in cleft sentences cannot be derived from embeddings at all; the complex sentence _Det er ikke hver dag, at man får et sådant tilbud_ has to be derived from the same deep structure as the equivalent simple sentence _Et sådant tilbud får man ikke hver dag_.

4.3 If one assumes - according to Ross 1970 - that every declarative sentence is governed by a performative sentence in its deep structure, then superficially independent declarative sentences are the result of "performative deletion". By extending Ross' approach to the treatment of questions and imperatives, they too can be derived from complex deep structures with performative sentences as their highest clauses.[1] This has been done in this book and, thus, it is possible to account for the

---

[1] Ross suggests this solution himself (1970, 261 and 263, footnote 19).

synonymity of <u>Ti stille</u>! 'Be quiet' and <u>Jeg befaler dig at tie stille</u> 'I order you to be quiet' or of <u>Kommer du med</u>? 'Are you coming along?' and <u>Jeg spørger dig, om du kommer med</u> 'I ask you whether you are coming along.'

4.4   The occurrence of the pronouns <u>det</u> and <u>der</u> in subject position is explained in the following way:

4.4.1   In cases where there is no "player" (Mitspieler) of the verb that can be made the subject of the sentence (i.e. with avalent verbs), <u>det</u> has to be inserted in subject position, as in <u>det regner</u> 'it rains'.

4.4.2   Subject copying triggers a pronominalization transformation: If the first copy is replaced by a pronoun (which is the normal way), the result is <u>det</u> for a player that is an embedded sentence, and <u>der</u> in all other cases: <u>Det er godt, at Karin er kommet</u> / <u>Der er varmt i Italien</u>. If the second copy is to be replaced (which is only possible for a limited number of verbs), the result is the reflexive pronoun <u>sig</u>: <u>Døren åbnede sig</u>.

4.4.3   If the subject of an embedded sentence is a question word, <u>der</u> is inserted immediately after it unless the embedding is transformed to direct discourse: <u>Jeg ved, hvem der har gjort det</u> / <u>Jeg spørger dig: "Hvem har gjort det?"</u>.

4.5   The transformations that convert an embedding into a certain surface structure type depend to a large extent on features of the governing verb.[2] Thus, <u>om</u>-clauses and <u>hv</u>-clauses always result from embeddings governed by verbs with the feature [-Ver] (expressing uncertainty about the truth value of the embedding). Adjunction of <u>at</u> depends primarily on the non-existence of [-Ver] in the governing verb.

4.6   The deep structure model used in this book is a dependency grammar. It is based essentially on Robinson 1970a, with the

---

2 This corresponds with the findings of Abraham 1969, Boeder 1968a, A. Meyer-Ingwersen 1968 and P. und C. Kiparsky 1970.

following modifications:

4.6.1 All N in a deep structure sentence depend on V. This is in agreement with Tesnière 1959 and Fillmore 1968a, although with Fillmore it is somehow obscured by the fact that he uses constituent grammar notation for describing dependency relations between V and N. With Robinson, N and V are dependents of T, which seems to be a step back to the old NP + VP type deep structure of Chomsky 1965.

4.6.2 Robinson 1970a does not take semantics into consideration. It is necessary to assume that V and N have inherent semantic features that play a role in their combinability. Furthermore, V has contextual features, which for the most part depend on its inherent features. Thus, verbs of action have the contextual feature [+__+agent]. The contextual features of V have to be mapped into inherent features of N. The fact that a verb requires a human agent, a human or animal experiencer, or an inanimate instrument is expressed by (a), (b) and (c), respectively.

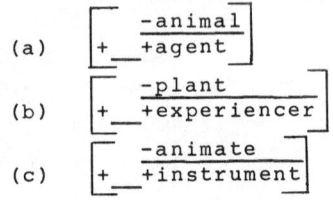

(a) $\begin{bmatrix} -\text{animal} \\ +\_\_+\text{agent} \end{bmatrix}$

(b) $\begin{bmatrix} -\text{plant} \\ +\_\_+\text{experiencer} \end{bmatrix}$

(c) $\begin{bmatrix} -\text{animate} \\ +\_\_+\text{instrument} \end{bmatrix}$

The treatment of the semantic relations between a verb and its noun players by means of features rather than Fillmore type "cases" has several advantages. The quality of being an agent cannot be considered as the function of a certain category, but rather as a quality imposed on a noun by a certain type of verb. Moveover, the use of features and combinations of features allows for much more variety in the relations between V and N than a set of seven or eight "cases" does. For a more detailed discussion see 2.1.

4.6.3 Instead of Robinson's lexical rules (1970a, 265), which reminds one of the lexical rules in Chomsky 1957, a lexicon is proposed which takes into account the inherent semantic subcategorization of V and N and the contextual subcategorization of V as described in 4.6.2. For a sketch of the lexicon see 2.5.

4.6.4 T is only a tense element rather than a tense and sentence type element at the same time, as with Robinson.

5. BIBLIOGRAPHIE UND BELEGQUELLEN

5.1 Bibliographie

Aarts, Jan und Joseph Calbert. 1972. Toward a Computational Model for the Integration of Literature.(Noch nicht erschienen).
Abraham, Werner. 1968. Subklassifizierung von deutschen Verben. Papier 8, 41-55.
-- 1969. Verbklassifikation und das Komplement "Indirekter Fragesatz". Die Sprache 15, 113-134.
-- (Hg.). 1971. Kasustheorie. Frankfurt/M.: Athenäum.
Anderson, John. 1971. The Grammar of Case: Towards a Localistic Theory. Cambridge: University Press.
Applegate, J. 1961. Syntax of the German Noun Phrase. Proceedings of the National Symposium on Machine Translation (H.P.Edmundson ed.). Englewood Cliffs, N.Y.: Prentice Hall, 280-285.
Austin, John L., 1962. How to Do Things with Words. Cambridge, Mass.: Harvard University Press.
Bach, Emmon. 1967. Have and Be in Englisch Syntax. Language 43, 462-485.
-- 1968. Nouns and Noun Phrases. In Bach and Harms 1968, 91-122.
-- und R.Harms (Hgg.). 1968. Universals in Linguistic Theory. New York: Holt, Rinehart and Winston.
Bald, Wolf-Dietrich. 1971. The Scope of Negation and Copula Sentences in English. Journal of English Linguistics 5, 1-28.
-- 1972. Studien zu den kopulativen Verben des Englischen. München: Hueber.
Bar-Hillel, Yehoshua, C.Gaifman und D.Shamir. 1960. On categorial and phrase structure grammars. Bulletin of the Research Council of Israel 9 F, 1-16.
Bartsch, Werner. 1969. Über ein System der Verbformen. Beihefte WW 20, 90-110.
Baumgärtner, Klaus. 1965. Spracherklärung mit den Mitteln der Abhängigkeitsstruktur (Lucien Tesnière: Eléments de syntaxe structurale). BLI 5, 31-53.
-- 1970. Konstituenz und Dependenz. In Steger 1970, 52-77.

-- und Dieter Wunderlich. 1969. Ansatz zu einer Semantik des deutschen Tempussystems. Beihefte WW 20, 23-49.

Bechert Johannes. 1971. Ad-hoc-Merkmale in der generativen Phonologie. In Wunderlich 1971, 29-37.

-- , Danièle Clément, Wolf Thümmel und Karl Heinz Wagner. 1970. Einführung in die generative Transformationsgrammatik. Linguistische Reihe 2. München: Hueber.

Bertelsen, Henrik. 1902. Anmeldelse af H.G.Wiwel, Synspunkter for dansk sproglære, og Kr.Mikkelsen, Om det ny system i den danske sproglære. Nordisk Tidsskrift for Filologi, 3.Række, XI, 87-96.

-- 1911. Fællesnavne og Egennavne. København: Hagerup.

Bierwisch, Manfred. 1963. Grammatik des deutschen Verbs. SG II.

-- 1965. Eine Hierarchie syntaktisch-semantischer Merkmale. SG V, 29-86.

-- 1967a. Syntactic Features in Morphology: General Problems of So-called Pronominal Inflection in German. To Honor Roman Jakobson: Essays on the Occasion of His Seventieth Birthday, I, 239-270.

-- 1967b. Skizze der generativen Phonologie. SG VI, 7-33.

-- 1970. On Classifying Semantic Features. In Bierwisch und Hiedolph 1970, 27-50.

-- und K.E. Heidolph (Hgg.). 1970. Progress in Linguistics. The Hague: Mouton.

Biørn, Merete und Hans Hesseldahl. 1969 Huset i mellemgade: Danske sprogtexter for udlændinge. København: Akademisk Forlag.

Bloomfield, Leonard. 1933. Language. New York. (Zitiert nach der British edition, eighth impression, London 1965: Allen and Unwin).

Boeder, Winfried. 1968a. Zur Struktur des I-Elements im Lateinischen. Papier 8, 35-40.

-- 1968b. Zur Stellung der Personalpronomina in der generativen Grammatik. ZMaF 35, 244-254.

-- 1971. Neue Forschungen zur Kasustheorie. Biuletyn Fonograficzny XII, 3-27.

Bøgholm N., C.A.Bodelsen und Aage Brusendorff (Hgg.). 1930. A
    Grammatical Miscellany Offered to O.Jespersen on His Seven-
    tieth Birthday. Copenhagen/London: Allen and Unwin.
Brinkmann, Hennig. 1962. Die deutsche Sprache. Düsseldorf: Schwann.
Brøndal, Viggo. 1940. Præpositionernes Theori: Indledning til en
    rational Betydningslære. Festskrift København Universitet.
-- 1948. Les parties du discours. København: Munksgaard.
    (Übersetzung von: V.Brøndal 1928, Ordklasserne).
Brøndum-Nielsen, Johannes. 1930. Om nogle "episke Love". In Bøg-
    holm, Bodelsen und Brusendorff 1930, 373-377.
Bühler, Karl. 1934. Sprachtheorie. Jena: Gustav Fischer.
Bull, William. 1968. Time, Tense, and the Verb. Berkeley and Los
    Angeles: University of California Press (= University of Cali-
    fornia Publications in Linguistics, vol. 19, Third Printing).
Byskov, Jens. 1907. Bestemmelsen af grundleddet i sætninger af
    formen navneord + uselvstændigt udsagnsord + navneord. DS 4,
    231-235.
-- 1910. Dansk sproglære. København: Schønberg. (Zitiert nach:
    Femte udgave. København 1959).
-- 1914. Om begrebet grundled. DS 11, 129-144.
Calbert, Joseph. 1971. Modality and Case Grammar. Working Papers
    in Linguistics, Ohio State University, 10, 85-132.
-- 1972. Semantic Organization in G.Trakl's and R.M.Rilke's
    Poetry: Towards a Semantics of Poetry. Doctoral dissertation
    Indiana University. Bloomington, Indiana.
Chomsky, Noam. 1957. Syntactic Structures. The Hague: Mouton.
-- 1964. Current Issues in Linguistic Theory. The Hague: Mouton.
-- 1965. Aspects of the Theory of Syntax. Cambridge, Mass.:
    M.I.T. Press.
-- 1970. Remarks on Nominalization. In Jacobs und Rosenbaum 1970,
    184-221.
Clément, Danièle. 1968. Das problem der restriktiven und nicht-
    restriktiven relativsätze bei Motsch und Seiler. Papier 7.
-- und W.Thümmel 1968. Erklärung der restriktiven und nicht-
    restriktiven relativsätze im deutschen und französischen
    mit den mitteln der generativen transformationsgrammatik.
    Papier 6.
Dal, Ingerid. 1952. Kurze deutsche Syntax. Tübingen: Niemeyer.

De Geest, W. 1970. Infinitiefconstructies bij Verba Sentiendi. Studia Neerlandica 3, 33-59.

Diderichsen, Paul. 1937. Über das unpersönliche und das relative *der* im Dänischen. Bulletin du Cercle Linguistique de Copenhague, III, 19-21.

-- 1939. Om Pronominerne SIG og SIN. Acta Philologica Scandinavica XIII, 1-96.

-- 1946. Elementær Dansk Grammatik. København: Gyldendal. (Zitiert nach der 3. Udgave, 2. Oplag 1966).

Downing, Bruce. 1969. Vocatives and Third-person Imperatives in English. Papers in Linguistics, I, 3, 570-592.

Duden-Grammatik. 1966. Grammatik der deutschen Gegenwartssprache. Bearbeitet von P.Grebe u.a. 2. vermehrte und verbesserte Auflage, Mannheim: Bibliographisches Institut.

Erben, Johannes. 1958. Abriß der deutschen Grammatik. Berlin (Ost): Akademie-Verlag. (Zitiert nach der 5. Auflage, 1962).

Falk, Hjalmar und A.Torp. 1900. Dansk norskens syntax i historisk fremstilling. Kristiania.

Fillmore, Charles. 1967. On the Syntax of Preverbs. Glossa 1, 2, 91-125.

-- 1968a. The Case for Case. In Bach und Harms 1968, 1-88.

-- 1968b. Lexical Entries for Verbs. Foundations of Language 4, 373-393.

-- 1970. The Grammar of Hitting and Breaking. In Jacobs und Rosenbaum 1970, 120-133.

-- 1971a. Some Problems for Case Grammar. Monograph Series on Languages and Linguistics 24, 35-56.

-- 1971b. Verbs of Judging: An Exercise in Semantic Description. In Fillmore und Langendoen 1971, 273-289.

-- und T. Langendoen (Hgg.). 1971. Studies in Linguistic Semantics. New York: Holt, Rinehart and Winston.

Fodor, J.A. und J.J.Katz (Hgg.). 1964. The Structure of Language: Readings in the Philosophy of Language. Englewood Cliffs, N.J.: Prentice-Hall.

Fraser, Bruce. 1970. Some Remarks on the Action Nominalization in English. In Jacobs und Rosenbaum 1970, 83-98.

Fries, C.C. 1952. The Structure of English. New York: Harcourt and Brace.
Gaifman, Haim. 1965. Dependency systems and phrase structure systems. Information and Control 8, 304-337.
Gallagher, Mary. 1970. Accounting for Indirect Discourse. Papers in Linguistics 2, 1, 83-89.
Gelhaus, Hermann. 1969a. Zum Tempussystem der deutschen Hochsprache. Beihefte WW 20, 5-22.
-- 1969b. Sind Tempora Ansichtssache? Beihefte WW 20, 69-89.
Gruber, Jeffrey. 1965. Studies in Lexical Relations. Ph.D. dissertation, M.I.T.
Grucza, Franciszek. 1970. Sprachliche Diakrise im Bereich der Ausdrucksebene des Deutschen. Poznań: Poznańskie Towarzystwo Przyjaciół Nauk.
Guiraud, Pierre. 1971. Lucien Tesnière and Transformational Grammar. Language Sciences 15, 1-5.
Halliday, M.A.K. 1961. Categories of the Theory of Grammar. Word 17, 241-292.
Hammerich. L.L. 1930. Nexus, Subjekt und Objekt, Aktiv und Passiv. In Bøgholm, Bodelsen und Brusendorff 1930, 299-318.
Hansen, Aage. 1927. Bestemt og ubestemt substantiv. København: Busck.
-- 1933. Sætningen og dens led i moderne dansk. København: Nyt nordisk Forlag.
-- 1965. Vort vanskelige sprog. 2. udgave, København: Grafisk Forlag.
-- 1967. Moderne Dansk I - III. København: Grafisk Forlag.
Hansen, Hans. 1932. Dansk Sproglære. København: Gyldendal.
Harris, Zellig S. 1951. Methods in Structural Linguistics. Chicago: The University of Chicago Press. (Zitiert nach: Fourth Impression, 1960, "Structural Linguistics").
-- 1957. Co-Occurrence and Transformation in Linguistic Structure. Language 33, 283-340.
Hartung, Wolfdietrich. 1964. Die zusammengesetzten Sätze des Deutschen. SG IV.
Haupt, Dieter. 1966. Mengenlehre leicht verständlich. Leipzig: VEB Fachbuchverlag.

Hays, David G. 1964. Dependency Theory: A Formalism and Some
    Observations. Language 40, 511-525.
Heidolph, Karl Erich. 1966. Kontextbeziehungen zwischen Sätzen
    in einer generativen Grammatik. Kybernetica 2, 274-281.
    (Wieder in Steger 1970, 78-87).
-- 1970. Zur Bedeutung negativer Sätze. In Bierwisch und Heidolph 1970, 86-101.
Heinrichs, Heinrich M. 1954. Studien zum bestimmten Artikel in
    den germanischen Sprachen. Gießen (=Beiträge zur deutschen
    Philologie 1).
Heger, Klaus. 1966. Valenz, Diathese und Kasus. ZRPh 82, 138-170.
Helbig, Gerhard. 1969. Valenz, Tiefenstruktur und Semantik. Glottodidactica II/IV, 11-46.
-- und Wolfgang Schenkel. 1969. Wörterbuch zur Valenz und Distribution deutscher Verben. Leipzig: VEB Bibliographisches Institut.
Heringer, Hans-Jürgen. 1967. Wertigkeiten und nullwertige Verben
    im Deutschen. Zeitschrift für deutsche Sprache 23, 13-34.
-- 1968. Präpositionale Ergänzungsbestimmungen im Deutschen.
    Zeitschrift für deutsche Philologie 87, 426-457.
-- 1970a. Theorie der deutschen Syntax. Linguistische Reihe I.
    München: Hueber.
-- 1970b. Einige Ergebnisse und Probleme der Dependenzgrammatik. Der Deutschunterricht 22, 4, 42-98.
Hjelmslev, Louis. Omkring sprogteoriens grundlæggelse. København:
    Festskrift København Universitet. (Zitiert nach der Neuauflage København 1966: Akademisk Forlag).
Hockett, Charles F. 1954. Two Models of Grammatical Description.
    Word 10, 210-231.
Hodler, Werner. 1954. Grundzüge einer germanischen Artikellehre.
    Heidelberg: Winter.
Huddleston, Rodney. Some Remarks on Case-Grammar. Linguistic
    Inquiry 1, 4, 501-511.
Isačenko, Alexander. 1962. Die russische Sprache der Gegenwart.
    Teil I, Formenlehre. Halle: VEB Max Niemeyer Verlag.
-- 1965a. Das syntaktische Verhältnis der Beziehungen von Körperteilen im Deutschen. SG V, 7-27.

-- 1965b. Kontextbedingte Ellipse und Pronominalisierung im Deutschen. Beiträge zur Sprachwissenschaft, Volkskunde und Literaturforschung (Festschrift Wolfgang Steinitz), Berlin, 163-174.

Jacobs, Roderick und P.Rosenbaum (Hgg.).1970. Readings in English Transformational Grammar. Waltham, Mass.: Ginn and Co.

Jakobson, Roman. 1936. Beitrag zur allgemeinen Kasuslehre. Travaux du Cercle Linguistique de Prague 6, 240-288.

-- 1957. Shifters, Verbal Categories, and the Russian Verb. Cambridge, Mass.: Harvard University.

Jespersen, Otto. 1913. Sprogets logik. København: Festskrift København Universitet.

-- 1921. De to hovedarter av grammatisk forbindelse. Det Kongelige Danske Videnskabernes Selskabs Historisk-Filologiske Meddeleser IV, 3. København.

-- 1924. The Philosophy of Grammar. London. (Zitiert nach der amerikanischen Ausgabe New York 1965: Norton, =The Norton Library N 307).

-- 1928. A Modern English Grammar. Part III, 2nd vol. Heidelberg: Winter.

-- 1937. Analytic Syntax. (Zitiert nach der Neuausgabe 1969, New York: Holt, Rinehart and Winston, = Transatlantic Series in Linguistics).

-- 1940. Ledsætningernes (bisætningernes) systematik. Acta Philologica Scandinavica XIV, København, 65-74.

-- 1943. Det lille danske der. In memoriam Kr.Sandfeld (R.Brøndal, V.Brøndal, Chr.Møller und H.Olsen Hgg.). København: Gyldendal, 101-111.

Johansen, Holger. 1928. Om Adverbiets Plads. DS 25, 77-89.

-- 1935. Zur Entwicklungsgeschichte der altgermanischen Relativsatzkonstruktionen. Kopenhagen: Levin & Munksgaard.

-- 1957. Om den traditionelle Brug af Ordet "Subjekt". DS 52, 9-40.

-- 1965. Hinweisende Wörter. Acta Linguistica Hafniensia IX, 1, 56-68.

Joos, Martin. The English Verb: Form and Meanings. Madison and Milwaukee: The University of Wisconsin Press.

Jørgensen, Peter. 1953. Tysk grammatik. Bd.I. København: Gads Forlag.

Karttunen, Lauri. 1968. What Do Referential Indices Refer to? Publications of the Indiana University Linguistics Club. Bloomington, Indiana.

Katz, J.J. und J.A.Fodor. 1963. The Structure of a Semantic Theory. Language 39, 170-210.

-- und P.Postal. 1964. An Integrated Theory of Linguistic Descriptions. Cambridge, Mass.: M.I.T. Press.

Kerkhoff, Emma L. 1957. Der Relativsatz. Dritte, stark verbesserte Auflage. Groningen: P.Noordhoff.

Kiparsky, Paul und Kiparsky Carol. 1967. The semantics of subordinate clauses. X^{th} International Congress of Linguists, Bucharest 1967. Abstract of Papers, 183-184.

-- 1970. Fact. In Bierwisch und Heidolph 1970, 143-173.

Klaus, Georg. 1964. Moderne Logik: Abriß der formalen Logik. Berlin (Ost): VEB Deutscher Verlag der Wissenschaften.

Kleine Enzyklopädie Natur. 1966. Leipzig: VEB Bibliographisches Institut.

Klima, Edward. 1964. Negation in English. In Fodor und Katz 1964, 246-323.

Koutsoudas, Andreas. 1966. Writing Transformational Grammars: An Introduction. New York: McGraw-Hill.

Kraak, Albert. Negatieve zinnen. Hilversum: W.de Haan.

Lakoff, George. 1966. Stative adjectives and verbs in English. The Computation Laboratory of Harvard University Mathematical Linguistics and Automatic Translation, Report No. NSF-17, I-1 bis I-16.

-- 1968. Instrumental Adverbs and the Concept of Deep Structure. Foundations of Language 4, 4-29.

-- und John R. Ross. (In Vorbereitung). Abstract Syntax.

Lakoff, Robin. 1968. Abstract Syntax and Latin Complementation. Cambridge, Mass.: M.I.T.Press.

Langenbruch, Theo. 1968. Lokaladverbien in der generativen Grammatik. Papier 8, 79-90.

Langendoen, D.Terence. 1966. The Syntax of the English Expletive 'it'. Monograph Series on Languages and Linguistics 19, 207-216.

Lees, Robert B. 1960. The Grammar of English Nominalizations. The Hague: Mouton.

-- 1963. Analysis of the "Cleft Sentence" in English. Zeitschrift für Phonetik, Sprachwissenschaft und Kommunikationsforschung 16, 371-388.

-- und E. Klima. 1963. Rules for English Pronominalization. Language 39, 17-28.

Leisi, Ernst. 1952. Der Wortinhalt. Heidelberg: Quelle und Meyer.

Leys, Odo. 1965. De eigennaam als linguistisch teken. Mededelingen uitg. door de Vereniging voor Naamkunde te Leuven, bijlage LX. Leuven: Instituut voor Naamkunde.

-- 1971. Die Präpositionalinfinitive im Deutschen. Leuvense Bijdragen 60, 1, 1-6.

Lyons, John. 1968. Introduction to Theoretical Linguistics. Cambridge: Cambridge University Press.

McCawley, James D. 1967. How to Find Semantic Universals in the Event That There Are Any. Paper presented at the Texas Conference on Language Universals.

-- 1970. Where Do Noun Phrases Come From? In Jacobs und Rosenbaum 1970, 166-183.

-- 1971. Tense and Time Reference in English. In Fillmore und Langendoen 1971, 97-113.

Menk, Antje. 1969. Untersuchungen zur Form abhängiger Sätze des Ost-Armenischen. Dissertation Kiel.

Meyer-Ingwersen, Antje (Menk). 1968. Identitäten bei Satzeinbettungen. Papier 8, 57-65.

Meyer-Ingwersen, Johannes. 1966. Zur Grammatik des Verbs /way-/ 'sagen' im Paschto. Erstes Linguistisches Kolloquium über generative Grammatik, Hamburg-Harburg. (Vervielfältigt).

Mikkelsen, Kr. 1894. Dansk Sproglære med sproghistoriske Tillæg. København: Lehmann & Stage.

-- 1902. Om det ny system i den danske Sproglære. København: Lehmann & Stage.

-- 1911. Dansk Ordföjningslære med sproghistoriske Tillæg. København: Lehmann & Stage.

Møller, Kristen. 1945. Nordiske Artikelproblemer. København: Schultz.

Motsch, Wolfgang. 1964. Syntax des deutschen Adjektivs. SG III.

-- 1965. Untersuchungen zur Apposition im Deutschen. SG V, 87-132.

-- 1967. Können attributive Adjektive durch Transformationen erklärt werden? Folia Linguistica I, 23-48.

Paul, Hermann. 1880. Prinzipien der Sprachgeschichte. Halle: Niemeyer.

Perlmutter, David M. 1970. The Two Verbs *Begin*. In Jacobs und Rosenbaum 1970, 107-119.

Poldauf, Ivan. 1964. The Third Syntactical Plan. Travaux linguistiques de Prague I, 241-255.

Postal, Paul. 1966. On So-called Pronouns in English. Monograph Series on Languages and Linguistics 19, 177-206.

Reibel, David und Sanford Schane (Hgg.) 1969. Modern Studies in English: Readings in Transformational Grammar. Englewood Cliffs, N.J.: Prentice-Hall.

Reichenbach, Hans. 1947. Elements of Symbolic Logic. New York: The Free Press, London: Macmillan. (Zitiert nach der First Free Press paperback edition 1966).

Robinson, Jane. 1967a. A dependency-based transformational grammar. (Research report RC-1889). Yorktown Heights, N.Y.: IBM Watson Research Center.

-- 1967b. Methods for obtaining corresponding phrase structure and dependency grammars. Grenoble: Deuxième Conférence International sur le Traitement Automatique des Langues, 23-25 August 1967.

-- 1970a. Dependency structures and transformational rules. Language 46, 259-285.

-- 1970b. Case, Category and Configuration. Journal of Linguistics 6, 57-80.

Rohrer, Christian. 1968. Satzkonjunktion, Existenzquantor und Relativsätze. Papier 8, 67-74.

-- 1971a. Funktionale Sprachwissenschaft und Transformationelle Grammatik. München: Fink.

-- 1971b. Zur Theorie der Fragesätze. In Wunderlich 1971, 109-126.

Rosenbaum, Peter. 1967. The Grammar of English Predicate Complement Constructions. Cambridge, Mass.: M.I.T. Press.
-- 1968. English Grammar II. IBM Research RC 2070. New York.
-- A Principle Governing Deletion in English Sentential Complementation. In Jacobs und Rosenbaum 1970, 20-29.
Ross, John R. 1967. Der Ablaut bei den deutschen starken Verben. SG VI, 47-118.
-- 1969a. Auxiliaries as main verbs. Studies in Philosophical Linguistics, Evanston. Series one, 77-102.
-- 1969b. A Proposed Rule of Tree-Pruning. In Reibel und Schane 1969, 288-299.
-- 1970. On Declarative Sentences. In Jacobs und Rosenbaum 1970, 222-272.
Sanders, Gerald A. 1970. Invariant Ordering. Publications of the Indiana University Linguistics Club. Bloomington, Ind.
Šaumjan, S.K. 1965. Strukturnaja lingvistika. Moskva: Nauka.
Saussure, Ferdinand de. 1916. Cours de linguistique générale. Paris: Payot.
Schulz, Dora und Heinz Griesbach. 1966. Grammatik der deutschen Sprache. Vierte Auflage. München: Hueber.
Seidel, Eugen. 1940. Zu den Funktionen des Artikels. Bulletin Linguistique, publié par A. Rosetti, VII. Kopenhagen, Bukarest.
Seiler, Hansjakob. 1960. Relativsatz, Attribut und Apposition. Wiesbaden: Harassowitz.
Smith, Carlota S. 1964. Determiner and Relative Clauses in a Generative Grammar of English. Language 40, 37-52.
Steger, Hugo (Hg.). 1970. Vorschläge für eine strukturale Grammatik des Deutschen. Darmstadt: Wissenschaftliche Buchgesellschaft.
Steinitz, Renate. 1969. Adverbial-Syntax. SG X.
Stickel, Gerhard. 1970. Untersuchungen zur Negation im heutigen Deutsch. Schriften zur Linguistik 1. Braunschweig: Vieweg.
Strang, Barbara. 1962. Modern English Structure. London: Edward Arnold.
Tesnière, Lucien. 1953. Esquisse d'une syntaxe structurale. Paris: Klincksieck.

--   1959. Eléments de syntaxe structurale. Paris: Klincksieck.

Thorne, J.P. 1966. English Imperative Sentences. Journal of Linguistics 2, 69-78.

Trubetzkoy, N.S. 1939. Le rapport entre le déterminé, le déterminant et le défini. Mélanges de linguistique, offerts à Charles Bally, 1939, 75-82.

Vanacker, Marc. 1972. Die ZU+Infinitiv-Konstruktionen im heutigen Deutsch: Übersicht der vortransformationellen Behandlungen und Vorschlag für eine transformationelle Behandlung. Lizentiats-Abhandlung Katholische Universität Leuven.

Vater, Heinz. 1963. Das System der Artikelformen im gegenwärtigen Deutsch. Tübingen: Niemeyer.

--   1965. Eigennamen und Gattungsbezeichnungen. Muttersprache 75, 207-213.

--   1968. Zum Problem der Pro-Formen in der generativen Grammatik. Papier 8, 21-30.

--   1970a. Zur Tiefenstruktur deutscher Nominalphrasen. In Steger 1970, 121-149.

--   1970b. On the Generation of Modal Verbs. Indiana University, Bloomington, Ind., vervielfältigt. (Eine erweiterte Fassung erscheint in H. Seiler Hg., München: Fink).

Weinreich, Uriel. 1966. Explorations in Semantic Theory. Current Trends in Linguistics (Th. Sebeok Hg.) III. The Hague, 395-47

Weinrich, Harald. 1971^2. Tempus: Besprochene und erzählte Welt. Stuttgart: Kohlhammer.

Western, August. 1921. Norsk riksmålsgrammatikk. Kristiania.

--   1934. Elementær analyse. Maal og Minne 1934. Oslo, 73-76.

Wiwel, H.G. 1901. Synspunkter for dansk sproglære. København: E. Bojesen.

Wunderlich, Dieter. 1968a. McCawley's Tiefenstrukturen. Papier 8, 97-115.

--   1968b. Pragmatik, Sprechstiuation, Deixis. Papier 9.

--   1969. Bemerkungen zu den Verba dicendi. Muttersprache 79, 97-107.

--   (Hg.). 1971. Probleme und Fortschritte der Transformationsgrammatik: Referate des 4. Linguistischen Kolloquiums Berlin 1969. Linguistische Reihe 8. München: Hueber.

Wurzel, Wolfgang Ulrich. 1970. Studien zur deutschen Lautstruktur. SG VIII.

Zoeppritz, Magdalena. 1971. On the requirement that agentives be animate. BLI 21, 65-78.

Abgekürzt zitierte Periodica:

Beihefte WW	Beihefte zur Zeitschrift "Wirkendes Wort". Düsseldorf.
BLI	Beiträge zur Linguistik und Informationsverarbeitung. München.
DS	Danske Studier. København.
Papiere	Papiere, herausgegeben vom Lehrstuhl für Linguistik der Universität Stuttgart.
SG	Studia Grammatica. Berlin(Ost): Akademie-Verlag.
ZMaF	Zeitschrift für Mundartforschung (jetzt: Zeitschrift für Dialektologie und Linguistik). Wiesbaden.
ZRPh	Zeitschrift für Romanische Philologie. Tübingen.

5.2 Verzeichnis der Belegquellen

BerlT	Berlingske Tidende. København, 17.juni 1968.
Bys	Byskov, Jens. Dansk sproglære. 5.udgave. København 1959: Schønberg.
BysG	--. Om begrebet grundled. DS 11 (1914), 129-144.
CEw.Æ	Ewald, C. Æventyr Iff., 1920ff. Zitiert nach Aa.Hansen 1967.
Did	Diderichsen, Paul. Elementær Dansk Grammatik. København 1946.
Fol	Folkeskolen. Udgivet af Danmarks Lærerforening. 85.årgang, nummer 44. København, 1.november 1968.
Han	Hansen, Aa. Moderne Dansk I-III. København 1967.
HanS	--. Sætningen og dens led i moderne dansk. København 1933.
HanVS	--. Vort vanskelige sprog. 2.udgave. København 1965.
HT	Herdal, Harald. Det tragiske. Dansk prosa, redigeret af Hans Lyngby Jepsen, II, 7-30. Kbh. 1964: Stig Vendelkær.
HW	Wulff, Hilmar. Gamle Halfdans gravøl. Dansk prosa II, 105-111.
Jes	Jespersen, Otto. De to hovedarter av grammatisk forbindelse. Kbh. 1921. Det Kongel.Danske Vid.Selsk. Hist.-Fil. Meddelelser IV, 3.
JesSL	--. Sprogets logik. København 1913: Festskrift København Universitet.
Joh	Johansen, Holger. Om den traditionelle Brug af Ordet "Subjekt".DS 52 (1957), 9-40.
JPJac	Jacobsen, Jens P. Samlede Værker I-V. Udg.af M.Borup. Kbh. 1924-29.
Jens.SN	Jensen, J.V. Singaporenoveller. 1967. Zitiert nach Aa. Hansen 1967.
K	Kristensen, E. Galgens ret. Dansk prosa II, 40-56.
KBF	Blixen, Karen. Den afrikanske Farm. 13.Oplag, Kbh. 1955: Gyldendalske Boghandel - Nordisk Forlag.
2Krøn	Det gamle Testamente. 2.Krønike.
M	Motor. Medlemsblad for Forenede Danske Motorejere. Kbh., 26.oktober 1968.

MAP	Andersen-Nexø, Martin. Pelle Eroberen. København 1933: Gyldendalske Boghandel - Nordisk Forlag.
Mik	Mikkelsen, Kr. Dansk Ordföjningslære med sproghistoriske Tillæg. Kbh. 1911: Lehmann og Stage.
Møl	Møller, Kristen. Nordiske Artikelproblemer. Kbh. 1945: Schultz.
N	Nielsen, Jørgen. En lykke som holdt. Dansk prosa II, 32-39.
NDO	Nudansk ordbog. 5.reviderede og forøgede udgave ved E.Oxenvad. Kbh.1967: Politikens forlag.
P	Pontoppidan, H. Det forjættede Land. Kbh.1947: Gyldendalske Boghandel - Nordisk Forlag.
Pol	Politiken. Kbh., 31.okt.1968
Pont.AG.	Pontoppidan, H. Arv og Gæld. 1938. Zitiert nach Aa. Hansen 1967.
Tb1	Tonbandgespräch 1. Teilnehmer: Kirsten und Bent Vagner Petersen, Lars Daugaard Larsen. Albertslund, 18.Juni 1968.
Tb2	Tonbandgespräch 2. Teilnehmer: Gertrud, Irma, Frei und Kjeld Lundgren. Glostrup, 25.August 1968.
TYS	Koefoed, H.A. Teach Yourself Danish. London 1958: The English Universities Press Ltd.

6. ANHANG

6.1 Verzeichnis der Transformationsregeln

T_{sub}	Subjektanhebung	3.1.1
T_{cop}	Subjektkopierung	3.1.2
T_{pas}	Passivierung	3.1.3
$T_{pas'}$	Passivierung ohne Subjektbildung	3.1.3
T_{pascop}	Passivierung mit Subjektkopierung	3.1.3
T_{pasdel}	Tilgung eines unspezifizierten Agens in Passivkonstruktionen	3.1.3
T_{subdel}	"equi-NP deletion"	3.2.1
T_{Tdel}	T-Tilgung	3.2.2
T_{Nom}	Nominalisierung	3.3
T_{hv}	hv-Proform-Einsetzung	3.4.1
$T_{hv'}$	hv-Determinans-Adjunktion	3.4.1
T_{qder}	Subjektzeichen-Adjunktion	3.4.1
T_{qperm}	Permutation von hv-Objekten	3.4.1
T_{om}	om-Adjungierung	3.4.2
T_{at}	at-Adjungierung	3.4.3
T_{dir}	Umwandlung in direkte Rede	3.5
T_{imp}	Imperativierung	3.5
$T_{perfdel}$	"performative deletion"	3.5

6.2 Transformations - Flußdiagramme

6.2.1 Flußdiagramm 1: Subjektbildung

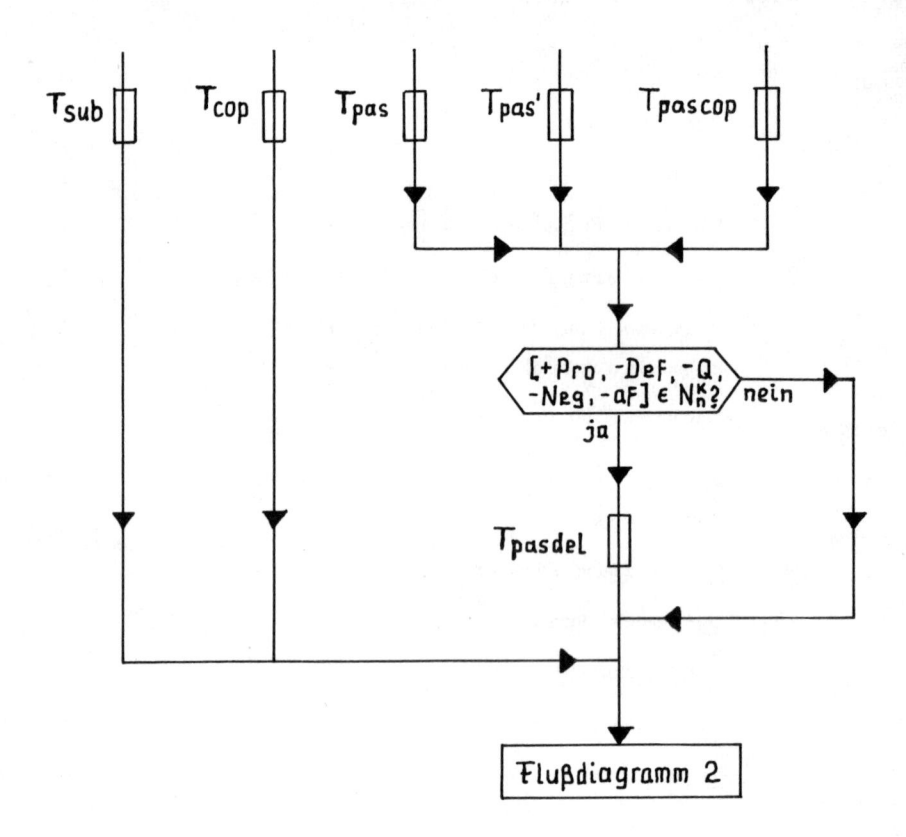

```
T_sub    T_cop    T_pas    T_pas'    T_pascop
```

Entscheidung: $[+Pro, -Def, -Q, -Neg, -aF] \in N_n^K ?$ — nein / ja

T_{pasdel}

→ Flußdiagramm 2

Erläuterungen:

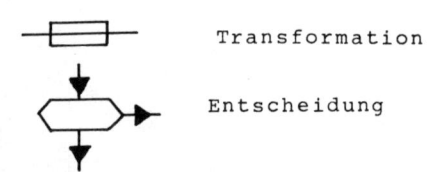

Symbol	Bedeutung
⊟	Transformation
⬡	Entscheidung

X_n Element des Satzes n
X_{n-1} Element des nächsthöheren Satzes
N_{Tn} N, das direkt von T_n abhängt (=Subjekt)
EG-Frage   Ergänzungsfrage
ES-Frage   Entscheidungsfrage
OPK   Objekt-Prädikativ-Konstruktion

6.2.2 Flußdiagramm 2: Fragesätze

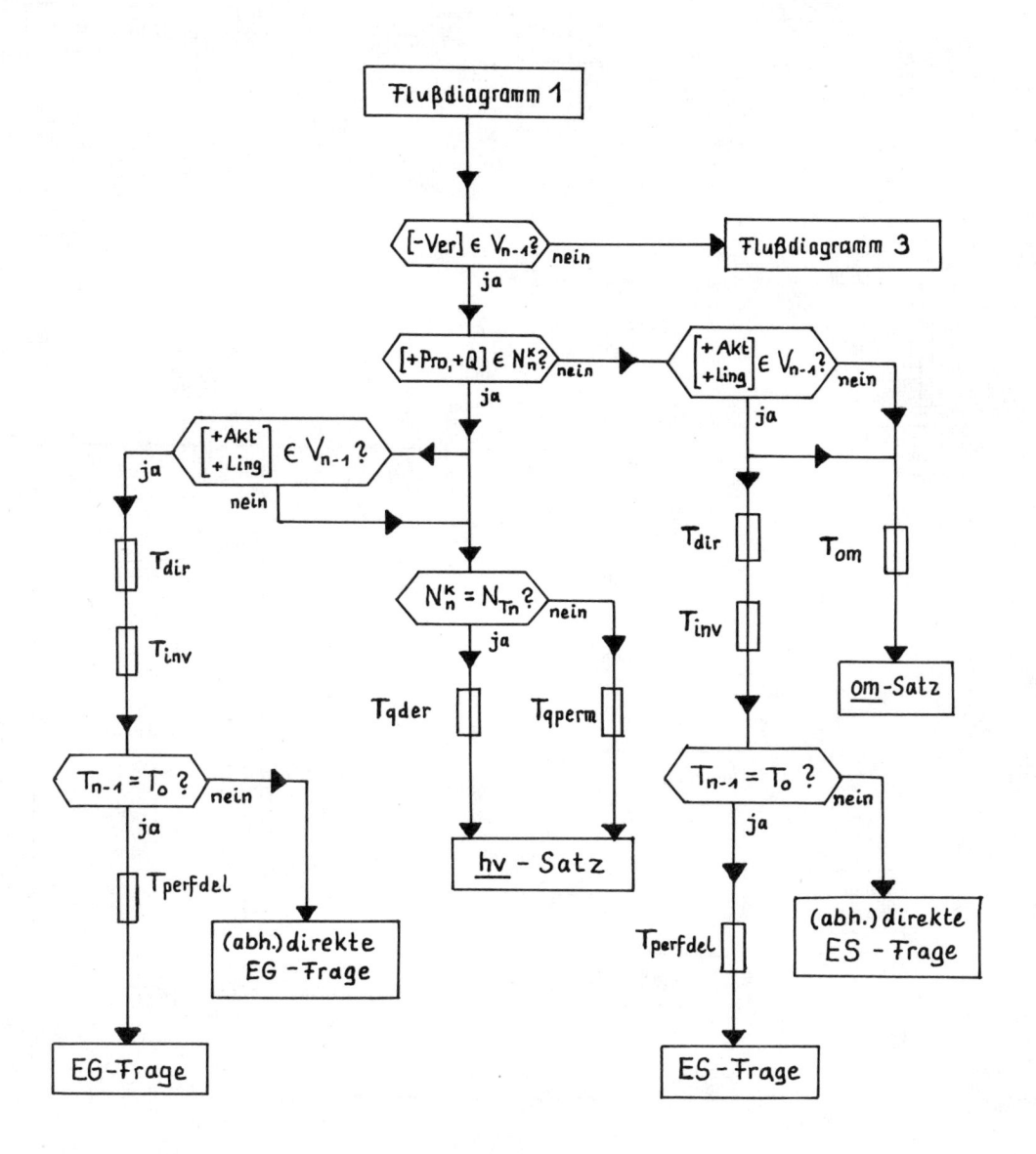

6.2.3 Flußdiagramm 3: Wunsch- und Befehlssätze

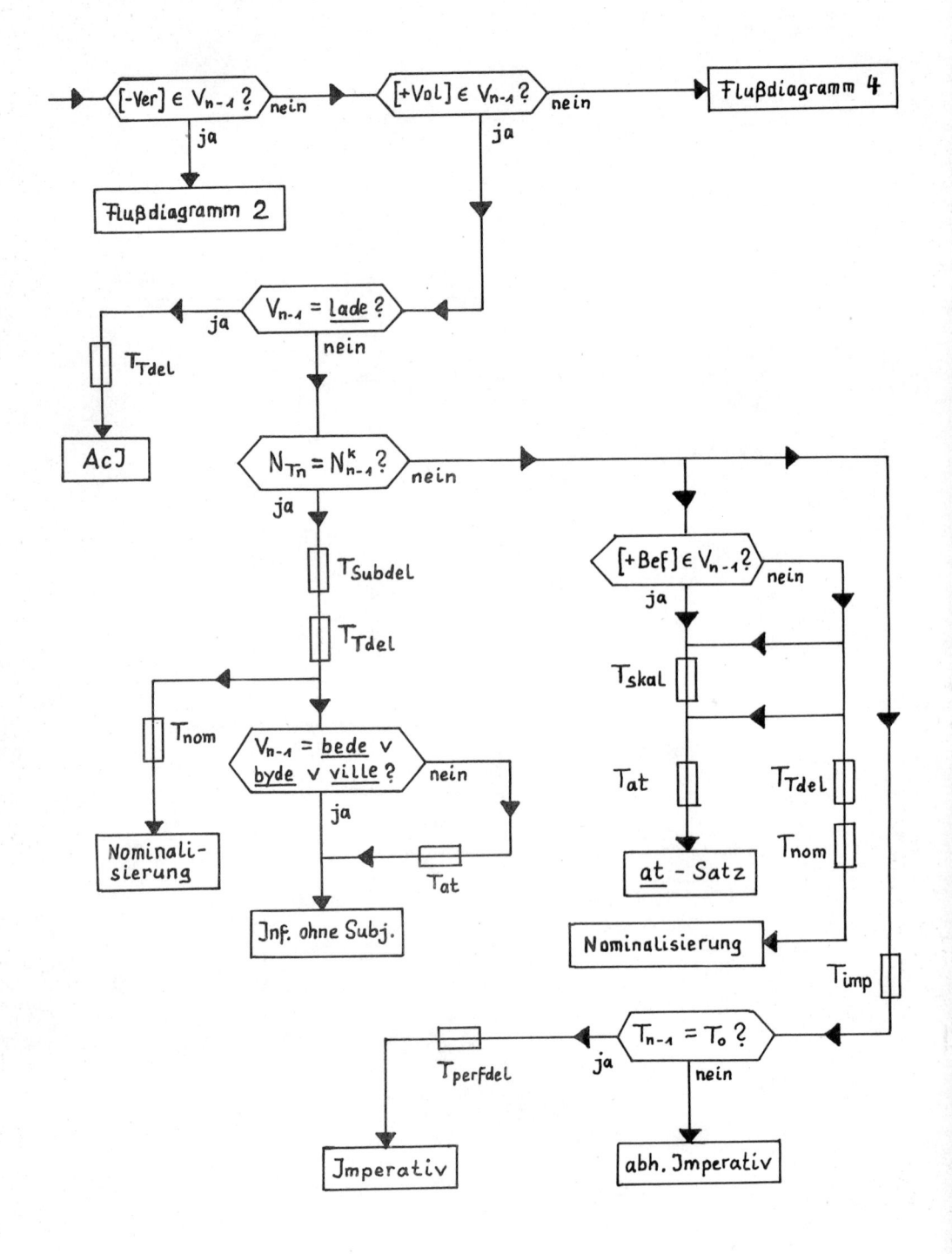

6.2.4 Flußdiagramm 4: Aussagesätze

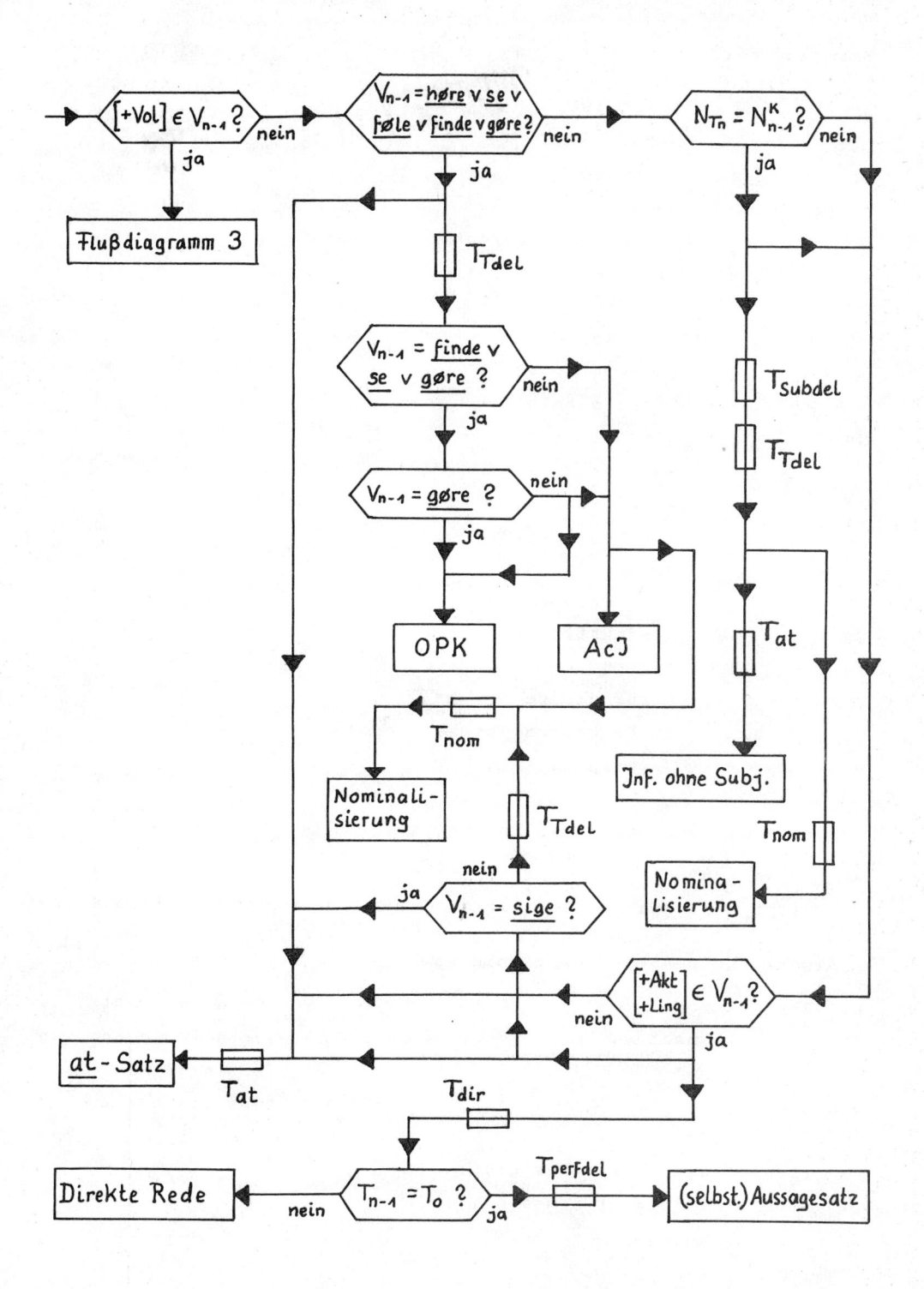

6.3 Verzeichnis der Abkürzungen und Symbole

Abkürzungen:

A	Adjektiv
Det	Determinans
DG	Dependenzgrammatik
D-Regel	Dependenzregel
D-PS-Regel	Dependenz-Phrasenstrukturregel
ES	eingebetteter Satz
GS	Gesamtsatz
MS	Matrixsatz
N	Substantiv
Neg	Negationselement
NP	Nominalphrase
NS	Nebensatz
OS	Oberflächenstruktur
PSG	Phrasenstrukturgrammatik
SZ	Subjektzeichen
T	Tempuselement
TS	Tiefenstruktur
V	Verb
V_d	Verba dicendi
$V_{d/s}$	Verba dicendi et sentiendi
VP	Verbalphrase

Grammatische und stilistische Bewertungen:

*	ungrammatisch	+	umgangssprachlich
?	nicht voll grammatisch; zweifelhaft	=	gehoben, literarisch

Logische und mengentheoretische Symbole (in Transformationen):

ε	Element von	$\forall x$	für alle x gilt:...
$\notin$	nicht Element von	$\subset$	echte Teilmenge von
$\wedge$	und	$\cup$	vereinigt mit
$\vee$	oder	$f(x)$	Funktion von x
$\rightarrow$	impliziert		
$\exists x$	es gibt ein x, für das gilt:...		
$\overline{\exists x}$	es gibt kein x, für das gilt:...		